美德即知识

西方思想史引论

———— 贺文发 著 ————

线装书局

图书在版编目（CIP）数据

美德即知识：西方思想史引论／贺文发著. —北京：线装书局，2022.11

ISBN 978-7-5120-5147-8

Ⅰ.①美… Ⅱ.①贺… Ⅲ.①思想史—研究—西方国家 Ⅳ.①B5

中国版本图书馆 CIP 数据核字（2022）第 171490 号

美德即知识：西方思想史引论

MEIDE JI ZHISHI XIFANG SIXIANGSHI YINLUN

著　　者：贺文发

责任编辑：林　菲

出版发行：线装書局

　　　　　地　　址：北京市丰台区方庄日月天地大厦 B 座 17 层（100078）

　　　　　电　　话：010-58077126（发行部）　010-58076938（总编室）

　　　　　网　　址：www.zgxzsj.com

经　　销：新华书店

印　　制：三河市龙大印装有限公司

开　　本：710mm×1000mm　1/16

印　　张：19.5

字　　数：236 千字

版　　次：2023 年 1 月第 1 版第 1 次印刷

印　　数：001—500 册

定　　价：78.00 元

目 录

美德即知识 (代前言)

美德即知识。没错，这是苏格拉底的话。苏格拉底是西方哲学的奠基人，也是为西方哲学殉道的人。他为这句话而生，也为这句话而死；他为哲学生，也为哲学死。换言之，这句话就是西方哲学的心和命。

这句话是西方哲学的奠基石，也是西方哲学王冠上的一颗明珠。苏格拉底正是以这句话为西方哲学立了心，为西方智慧立了命。不同的是他没有为往圣继绝学，他自己就是往圣的杰出代表，他就是西方古代述而不作的圣人，或者说他把往圣的绝学从高蹈的天上引导到实在的地上。他因此也为西方万世开了太平。

美德即知识，是说美德就是搞清楚人活着的意义和道理。知道意义和道理的人就具备了美德，所谓得道之人。苏格拉底虽然自由地批判，但他绝对严正地服从。他知道没有自由的秩序不过是压制与服从，顶多也不过是多数暴政下的民主假象；但没有秩序的自由也固然不好，因为这不过是一厢情愿的自由之幻影。

日后阿克顿勋爵则讲，少数压迫多数是不好，但多数压迫少数则更糟。时空虽然跨越 2000 多年，但道理还是一个道理。所谓太阳底下无新事。德沃金则讲一个权利要求的核心意味着一个人，有权保护自己免受多数人的侵犯，即使是以普遍利益为代价时也是如此。

1

苏格拉底的美德就在于他以生命来捍卫他所认知的意义和道理。就此而言，他注定要以身殉道，他自然也就向死而生，他最终必然死而复活。亚里士多德讲：热爱真理的人在没有危险时爱着真理，在有危险时更爱真理。这就是对他的师爷苏格拉底内心由衷的赞美。

没有"美德即知识"，即没有柏拉图的哲学王和理想国，也不会有亚里士多德的城邦国和法制国，也不会有西塞罗所谓"为了正义本身而正义"，也不会有塞涅卡所谓"为了美德本身而美德"。让人高尚的是正义，而非财富；因之，我们不可能拥有平等的财富和智力，但必须拥有平等法律之权利。

是的，法律本不是要使人人平等，但在法律面前理应人人平等，所谓法律和真理面前人人平等。若说美德是理想，那么法律则是现实。托马斯·阿奎那讲，法律的真正目的是诱导那些受法律支配的人求得他们自己的德行。由此，法律的存在即是正义的存在，法的理念即是正义的理念，法的目的只能是改过迁善而不可能是反之。法律因之是由自然、知识、正义和良善而非由意志、情感、虚假和邪恶创制而来。法律是止恶向善的，因此，法律的制定是以人的罪和恶为前提的。

阿奎那又讲，法律有四种，所谓神法、永恒法、自然法和人定法。人定法的合法性端在于其内在的美德和知识，而所谓神法、永恒法与自然法即是美德和知识的北极星和定盘星。因之，世间法律不过是人类借助于上帝的智慧和自然的理性为万物所确立的秩序而已。

所谓法律源于正义，而非正义源于法律。法律的本质因之乃是以正义的逻辑替代强制的逻辑。正义是法律的母亲，而法律只能是正义的产儿。所谓正义依据于自然之理性以及永恒之神圣，而从来不取决于世俗政府，更不取决于某个人的定义和原则。美德和知识就是良善和公平，所谓法律是良善与公平的艺术。

柏拉图讲，失手杀人罪小，而是非、善恶、美丑不分罪大。培根讲，宁可放过十个坏人也不可冤枉一个好人。冤枉好人破坏的是公平和正义，是对法律的釜底抽薪；而放过坏人不过是证据不足的慈悲和良善而已。而且，坏人虽然一时逃脱了法律的制裁，但其内心所遭受的折磨却永无宁日。所谓正义可能迟到，但永不会缺席，即有此意。

拉丁法谚曰：为实现正义，哪怕天崩地裂。然而，世间法律可以追求正义，但不能保证正义。因为人间法律不过是上帝正义的摹本，这摹本永不可能涵盖全部的自然理性。边沁讲，所谓理解法律即理解法律的缺陷。伏尔泰讲，若是想要完美的法律，就需要不停地烧掉现有的法律而又不停地去制定新的法律。

这恰如镜中花水中月，有时固然十分清晰，但任何风吹草动都会扰乱那镜中之像。小学课本里"猴子井中捞月亮"的故事讲的也是这个道理。又如无论我们怎样借助于影像来留住我们的青春韶华，但留住的只能是星星点点，万千之一瞬。所谓刹那即是永恒，永恒即是刹那。

美德的本质是去恶从善，所谓善善恶恶；知识的本质即去假从真，所谓是是非非。美德从来是所有善事之母，而知识从来即是所有真之存在。是的，一个人最高尚的美德一则在于追求和捍卫真理，另一则在于对于认识到的错误要敢于公开放弃。

美德就是知识。反过来讲即无知就是罪恶。所谓知识即美德，而无知即罪恶。因之，智慧是世间唯一的美，而无知则是唯一的恶，至于其他，皆无关宏旨。若说世上只有一种善，那就是对美德的知识；若是只有一种恶，也必然是对美德的无知。德谟克里特讲，正是由于对良善和美德的无知，才导致人们犯错和犯罪。

美德即知识，是说美德与知识一样神圣和永恒。柏拉图讲，美好的观念较美人更为可爱。是的，美人再美，终究有迟暮的一天；而观念之美则是美德之美和知识之美，不仅永恒而且神圣。

美德既是知识的满足，就不可能只是物质的丰腴。让人站立的是富有美德的思想，而非装满食物的肉身。苏格拉底讲，我们外在需要得越少，我们就越接近神。亚里士多德讲，一旦欲望战胜了德性和理性，人就不过是奴隶而已。当然，苏格拉底的上帝不是基督教的上帝，而毋宁就是美德和对美德的知识。

因之，在我们短暂的生命里只有找寻永恒的知识才是真正的美德。真正的美德也必然是肩负起对永恒知识的上下求索的神圣使命。人最好的装扮一定是美德而绝不会是服饰，故此一个人的气质取决于其内在洋溢出来的风骨而不大可能决定于其外在装扮出来的风流。

由此，人存在的本质即是富有美德的思想，是去伪存真的精神。而这思想和精神即是存在之意义。世间万物之中，唯有人是寻求意义的动物。荀子讲，人之大端乃在于"有气有生有知"更在于"有义"。

美德即知识。换成中国话就是说，美德即道。道生一，一生二，二生三，三生万物。美德亦复如是，美德生万物，万物本于美德。存在的意义在于美德，美德意义在于存在。如此说来，道即知识，知识即道。有知即有道，无道即无知。

美德即知识。换成中国话就是说，美德即明德、即亲民、即止于至善。明德即光明正大；亲民即新民，是弃旧图新，是去恶从善；至善即无瑕疵的美德和知识。如此说来，美德之道就是大学之道，大学之道就是知识之道。如此说来，哲学之道即是美德之道，哲学之道即是知识之道。所谓美德与知识即是真理与智慧。所谓哲学即是对智慧的喜爱和追求。

美德即知识。换成中国话就是说，仁义即知识，知识即仁义。何谓仁？何谓义？为何仁？为何义？如何仁？如何义？这应当是孔孟儒家之心之命。不同在于，西方的正义在于对正义的知识辨析，在于将内在的正义外化为自由和权利的法律；而中国的正义更多注重道德规范和伦理教化意义上的仁义礼智。前者必然是逻辑的，而后者只能是直观的。

美德即知识。换成中国话就是说，恻隐之心即知识，羞耻之心即知识，辞让之心即知识，是非之心即知识。孔子讲，仁者爱人。孟子讲，恻隐即仁即爱。柏拉图讲，爱既不是智慧也不是美，而是对智慧和美的盼望。西方人讲，我喜爱人的怜悯胜过人的祭祀。

是的，无论多么正义的法律，若是没有怜悯、仁慈和同情来做调味佐料，都不可能生成真正的善行。所谓世间万物皆有裂缝，那是光照进的地方。光即是爱。但丁讲，唯有爱可以移动太阳而晃动星辰。约翰·弥尔顿讲，法律可以曝光罪恶，但不能消除罪恶。

人类和世界的终极救赎不是知识而是美德和爱。所谓"律法"是为亏缺上帝荣耀之罪人而立的，而"恩典"则是为救赎罪人而设的。律法是手段，而恩典是目的。人若得着恩典便由罪人变成义人。罪人需要律法，正如义人需要恩典一个道理。亚里士多德因之讲，法律不应该被看作（与自由相对的）奴役，而应该被看作是拯救。日后的洛克、伏尔泰、康德等近代启蒙思想大家不过换了个说法——法律不是要强制和约束人，而是只有在法律之下人才有自由。

美德即知识。换成中国话就是说，美德即天理即良知。苏格拉底认为人有问题，必然是因为知识或理念不够。所谓美德即知识，美德不足，即知识不足。所谓知识即理念或形式，即是对超验的理智世界的认知。换言之，即人的问题更多在客观而非主观。这样讲亦是对你我凡夫俗子之罪人抱有同情和悲悯的态度而已。

美德即知识与北宋理学先驱邵雍、程颐的"性即理"以及王阳明的"心即理"很相似，人的自然本性与内心良知即天理。所谓性即理，即在心为性，在事为理，所谓天理即是人性，故此性无有不善。自理言之谓之天，自禀受言之谓之性，自存诸人言之谓之心。

所谓心即理，即心外无理，所谓美德之外没有知识。阳明讲，经，常道也，在天谓命，赋人谓性，主身谓心。心也，性也，命也，一也。马一浮讲，天也、命也、心也、性也，皆一理也。就其普遍言之，谓之天；就其禀赋言之，谓之命；就其体用之全言之，谓之心；就其纯乎理者言之，谓之性；就其自然而有分理言之，谓之理；就其发用言之谓之事；就其变化流行言之，谓之物。

所有的知识都是完美的理念和完美的形式，没有知识是有缺陷的。所有的道理都是符合天道人心、完美无瑕的，没有天理是有缺陷的。天理即天道，天道自然而然，自在自为，完美无瑕。人道则不然，源自天道，是对天道的分有、模仿和复制。既为模仿和复制，则必然不如天道清澈明亮。所谓人之与神，犹如猿猴之与人，此言不虚。猴子再聪明终究不能胜人。

因此，中庸讲，天命之谓性，率性之谓道，修道之谓教。又讲，诚者自成也，而道自道也。诚者物之终始，不诚无物。是故君子诚之为贵。诚者，非自成己而已也，所以成物也。成己，仁也；成物，知也。性之德也，合外内之道也，故时措之宜也。

阳明提出心即理，致良知，知行合一。而苏格拉底和柏拉图师徒提出，美德即知识，哲学为王，王为哲学家。就此而言，朱熹的理学和王阳明的心学承接乃是孔孟之儒家，而非荀门之儒家。

为美德而美德，为知识而知识，这是西方哲学着力强调的地方。美德和知识是形而上的，它只能作目的而不可以作手段。所谓美德本身是美德最好的回报，无用的知识本身即大用。

柏拉图讲，孩子害怕黑暗，情有可原。人生真正的悲剧，是成人害怕光明。如此说来，我们即可以理解苏格拉底向死而生的勇气和豪气。这种勇气和豪气即是孟子讲的浩然正气，即是所谓杀身成仁舍生取义。

美德即知识，是说美德即真理。凡是美的没有不是真的，假的就等于丑的。东施效颦就不可能美，因为她是假的。真理就是天，真相即地。脚踩大地，仰望星空，为求真而知行合一之人即为真人。不求真无以得自由，不自由无以活成人。求真即为求理，无理不为真。理为心，心即理。所谓君子以仁存心，以礼存心。即心即理，即心即佛，即心即道。虽在红尘浪里，却在孤峰顶上。

美德即知识，是说美德就是关于何谓美德和良善的道理。道理很难看得见，所谓无形之手。美德只能被相信，正如道理只能被相信，而相信是内心和灵魂的事情，所谓公道自在人心。因之，美德一定是超越外在的相貌和身份的，正如法律当是色盲，法律以公平为真理，而美德亦复如是。亚里士多德讲，所谓公平即是穷人不占富人的便宜。因之，法律的正义即是既不偏袒富人也不偏袒穷人。

柏拉图讲，若我们不得不为了肉体而活着，那我们便成了供养肉体的奴隶。又讲，在法律服从其他权威，且自身没有权威的地方，国家很快就会崩溃；但是，如果法律成为国家的主人，国家成为法律的仆人，人类就会享受到诸神给国家的全部祝福。

西塞罗讲，为了自由，我们选择做法律的仆人。是的，做法的仆人，而非人的奴隶。听命于法便是对自由的信仰，而听命于人便是对奴役的屈服。所谓人不能被判为奴，除了自认为奴。所谓自由就是去做法律许可范围内的事情之权利。是的，蛮横、专制与奴役永远是法律的敌人而不可能是友人。

法律眼中没有主人亦没有奴隶，法律的本质是平等，不是使人平等，而是平等待人。愿意做奴隶的人没有自由，只想做主人的人也没有自由。凡奴役别人的人最终必被人奴役。德谟克里特讲，行不公正的人比遭受不公正的人更为不幸。

没有自由，法律就是压迫的工具；没有法律，自由同样名存实亡。一个社会没有法律是可怕的，但除了法律再无其他标准亦不适合人类生存。换言之，即没有法律，就没有救济，没有救济，就没有权利。但若所有的权利和自由全仰仗法律来得以实现，则这样的自由和权利不过是法律丛林中的虚幻之存在。

托克维尔因此讲，谁若在自由中寻找自由本身以外的东西，谁就只配受奴役。又讲，我们追求的平等，不是把贵族削平为贫民，而是把民众提升为贵族，那种过分平等的解放，只会导致自由的丧失。亚伯拉罕·林肯讲，正像我不想做奴隶一样，我也不想做主人，这就是我的民主思想。现代新保守主义的代表人物哈耶克讲，愿意放弃自由来换取安全或保障的人，最终既得不到自由，也得不到保障。又讲，人类始终面临一个抉择，在贫穷中寻找平等，还是在不平等中寻找自由。还讲，自由服从共同的抽象规则；奴役服从共同的具体目标；在自由和奴役之间，没有第三条道路。

美德即知识，就是说美德必然是正义和良善。人们需要美德、正义和良善，就如人们需要空气和水一样，须臾不可或缺，因为这是心灵的内在需要；而人们对法律的外在需要不过是对紧急时刻的预备，一旦法律成为如空气和水一样的内在需求，那么人们就不再配享自由了。因为富有美德之人从不去做违背法律的事情。

正如柏拉图讲，世上最完善的美是美的灵魂和美的外表合二为一。就此而言，法律不过是美德的外表而已，它应对的不过是人们的不时之需。亚里士多德讲公正不是德性的一个部分，而是整个德性；相反，不公正也不是邪恶的一个部分，而是整个邪恶。一切背离了公正的知识都无非狡诈而已，而不应称呼为智慧。

是的，亚里士多德讲"公正就是美德，而不公就是邪恶"。他又讲，人在美德完备的时候，就是一切动物之中最出色的动物，所谓万物之灵；反之，人的内心若是充斥着邪恶，那就是一切禽兽之中最卑劣的禽兽。

美德即知识，就是说美德必然是自由和真理。任何法律都无权阻挠自由和真理的实践，而美德就是自由和真理的代名词。如此说来，任何法律都以美德为底色，凡与美德、正义和良善相冲突的法律必是邪恶之法。

奥古斯丁讲的"恶法非法"不过是亚里士多德讲的"不正义的法即不为法"的翻版而已。面对恶法，人们可以选择奋起抗争，也可以选择消极服从，这端要取决于法律邪恶的程度以及容忍和抗争的代价。西塞罗因之讲，人民的革命是至高无上的法。

美德即知识，即是说美德即是对知识的信仰。柏拉图讲，我们若凭信仰而战斗，就有双重的武装。若说食物是肉体的供养，那么知识则是心灵的食粮。用美德和知识盛满的肉身即是道成肉身。基督教中唯有主耶稣基督为道成肉身，因为他的肉身不过是上帝用圣灵浇灌后的镜像而已。所以，除过耶稣之外，没人是上帝，即便教皇要伪装成上帝也不过是虚妄。

路德的宗教改革就是对耶稣唯一的重申。而文艺复兴与启蒙运动则不过是对美德和知识的复兴与启蒙，也即对良善、科学和理性的重申而已。宗教改革使得信徒变成祭司，教士变成信徒；启蒙运动使得民众成为主人，而国王俯身成为民众的仆人，正如教皇俯身为门徒洗脚是一个道理。

革命运动加上人民主权使得人人皆是国王，国王亦是人人。英国有谚语：风能进，雨能进，国王不能进。所谓穷人再穷，只要在自己的穷窝（城堡）里，一样是尊贵的国王。普通法里的陪审团制度更是对这一平等思想的加持，所谓人人皆是法官，法官亦是人人。陪审团既是人民主权最好的体现，亦是人民司法最好的体现。既然人人都是法官，人人必然珍爱自由和权利，也必然爱法尊法和守法。

美德即知识。苏格拉底讲，我唯一知道的即是自己一无所知。只有自知无知才能完备美德和求索知识。柏拉图因之讲，不知道自己的无知乃是双倍的无知。

老子讲，知人者智；自知者明。所谓明智，所谓了解自己才算是知识和智慧。了解了自己才算是哲人和智人，即入了哲学的门。又讲，胜人者有力，胜己者强。孔子讲，知之为知之，不知为不知，是知也。知人容易知己难，知己不仅是别人了解自己，而更是自己了解自己。所谓不识庐山真面目，只缘身在此山中。

知己是求真的准备，自知无知才算是真知己。真正了解和知道自己才能求得至真，至真方能至美。没有了真，也就没有了美。美是真的光辉，真是美的底色。

柏拉图讲，尊重人不应该胜过尊重真理。好人的好是因为有智慧，而坏人的坏则由于他的愚蠢。古代罗马的小普林尼讲，国王不在法律之上，而法律却在国王之上。中古英国的法学家布莱克顿则讲，国王不在任何人之下，但必在上帝和法律之下，因为是法律造就了国王而非国王造就了法律。

宗教改革和启蒙运动让人们明白——教皇再好，也不能代表上帝；这就如再仁爱的国王也不可以代表真理是一个道理。法律不过是圣经的世俗版，正如同说人定法是自然法的世俗版一个道理。教皇和教会不可垄断对圣经的解释，国王和政府当然亦不可垄断对法律的解释。新教运动讲凡信徒人人皆可依良心解读圣经，所谓心即理，致良知，知行合一。

所谓知和智，东西汇于一，中外结于一，古今结于一也。

孔孟儒家倡导仁政和王道，反法家及纵横家等的暴政和霸道，道家尽管不赞同王道，但更反对霸道；无疑，儒家是理想主义，其根本的价值观支撑是仁义。活着重要，但仁义道德显然比活着更重要，所谓所欲有甚于生者，而所恶有甚于死者；而法家是实用主义，支撑实用主义的价值观念是活在当下，所谓为达目的不择手段。

苏格拉底和柏拉图类似儒家。他们开创了古代希腊的哲学传统，一个重要的标志就是为人类社会树立了价值标尺，所谓美德即知识，至善是正义的灵魂。如同儒家的思想是在反对法家思想中锻造出来一个道理，苏格拉底师徒的美德和良善说是在反对当时的智者派与诡辩派的实用主义和功利主义中历练出来的。诡辩派教导人们要在当下的生活中寻找肉体生命的快乐和幸福，而苏格拉底师徒则是要寻求肉体之外的永恒精神。苏格拉底认为智者派乃至诡辩派的功利主义挖了知识的墙脚，破坏了道德和国家的基础。

苏格拉底从智者派的起点上发展出思维和概念，主张到"心灵世界"中探求真理，从感性发展出理性。譬如，苏格拉底认为不论美德有多少种，它们都有一种使它们成为美德的共同本性。

这种所谓的理性就是人类文明史当中思维和哲学的萌芽，也是西方文明从上古时代的神话和宗教文明向自然哲学文明转型的开始。亚里士多德有言：智慧由普遍知识产生，不从个别知识得来，说的也是这个道理。

苏格拉底对抗诡辩派的宇宙观和世界观即他最为世人所熟悉的口号"美德即知识"。他的人生观和价值观即"自知自己无知"。他的知识论和认识论即"认识你自己"。他的方法论和逻辑论就是

"未经反省的人生是不值得过的"。因之，苏格拉底式的诘问、对话以及对知识的助产和催产就成为苏格拉底奠基哲学大厦的基本思维方式。

美德即知识与智慧，即打破砂锅问到底的求真、好奇和勇气，所谓"美德的实践即是哲学""哲学即是对自然的惊讶与探索"。这是古代希腊哲学的全部气质，也是古代希腊哲学的本体根基。他向外求，求人的主体主观对外在的客观认识和认知。因为不停地困惑，所以不停地好奇和惊讶，所以求知也就永不停歇。

苏格拉底说我唯一知道的是自己一无所知，即不停地自我否定、自我探索和自我提升。柏拉图跟着说不知道自己的无知实乃双倍的无知。柏拉图又讲：人们只在梦中生活，唯有哲人挣扎着要觉醒过来；决定一个人心情的，不是环境，而在于心境。那么向外的探求和求索有没有尽头？没有！因为自然没有尽头，宇宙无边无尽。所以面对自然和宇宙，人是如此渺小而无知。所以西方文化崇拜天神的种子就此埋下，天人不可合一，人是天的仆人，天是人的主人。人只可以崇拜天，不可以崇拜人。

中国的道家同样也有如古代希腊的宇宙本体论哲学之光。老子讲：道冲，而用之或不盈。渊兮，似万物之宗。湛兮，似或存。吾不知谁之子，象帝之先。（《道德经》第4章）道没有穷尽，乃万物之源头，虽看不见，但实有而存在。道是在天帝之前的。又讲，道生养天地万物，是微妙母性之门，绵延不绝，刻刻运行而无倦息。（《道德经》第6章）但可惜的是，老子乃至庄子的道家在古代中国始终不能占据主流的政治地位，只能是儒家的陪衬，这似乎都要归咎到董仲舒所谓的"罢黜百家，独尊儒术"。

相反，中国古代的儒家向往天人合一，这是一种向内求索的学问，即生命之心学。所谓一日克己复礼，天下归仁焉。所谓天命之谓性，率性之谓道，修道之谓教。若说古代希腊是由内向外求索，我们则是自外向内探寻。他们向外问天，求的是认识和征服自然；我们向内问心，要的是征服和抚慰内心。

17世纪西方的科学革命就是古代希腊的自然哲学和人文哲学在文艺复兴运动后所结出的丰硕果实，我们迄今仍在享用这一果实。他们崇拜天神，我们崇拜圣人。他们从天上回归到地上的方式是"道成肉身"；我们从地上升到天上的方式是"肉身成道"。前者发展出了基督宗教，后者则发展出了王权政治。

基督宗教和地上的结合发展到极端就是中世纪的教皇教会神权政治；王权政治和天上的结合发展到极端就是两千年封建王朝的皇家集权和专制。罗马帝国灭亡后，西方当然也有王权政治，不过与我们的王权比较起来只能是小巫见大巫，所谓神圣罗马帝国，既无神圣也不罗马更非帝国，不过是教皇、教会和教权的一个傀儡和附属而已。

若说自然权利说建基于自然神法，而人权说则同样建基于自然神法。自然神法最为清晰地体现在杰斐逊1776年撰写的《独立宣言》中，所谓上帝是我们全部自由和权利的源头；我们的自由和权利乃是来自上帝而非政府更非所谓的司法体系。

"政教分离"最能体现美国政治思想中的自然神论——所谓超自然的人格上帝，三位一体的超自然的上帝，复活上帝等等只能存在于个人的内心；而政治的宗教则是那位不具有人格的位格神和上帝，他是无形的，是理性可以思考出来的，是所谓的自然神。

换言之，政治的宗教就是只有上帝而没有耶稣，只有宗教而没有教会。正如在美国没有宗教教会的主教阶梯，除了信众认可的牧师之外，根本没有什么总统任命的大主教等等。再换言之，美国的宗教信仰完全是个人心灵对上帝的信，所谓"因信称义"的极端版。

反之亦然。自西汉末年佛教传入中土，无论怎样繁盛如南朝之梁武帝虔心礼佛，无论汉初乃至李唐黄老之道学道教怎样受到皇家的宠爱，只要一言不合，佛教和道教就会被皇权打入万劫不复之境地，如历史上著名的"三武一宗"灭佛之厄（北魏太武帝、北周武帝、唐武宗、后周世宗）。

赵宋对李唐抬高道教的反扑引发了复兴儒家的宋明理学和陆王心学，实际上李唐一朝一直有以儒压道压佛的强烈反抗，如韩愈反对佛老最为著名的篇章《论佛骨表》等。抬高儒家就是提升王权大一统，就是回归先前儒家所谓克己复礼的地上政治，就是反对佛教的虚妄和道教的出世。于是，就像西方的神权政治一样，我们中世纪的君主专制政治也是合二为一，不仅要专制还要神圣。皇帝、皇家和皇权不仅管束人们的肉体，还要干预人们的灵魂。

因此，西方近代文艺复兴、宗教改革乃至启蒙运动的主要任务是复兴古代希腊与古代罗马，这就如我们的近代化必须要回溯到先秦诸子是一个道理。复兴古代希腊和罗马即是回归到人本主义，自由主义和民主共和政治。黑格尔讲，只要人们一谈论起古代希腊，没有欧洲人不即刻升起一种精神家园的感觉。

宗教改革对天主教和教皇神权政治的反抗与韩愈的反佛道尽管程度不同，但性质一样。西方的宗教改革不是不要宗教，而是反对宗教对世俗的完全挤压和压迫。韩愈的反佛道同样如此，不是不要佛道，而是认为佛道过了头，虽然没有威胁王权，但挤压了自古以来的儒家世俗生活。唐朝后期的唐武宗灭佛和后周世宗的灭佛都是对韩愈反佛道的一个延续。

西方的启蒙运动则是对天主教的教权和后起的王权政治叠加的反抗。因此，西方的王权政治是在宗教改革后陆续崛起，其中大陆以法国为中心，英伦虽然也有王权集中，但由于历史传统的影响，斯图亚特王朝的王权始终比不过路易家族的波旁王朝。最终，英国以和平的君主立宪制完成了近代转型，所谓"光荣革命"；而法国，虽然历经反复，但最终以激烈的大革命废除了君主制度。

法国大革命留给世人最可宝贵的财富当然是其革命口号：自由、平等和博爱。但革命的惨烈和嗜血与无辜的牺牲与流血也留给人类无尽的反思：为什么革命初心往往发展到革命的反面，为什么反对专制的革命最终却走上了革命的专制。

也因此，我们就能理解革命派罗兰夫人在断头台上最后的悲叹和呐喊：自由，多少罪恶假汝之名以行！也能理解了法国大革命时代伟大的自由主义女作家斯塔尔夫人的一句惊世骇俗的名言：自由是古老的，而专制则是现代的。一心要加冕称帝的拿破仑恐惧地称斯塔尔夫人为世上"没有哪个女人比她更邪恶"。反之，托克维尔则讲：自由不过是制造了个别的仇恨，而专制则产生了普遍的冷漠。（《论美国的民主》，下卷第631页）19世纪英国著名的阿克顿勋爵则意味深长地指出：少数压迫多数是不好的，但多数压迫少数则更糟。

不反天主教无以反王权，反之，不反王权也不足以反天主教；这正如我们的新文化运动，不反孔家店无以反皇帝，不反皇帝同样无以反孔家店是一个道理。反对天主教不代表基督教就是错了，而不过是说其时的天主教背离了基督教的正道；同理，反对孔家店不是说孔孟儒家就是错的，也不过是说其时的儒家走向了孔孟儒家的反面而已。

所谓矫枉过正，不过正无以矫枉。20世纪60年代德国哲学家、法兰克福学派的旗手霍克海默与阿多诺对"启蒙的辩证法"的思考即是如此。如今我们对新文化运动和五四运动的反思亦是如此。

如果拿欧洲近代的转型加以比较，我们近代的文艺复兴就是复兴先秦的诸子百家，复兴那没有被王权专制腐蚀的诸子百家，复兴那孩提时代活泼泼的诸子百家，复兴那青春时代自由勇敢的诸子百家，复兴那性灵时代仁义道德的诸子百家。这样的文艺复兴是寻找我们华夏民族的血脉骨架，是寻找我们炎黄子孙的初心根基。

我们的宗教改革就是改革王权政治，改革专制政治，改革集权政治，改革僵化思想。西人的宗教改革是复兴奥古斯丁时代乃至之前保罗时代信仰的纯真和无瑕。我们的何尝不是如此，要回到春秋乃至春秋之前的仁义礼智信的君子时代。

而我们的启蒙运动则是破除迷信和崇拜，树立个体和自尊，恢复自由和独立。启蒙就是对人类共同价值观包括和平发展、公平正义、自由民主的追求。启蒙就是告别"权力决定法律"，而拥抱"法律决定权力"的光明过程。

这三场运动实际上在中国自鸦片战争以来都在酝酿、发展和爆发。辛亥革命与五四运动前为第一个阶段；新中国成立前是第二个阶段；改革开放前是第三个阶段；中国共产党建党一百周年的2021年前是第四个阶段；未来的2049年，即中华人民共和国建国一百周年前则应是第五个阶段。

所谓"两个一百年"，也正是自鸦片战争以来打破闭关锁国的两百年。到那时，希冀我们华夏民族傲立于世界之林，炎黄子孙如龙一样腾空而起。

古代希腊的奇迹：
欧洲文明的家园

东方与西方是一个硬币的两面：没有东方就无所谓西方，没有西方也无所谓东方。东方是西方的东方，西方则是东方的西方。当然，近代以来，欧洲人眼中的东方更多指他们文化历史脉络中所对应的西部欧洲的东部欧洲，以及东部欧洲以东的中东两河流域和阿拉伯地区，有时候甚至也包括印度文明在内。而至于我们的华夏儒家文明以及东亚圈地区则并不是他们文化意义上所谓的东方。

因此，欧洲人历史与文化脉络意义上的东西方之所指与我们牵扯不多。欧洲人眼中的东西方文化和文明相互影响、此起彼伏、祸福相连。

历史学家斯塔夫里阿诺斯的观点有助于我们更好地理解和思考这个问题："古代时期，中东曾是创始力的中心，几千年中，许多主要发明由此传播出去。到了古典时期，大部分发明创造出自欧洲、印度和中国，中东却远远落在后面。其原因恰恰因为中东的古代文明在公元前2世纪的侵略中得以幸存下来，边缘地区的古代文明却被毁灭，从而为新的开端——新的古典文明的出现——扫清了道路。古典文明向中世纪文明的过渡也是如此，但这一次，所有地区的文明都幸存下来，唯有西方例外。因此，只有西方能毫无束缚地朝新的方向奋进，在中世纪发展起新的技术、新的制度、新的观念，简言之，新的文明。到了近代，这种新的文明，如早期农业文明必然战胜部落文化一样，远远胜过欧亚其他地区乃至全世界的'停滞不前'的文明，显示出了它的优越性。"①

东方文明与古希腊文明尤其是古希腊哲学之间的交通与互文究竟应该在什么坐标体系下来理解？

法国希腊哲学史和思想史专家罗斑这样认为，"就我们所知，东方的科学在它存在的这许多世纪之中，甚而至于和希腊科学接触

---

① ［美］斯塔夫里阿诺斯：《全球通史——1500年以前的世界》，吴象婴、梁赤民译，上海社会科学院出版社1999年版，第325页。

之后，都从来没有超出实用的目标，或对细枝末节的好奇心，已提高到纯粹的思辨和决定原理的阶段。"罗斑还引用柏拉图在《法律篇》中的论述："对于同样的知识，埃及或腓基尼的精神和希腊的精神是相反的：一方面所关心的是牟利和一种精巧，在另一方面则关心求知。所以希腊最早的学者所能从东方得到的，是由很古老的经验积聚起来的许多材料，是给不计利害的思考提出来的一些问题。如果没有这些，希腊的科学或者不能建立，而在这意义之下，我们也就不能说希腊的奇迹了。但在另一方面，这些最早的学者并不是直接着眼于行动，而是寻求基于理性的解释。正是在这种解释和在思辨之中，他们才间接地发现了行动的秘密。这就是我们的科学所得出的新观点。"①

　　不难看出，罗斑认为尽管希腊思想和科学有东方的神话材料为思辨的根基和批判的对象，但如果因此就认为希腊曾经从东方接受了很大一部分知识材料，如宗教的神话、实践的知识、技术的方法等，而放弃承认"希腊的奇迹"这样的说法和结论，则是有失偏颇的。

　　关于希腊文明进程中的偶发性奇迹这一话题，房龙是这样认为的："只有当所有的种族、气候、经济以及政治条件达到理想的组合，或者达到在这个不完美的世界所能达到的最理想的条件组合时，才有可能貌似自发地、突然地产生高级文明。"②

　　房龙一并为这一希腊奇迹产生的偶然性和必然性的天然和巧妙结合给出了他的解释：在古埃及，最早出现高级文明的地方，气候宜人，但是土著居民并不十分强壮，进取心也不强，政治经济条件

---

① [法]莱昂·罗斑:《希腊思想和科学精神的起源》，陈修斋译，段德智修订，广西师范大学出版社2003年版，第32—33页。
② [美]亨德里克·威廉·房龙:《宽容》(第2版)，郭兵等译，北京出版社1999年版，第17页。

更是糟糕。巴比伦和亚述的情况也一样，后来移入两河流域的闪米特人，倒是身体强壮，精力充沛，但是政治经济环境仍然很差。在巴勒斯坦，气候恶劣，农业落后，除去贯穿国土、连接亚非的商路，其他地方几乎没有商业。而且，巴勒斯坦的政治完全把持在耶路撒冷神庙的教士手中，这自然不会有利于任何形式的个体发展。在腓基尼，气候倒无所谓，民族强壮，贸易条件也不错，但是国家的经济体系却极不平衡。因此在早期，推罗和西顿的政府就落入富豪的手中。穷人被剥夺了从事产业的权利，渐渐变得麻木不仁，最终，腓基尼重蹈迦太基的覆辙，被统治者的短视和自私葬送了。①

　　希腊的奇迹在于东方的观念虽然传播和撒播了很多的地域，但恰恰在希腊生根发芽并发育成长起来了。因此，所谓"希腊奇迹"是说希腊接受了东方的神秘先知和属灵的奇迹，但创造和奉献出了只属于自己的"理性"之思辨和"科学"之思想。

　　希腊古典哲学时代过后，西方进入漫长的宗教和神学以及为之服务的经院哲学中世纪时代，而东方多数民族继续发展着神话时代指导和延续下的诗歌、道德以及信仰的时代；之后，由于西方中世纪的黑暗压迫，终于迎来近代伟大文艺复兴和启蒙运动，而东方的中世纪封建时代由于其内部的自我调整以及道德协调机制而存活的时间超越了西方的中世纪。历史的反讽就在这时候产生了，东方旧制度的优越很快让位于西方新制度的优越。

---

① ［美］亨德里克·威廉·房龙：《宽容》（第2版），郭兵等译，北京出版社1999年版，第18页。

第一章　西方文明的源头：
为什么是希腊？

按照斯塔夫里阿诺斯的说法，古代文明基本肇始于今天的中东美索不达米亚文明。这一文明的伟大创建者苏美尔人正是利用了两河流域的河水。而美索不达米亚文明很大程度上就是来自北面的入侵者印欧人与来自南面的入侵者闪米特人为争夺这块肥沃的大河流域地区而展开的长达数千年的斗争历史。[①]

埃及文明则属于第二个文明。两个文明的不同在于，前者由于南北的夹击和外族入侵以及两河流域泛滥的不可预见性而具有不安全感以及悲观色调；后者则是恰恰相反，四周的东、西、南全部为沙漠环绕而北部则受到地中海的保护，加上尼罗河的季节性泛滥的可预知性，所以古代埃及文明具有稳定、保守、自信、乐观的色调。[②]

正是由于这种悲观和乐观、恐惧和安全的文明色彩，两河流域的文明有宿命论，因而产生对神（最终归结为上帝耶和华）的信仰；而埃及文明则是现世论，因而产生了对人（法老便是人间神）

---

① ［美］斯塔夫里阿诺斯：《全球通史——1500 年以前的世界》，吴象婴、梁赤民译，上海社会科学院出版社 1999 年版，第 118—119 页。
② ［美］斯塔夫里阿诺斯：《全球通史——1500 年以前的世界》，吴象婴、梁赤民译，上海社会科学院出版社 1999 年版，第 123—126 页。

的崇拜。因为不安全感和对神的信仰，两河流域的文明产生了汉谟拉比法典，以法典的完备和按部就班来减轻现世生活的不确定，这也是日后希伯来法典的基础。从圣经演化出来的摩西法和十诫法，乃至新约中的四福音书法则，其源头都可以追溯至两河流域。

囿于本文的论题，我们从西方文明的源头即古代希腊讲起。

为什么要追溯到古希腊来认识西方哲学思想和文化传统？

莱昂·罗斑指出："近代的哲学思想，只有借助于中世纪的思想，才能被充分地理解。而中世纪的思想，通过西塞罗和其他拉丁作家，通过那些神父，以及通过新柏拉图主义的延续，接受了希腊思想的遗产。"[①]

文德尔班则认为："哲学同所有欧洲文化的发展一样——希腊人创造了它。哲学的原始结构，由于希腊人的创造性活动，直到今天仍然是科学的基础。使用希腊语的各混杂民族和罗马民族后来所补充进古代的东西，一般说来，并没有超过希腊哲学的特殊形式和希腊哲学在实践中的应用。"[②]

恩格斯说过："没有希腊文化和罗马帝国所奠定的基础，也就没有现代的欧洲。"[③] 他甚至认为："虽然十八世纪上半叶的自然科学在知识上，甚至在材料的整理上高过了希腊古代，但是它在理论地掌握这些材料上，在一般的自然观上却低于希腊古代。"[④]

法国启蒙运动的杰出代表，曾有法国大革命"擎炬人"之称的

---

① ［法］莱昂·罗斑：《希腊思想和科学精神的起源》，陈修斋译，段德智修订，广西师范大学出版社 2003 年版，第 393 页。

② ［德］文德尔班：《哲学史教程》（上卷），罗达仁译，商务印书馆 1987 年版，第 16 页。

③ ［德］恩格斯：《反杜林论》，载《马克思恩格斯选集》第 3 卷，人民出版社 1972 年版，第 220 页。

④ ［德］恩格斯：《自然辩证法》，载《马克思恩格斯选集》第 3 卷，人民出版社 1972 年版，第 448 页。

孔多塞也认为：“我们在近代的共和国中，而且甚至于在哲学家们所描绘的计划里，很难找到有哪种体制是希腊的共和国所未曾提供过模型或做出过典范的。”①

马修·阿多诺在谈到人类文化的两大源头和两大要素时对希腊文化给予了至高无上的评价。他指出：人类最值得称赞的特征无非是两个，一个是实践的活力，另一个是理性的智力。但是，“要是拿人类把它们表现得最显著的两个民族来命名的话，我们便可以分别称它们为希伯来文化的力量和希腊文化的力量。希伯来文化和希腊文化，这两者之间的影响推动着我们的世界”②。

威廉·巴雷特则认为：“希腊人给了我们科学和哲学，希伯来人给了我们法律。希腊人对理论科学的发现或发明，正是使西方文明有别于地球上其他文明之所在。同样，西方宗教的独特性是其希伯来人造成的，而西方的宗教史正是希伯来精神命运盛衰变迁的历史。”③

哲学的本质是一种理性思维，哲学生来就与宗教有着不解之缘，二者关系十分复杂。宗教固然要从哲学里吸取成果，而哲学尤其要从宗教里吸取营养并受到宗教支配。马克思曾经指出：“哲学最初在意识的宗教形式中形成，从而一方面它消灭宗教本身，另一方面从它的积极内容说来，它自己还只在这个理想化的、化为思想的宗教领域内活动。”④

罗素也认为：“与神学相区别的哲学，开始于公元前 6 世纪的

① ［法］孔多塞：《人类精神进步史表纲要》，何兆武、何冰译，三联书店 1998 年版，第 50 页。
② ［美］威廉·巴雷特：《非理性的人》，段德智译，陈修斋校，上海译文出版社 1992 年版，第 71—72 页。
③ ［美］威廉·巴雷特：《非理性的人》，杨照明、艾平译，商务印书馆 1995 年版，第 72 页。
④ 《马克思恩格斯全集》第 26 卷（第一册），人民出版社 1972 年版，第 26 页。

希腊。在它经过了古代的历程之后，随着基督教的兴起与罗马的灭亡，它就又浸没神学之中。"①

基督教的兴起标志着古代希腊哲学理性思维的枯竭，智慧之光熄灭，最终以新柏拉图主义的形式将哲学转化为神秘主义。

希腊神话与宗教是希腊哲学诞生的温床，但希腊人的神学却是哲学的产儿，是希腊人的理性思维对传统神话宗教的改革和提炼。"神谱虽然不是哲学，却为哲学做了准备。神谱学和创世说比神话前进了一步，她们试图用理论来说明神秘的世界，解释被设想为掌管自然现象和人类生活事件的主宰者的起源。"②

换言之，哲学之前的神话时代，英雄就是神，而神就是英雄，所谓神人一体；而神学体系下的神则超越于肉身英雄，从形而下升华为形而上，从人神一体升格为人格神，即虽有人格但并非肉身之人。

这样到了公元前 6 世纪的新启蒙运动出现，才可以说有了古希腊真正哲学的开端，因为这种新启蒙运动对宇宙、世界和人生的解释是基于理性的而不是幻想的推理；是以智慧的而不是想象的手段；是以经验的而不是超自然的原则来探究和解说。

希腊哲学起源于希腊神话与宗教，希腊神话与宗教是希腊哲学之母。但希腊哲学的诞生却是希腊传统宗教，尤其是荷马宗教遭受厄运的开始。哲学由于它的本性无疑要把包括神话和宗教在内的一切现象当作理性思维的运作对象，神话与宗教虽然贵为哲学之母而不能得免。随着希腊人思维能力的增强，希腊精神的下一步发展就是通过经验和理性去探索自然万物的真正原因和人世间的第一原

---

① ［英］罗素：《西方哲学史》（上卷），何兆武、李约瑟译，商务印书馆 1963 年版，第 13 页。
② ［美］梯利：《西方哲学史》（增补修订版），［美］伍德增补，葛力译，商务印书馆 1995 年版，第 7 页。

理。希腊哲学诞生了。但是希腊宗教与哲学的关系又不是完全敌对的。哲学一方面起着破除原有的宗教神圣感和神秘感的作用，另一方面却又提升宗教的品位，为宗教神学的发展铺路架桥，其结果就使希腊人的宗教从拟人化的多神论向非拟人化的一神论方向发展，并产生了希腊人的理性神学。理性的介入一方面使希腊人有可能摆脱原始的自然主义的宗教神秘主义，但又使希腊人陷入新的较为理性化的宗教神秘主义。①

　　希腊哲学和荷马诗歌虽然是希腊思想的两极，但荷马的语言也不自觉地表现了希腊精神的理智结构。即使在尚武的英雄们的暴力世界里，也是心灵至上，而非意志至上。一个人的行为取决于他的知识状况，这对于荷马的诗人们，就如同对于苏格拉底一样，是不言而喻的。他们把我们称作"品性"的东西看作是认识：一个国王"认识正义"，一个妇人"认识贞洁"，粗野的人"认识放肆"，满怀憎恨的人"像狮子一样认识狂怒"。荷马史诗也认为唯独阳光下的生活才是真正的生活，而冥间的阴暗生存毫无意义。他们相信神的赐福取决于勤奋和辛劳。他们信仰人类和动物界受不同的法则支配，动物受强力的支配，人类则受正义的支配。②

　　总体而言，古代希腊社会文明的核心在于其自由的精神。如罗素所言："在雅典，除了有时候有迫害以外，公民在最好的时代里曾享有过不受国家所限制的极大的自由。"③ 而古希腊的早期自由主义在与他同时代存在斯巴达对照起来就越发彰显其对欧洲近代民主和近代文化的源头意义了。正如前面提到的古希腊是以自由精神支撑而成的一种城邦政治和城邦民主，而斯巴达则是以专制支撑的

---

① 王晓朝：《宗教学基础十五讲》，北京大学出版社 2003 年版，第 79 页。
② 参阅［德］E. 策勒尔：《古希腊哲学史纲》，翁绍军译，山东人民出版社 2007 年版，第 9—11 页。
③ ［英］罗素：《西方哲学史》（上卷），何兆武、李约瑟译，商务印书馆 1963 年版，第 14 页。

寡头政治。

公元前6世纪由新启蒙运动推动的古希腊哲学可以划分为这样几个发展阶段：第一阶段即前智者和苏格拉底时期（约公元前585年到公元前5世纪中叶）；第二阶段即智者和苏格拉底时期，主要集中在公元前5世纪；第三阶段即柏拉图和亚里士多德的系统化时期；第四阶段即最后的时期（公元前320年到公元529年），也称为后亚里士多德时期。①

---

① 智者学派为转折时期，这时期对人类思想能够解决世界问题逐渐产生怀疑，同时对传统的思想和制度缺乏信仰。苏格拉底时期为重建时期。苏格拉底维护知识，抗击怀疑论；他表明如何用逻辑的方法获取真理。他还努力规定善的意义，从而为伦理学铺平了道路。柏拉图和亚里士多德在此基础上，建立起唯理的认识论（逻辑）、行为论（伦理学）和国家论（政治学）等广博的思想体系，用思想或理性或精神来解释宇宙。因此，这一时期的哲学是批判的，因为它探索了知识原理；是唯理主义的，因为它肯定理性有追求真理的能力；是人本主义的，因为它研究人；是唯灵主义或唯心主义的，因为它以思想作为解释实在的主要因素。就它认为物质是占第二位的因素而言，它是二元论的。后亚里士多德时期即在伦理和神学上的发展，其最高形式即新柏拉图主义，它力图把世界说成是从超越的上帝那儿流出来的，上帝是万物的根源和归宿。参阅［美］梯利：《西方哲学史》（增补修订版）［美］伍德增补，葛力译，商务印书馆1995年版，第8—9页。

第二章 前智者派时代：科学独断论
和理性一元论

前智者派时期希腊哲学的显著特征是哲学和科学的完全融合。这一时期的哲学对思辨和经验研究不加区分，方法论是纯粹的独断论，即对人类认识的可能性不做任何讨论，只是径直对宇宙的起源提出自己的思考和看法。认识论的轮廓要等到智者派对早期的自然哲学家提出怀疑才能逐步显露出来。

这一时期的自然哲学家首推米利都学派的创始人泰勒斯，正是他使得米利都成为米利都学派，泰勒斯因此成为古希腊有记载的最伟大的科学家。罗素甚至认为正是米利都学派的科学思维使得古代希腊在宗教发展道路上与东方宗教分道扬镳。"挽救了希腊的不是由于没有一个祭祀阶级，而是由于有科学的学派存在"。① 或许这是米利都学派在古代希腊文明史中乃至在西方文明史进程中的最为崇高的评价和最值得铭记的位置。

宗教某种程度上是感情的，是精神的，是想象的，是沉醉的，是热情的，是冲动的；而与之对应的理性则是理智的，是行为的，是现实的，是清醒的，是平静的，是审慎的。文明人之所以与野蛮人不同，主要在于审慎。然而"人类成就中最伟大的东西大部分都

---

① ［英］罗素：《西方哲学史》（上卷），何兆武、李约瑟译，商务印书馆1963年版，第48页。

包含有某种沉醉（精神的沉醉）的成分，某种程度上以热情来扫除审慎。没有这种巴库斯①的成分，生活便会没有趣味；有了巴库斯的成分，生活便是危险的。审慎对热情的冲突是一场贯穿着全部历史的冲突。"②

恰恰在这一场冲突中，古希腊和古代东方其他文明的路径和走向截然相反，前者是理性占据了上风，而后者则是感情占据了上风。泰勒斯就是使得古代希腊在理性思考上占据感情想象上风的一个贡献性巨人。

泰勒斯（约公元前 625—约前 546），生于小亚细亚的米利都。他被后人最为称道的是成功预报了公元前 585 年 5 月 28 日的日食，当时正值古波斯和小亚细亚的吕底亚人进行一场战斗，日食的出现使得双方都惊恐万状，以为触怒了上神而停战。

古代希腊科学的第一缕曙光之所以照亮米利都，全是因为它的繁华和富庶。正是因为繁华和富庶使得它摆脱了古代东方以及之前荷马时代常被笼罩的无常之命运和君主专断之统治，以及对自然宇宙等天体现象无知的恐惧而产生的自然而然的巫术政治和神话宗教。

在米利都这样的城邦（polis）中，"公民的生活和福利主要依靠他们自己从事的法律调整的协调活动。当地的农业歉收并不会使他们完全陷入惊慌失措之中，因为从事远方贸易的船只可以把所需要的谷物运到这个城市来。米利都人的命运并没有掌握在任何相隔很远的君主手中。甚至连战争的胜败也在很大程度上取决于公民士

---

① 指古代色雷斯的守护神，后传至希腊，有某种神秘的宗教特质，倡导狂欢，厌恶理性和道德。——引者注。

② ［英］罗素：《西方哲学史》（上卷），何兆武、李约瑟译，商务印书馆 1963 年版，第 39 页。

兵的训练和纪律。于是城邦就在其公民和大自然的肆虐之间设置了一个缓冲器，同时也对执政官和统治者的专断欲求设定了制约措施，而且通过军事训练，甚至还使得爆发战争的风险降到了最低限度。这样一个城邦的公民就像一个不受外部意志支配的人一样自由，然而他们的生活却是严格地受制于法律的。因此，如果有少数热衷思辨的公民想象宇宙也可以按同样的方式予以调整的话，那也没有什么可惊讶的。然而，这种难以置信的猜想却使得一切后来的希腊（以及欧洲）思想都具有一种独特的倾向。这一点无论如何强调都不为过"①。

对于泰勒斯，我们最需要知道的是他首先突破了上古的神话观念，认为世界万物都是由水构成。这是人类历史上第一次凭借独立的人类思想，即逻各斯的力量建立起来的观念世界，用自然的方式而非神话的方式来解释实在和世界背后的统一性以及普遍性。正如日后古代希腊哲学的集大成者亚里士多德所言：智慧是由普遍知识产生的，而不是从个别知识得来的。哲学自此使得哲人与思考者们从神话中获得自由、独立、理性和自主。这一时期哲学所蕴藏的智慧不仅包含有对世界的理论和说明，还有对人生的态度和观感。故此，人类历史上第一缕哲学智慧曙光照亮了智者和思者面对世界所生发出的无所畏惧和豁达坦诚。

米利都学派还包括出生于米利都的泰勒斯的后辈阿那克西曼德和阿那克西美尼。阿那克西曼德认为万物的始基是无限，万物由此产生，也必然复归于此。所谓无限即某种空间上无限定同时又无定质的东西。作为原始基质的无限是无起始而且不可毁坏的，它的运动也是永恒的。运动的结果即特定基质的分离。阿那克西美尼与泰勒斯相同的地方在于他认为宇宙万物的原始基质相同且具有定质的

---

① 转引自［美］乔治·萨拜因：《政治学说史》（城邦与世界社会卷），邓正来译，上海人民出版社 2015 年版，第 36 页。

一种物质，即气。他与阿那克西曼德相同的地方在于这种原始基质是无限的且具有永恒运动的属性，两人也都认为宇宙和世界的创造和毁灭周期性交替，从而产生了无始无终的前后相继的一系列世界。①

策勒尔由此认为："不论这三位最古老的希腊思想家的许多观点在我们看来可能有多么天真和离奇，但它标志着对于世界的解释从一种神话的观念向一种自然的，也就是科学的观念的一种有力的根本的变化。"②

毕达哥拉斯认为万物的本质是数，这与泰勒斯的水不同。正是毕达哥拉斯的数论使得古代希腊哲学在肉体和灵魂的人类学二元论基础上被扩大为质料和形式的宇宙二元论，或是有限和无限的二元论。毕达哥拉斯基本放弃了生命轮回学说，认为人的肉体死亡是必然的，尽管灵魂是不朽的。他还区分了记忆、观念和认知，区分了感性知觉和思维，认为唯独人类拥有思维。③

毕达哥拉斯之后的古代希腊哲学面对的一个时代命题是讨论"一"和"多"、"存在"与"生成"、"静止"和"运动"的问题。

赫拉克利特则把自然理解为一个始终如一的，既不产生也不消逝的整体。他认为万事万物都处在变化之中，不存在永久的东西。人不能两次踏进同一条河流。所谓一切产生一，一产生一切。因为火的稳定性最小，所以万物由火构成。万物之基质从火变成水，从水变成土；然后从土又变成水，从水又变成火。万物可以变成火，

---

① 参阅［德］E. 策勒尔：《古希腊哲学史纲》，翁绍军译，山东人民出版社2007年版，第29—31页。
② 参阅［德］E. 策勒尔：《古希腊哲学史纲》，翁绍军译，山东人民出版社2007年版，第31—32页。
③ 参阅［德］E. 策勒尔：《古希腊哲学史纲》，翁绍军译，山东人民出版社2007年版，第36—39页。

火可以变成万物。就如货物变成黄金，黄金变换成货物。赫拉克利特既然认为万物都在变化，所以从不承认人可以不朽。他认为最高的善是人对世界神圣秩序的信赖中产生的满足。他认为一个人的幸福依赖他自己，而社会的福利依靠守法，人们应当像保卫自己的城市一样为保卫法律而战。[①]

巴门尼德认为"存在"无始无终，因为它不可能从"非存在"中产生出来或者还原为"非存在"。它没有过去，也没有未来，只有现在，它是连续的和不可分割的。它是不可分的，因为它是处处都同一的东西，没有可以使它分割的东西。它是静止不动而不可改变的，处处都与它自身相同。……思维与"存在"是同一的，因为它是对于"存在"的唯一思想。唯一真实的知觉就是在每一事物中显示给我们一个不变的"存在"，即"理性"的那种知觉。另一方面，感觉显示给我们事物、创造、毁灭和变化的一种多样性，那是"非存在"的一种存在——这些感觉，则是所有谬误的原因。[②]

赫拉克利特和巴门尼德都不相信感官和感觉，但前者认为火是万物之本质和幻觉背后的真实，而后者则认为唯有思维和理性才是真实的"存在"。换言之，赫拉克利特从对感觉的不相信中得出万物皆流动；而巴门尼德反其道得出这背后必有永恒静止与不变之神圣。

恩培多克勒、阿那克萨戈拉和原子论者德谟克里特是赫拉克利特与巴门尼德之间永恒变化和永恒不变的调和与折中。他们都否定一种绝对的生成和消逝，并假定了一些永恒不变的基质（元素），然后，他们致力于从这些元素的结合和分离去解释生成和消逝。换

---

① 参阅 ［德］E. 策勒尔：《古希腊哲学史纲》，翁绍军译，山东人民出版社 2007 年版，第 46—51 页。

② 参阅 ［德］E. 策勒尔：《古希腊哲学史纲》，翁绍军译，山东人民出版社 2007 年版，第 52 页。

言之，即没有绝对的创造和毁灭，但存在相对或个别的基质或元素的混合（生成）与分离（消逝）。

毕达哥拉斯开创了宇宙二元论。巴门尼德在此基础上则坚决支持灵魂而反对肉体，换言之即支持形式而反对质料，是一位极端的一元论者。他支持只能为思维所理解的抽象的存在，而排斥质料的感觉世界。恩培多克勒的哲学体系则又重回到二元论，即"一方面是诸基质元素的自然界，另一方面是精灵，两者在有机自然界里被结合起来。真正的生活属于物质世界之上的神的生活。人世生存是一种惩罚"①。

阿那克萨戈拉是第一位自觉而审慎的纯思辨的思想家，他把认识世界看作是生活的任务和目的，并充分相信由此带来的道德影响。他与恩培多克勒不同的是，后者用爱和恨来解释运动的力量，他则认为运动只能是某种其知识和力量高居一切事物之上的存在物的作用，一种有思维的、理性的全能的存在物的作用，或心灵与努斯（理智和精神）的作用。

换言之，恩培多克勒的二元论是精灵的神的世界与受疾病、苦痛和死亡折磨的人世生存的物质世界；而阿那克萨戈拉则是灵魂、心灵、努斯和理性与肉体、身体、感觉和物质平等的二元论。原子论者德谟克里特则把运动转移到原始基质元素本身，这也是后世称德谟克里特为古代希腊唯物主义哲学家的原因。由此，德谟克里特认为只有通过观察，才得以认识事物。知识的局限性正是由于感觉感性的不完善所致。柏拉图关于形而上学的理念二元论就是在巴门尼德、恩培多克勒、阿那克萨戈拉的基础上发展起来的。

西方近代自由主义的政治学渊源必须上溯到古希腊才能寻根问

---

① ［德］E. 策勒尔：《古希腊哲学史纲》，翁绍军译，山东人民出版社 2007 年版，第 62 页。

祖，才能正本清源。"如果我们把科学理解为理智为其自身而系统地追求的那种独立的、自觉的认识活动，那么就在希腊人中，就在纪元前第六世纪的希腊人中，我们第一次找到了这样的科学。那时候，国民生活的蓬勃发展解放了这个在各民族中最富有天才的民族的精神力量。其结果，民主政治制度的发展，经过激烈的党派斗争，往往带来个人意见、个人判断的独立性，往往发挥着个性的作用。民主政治制度的发展事实上比起日益增长的商业财富所带来的生活上的讲究和精神上的享受更得人心。"①

于是，当时代的哲学（科学）逐渐从对自然知识的关注"必然指向人的思维和意志，也必然指向观念和意志所由产生的状态，必然指向他们彼此争论、彼此坚持自身权利的态度上。就这样，希腊科学从本质上说，走上了人类学的道路，或者说走上了主体性的道路"②。

伯里克利时代的雅典，蓬勃发展的社会实践在对知识和智慧的生产提供前所未有的刺激和激励的同时，也使得科学进入了对实践生活的需求，特别是对政治生活的需求的依赖状态。因为"民主政体首先要求政治家们有公开演讲的能力；其结果是，为参加政治生活做准备，特别是需要智者们的教诲，而智者们的教诲越来越集中在这个目的上。科学家成为辩术教师了。"③

这其实是前苏格拉底时代的智者派时代。

---

① ［德］文德尔班：《哲学史教程》（上卷），罗达仁译，商务印书馆1987年版，第38页。
② ［德］文德尔班：《哲学史教程》（上卷），罗达仁译，商务印书馆1987年版，第97页。
③ ［德］文德尔班：《哲学史教程》（上卷），罗达仁译，商务印书馆1987年版，第96页。

18

第三章　智者派时代：
人是万物的尺度

前苏格拉底时代的智者派学说使希腊的哲学从面向自然转向研究人本身，这是对哲学最大的贡献。智者派最杰出者普罗泰戈拉的名言——人是万物的尺度，是存在的事物存在的尺度，也是不存在的事物不存在的尺度（是它是其所是和非其所非的尺度）——是对智者派历史进步意义的最大诠释。[①] 这一名言即把认识问题由客体转移到主体，从而使一种真正的认识论成为可能。

智者派学说首先是一种文化哲学，它在内容上不同于以前的自然哲学。它的对象是作为个人的人和作为一个社会生物的人，连同人在语言、宗教、艺术、诗歌、伦理和政治方面所创造的文化。智者派的革命性进步体现在对传统的反思和质疑：对希腊诸神的礼拜、自由人与奴隶、希腊人与野蛮人的差别等等，这些制度和传统风俗习惯是否以自然为基础？是否就因此神圣不可侵犯，抑或能够变更和改进？[②]

智者学说不仅在内容上，而且在方法上也不同于之前的自然哲

[①]　参阅［德］E. 策勒尔：《古希腊哲学史纲》，翁绍军译，山东人民出版社 2007 年版，第 86 页。策勒尔并认为普罗泰戈拉因为这句话而把认识问题由客体转移到主体，从而使一种真正的认识论成为可能。

[②]　参阅［德］E. 策勒尔：《古希腊哲学史纲》，翁绍军译，山东人民出版社 2007 年版，第 81 页。

学家。之前的自然哲学主要依靠纯粹理论思维的演绎方法，智者派则开始了对自然的经验观察和积累，走的是归纳的方法。其次，在各自追求的目标上，自然哲学家们认为探索真理和知识本身就是目的，即以追求纯粹的哲学理论为目的。而智者派则认为知识只有构成驾驭生活的手段才有价值，即追求知识的实践应用以及对生活的驾驭和控制。[①]

智者派通过对青年人的教育、科学普及和演讲以及传播哲学教育来达到他们的目的。智者派已经触及教育学的根本问题，即在智力和性格的形成中，究竟是自然的天赋还是后天的教育扮演着决定作用？智者学派的教育体现在对数学、天文学，特别是语法等科学的介绍和普及上。智者派以逻辑的、美学的和伦理的观点去解释他们之前的古代诗人。自然哲学家们将"逻各斯"当作获取知识的工具或是表达知识的方式，而智者派则将其当作武器。因为对于智者派来说，问题不在于确定真理而在于使自己的听众信服自己的演讲，从而达到驳斥对手的目的。智者派教育体系潜伏的巨大道德危机恰好就在这里，即不问是非，只问输赢，因为只有赢得对手，才可以获得更多青年的青睐，从而收取更多的报酬。因此，演讲或辩论的华丽风格和修辞艺术就远远要比正义德行和科学内容更为重要。[②]

物极必反。智者派末期的古代希腊社会中"个人主义的恣肆发展愈益解开公共意识、信仰、道德的旧枷锁，愈益以无政府状态的危机威胁着早期的希腊文明；那些以社会地位、以知识、以品德而显耀的人们，也就愈益迫切地发现他们义不容辞的职责是在他们自

---

① 参阅［德］E. 策勒尔：《古希腊哲学史纲》，翁绍军译，山东人民出版社 2007 年版，第 81—82 页。

② 参阅［德］E. 策勒尔：《古希腊哲学史纲》，翁绍军译，山东人民出版社 2007 年版，第 82—84 页。

己的思想中恢复行将丧失的准绳。"①

"只有到这时，确认认识的可能性以及认识客体的存在并不依赖于人见解上的不准确性，并在人内心和本性深处去发现在实际生活中引导他的固有理想才成为必要。正是在这一点上，苏格拉底以及从苏格拉底得到启发的人们才认识到自己的任务。"②

正如文德尔班所言：智者派时代的雅典问题，其背景就是"那个宗教信仰和旧道德动摇不定的时代，那个权威博得的威信日益下降的时代，那个只扫个人门前雪、不管他人瓦上霜的无政府主义时代。希腊精神的这种内部瓦解很快就明显地表现在伯罗奔尼撒战争的混乱中；随着雅典霸权的衰落，希腊文化之花也就凋零了③。"

智者派学说使希腊的哲学从面向自然转向研究人本身，这是对哲学最大的贡献。然而，以怀疑为其内核，以雄辩乃至诡辩为其形式的智者派终于不可抑制地滑入到一种由它本身所倡导的自由和解放的反面，即奴役和专制的巨大风险。"那就是形式简直要盖过内容，雄辩术要窒息真理的感情。智者学说不仅以其哲学的怀疑主义使人们怀疑科学的可能性，而且以其相对主义理论及其某些成员彻底的个人主义从根本上动摇了宗教、国家和家庭现存的权威。它所提出的问题超过了它所解决的问题。"④

这个问题不仅是智者派面临的问题，也是当时雅典所面临的一个最为棘手的问题，即在个体得到无限解放的同时，还能否找到大家共同信服以及共同遵守的一个普遍有效的东西？

---

① ［德］文德尔班：《哲学史教程》（上卷），罗达仁译，商务印书馆1987年版，第38—39页。
② ［德］E.策勒尔：《古希腊哲学史纲》，翁绍军译，山东人民出版社2007年版，第99页。
③ ［德］文德尔班：《哲学史教程》（上卷），罗达仁译，商务印书馆1987年版，第97页。
④ ［德］E.策勒尔：《古希腊哲学史纲》，翁绍军译，山东人民出版社2007年版，第99页。

　　这个东西就是苏格拉底所极力推崇和力争的"善即美德"的伦理哲学。善即美德，恶即罪过。只有正义和良善才是目的和意义，只有德行和善行才是真理和标准。所谓变化中的恒定性和多样性中的统一性。智者派的进步与突破在于凸显了人在自然界中的主体地位，然而使得人这一主体在社会中站稳脚跟，从而真正具备人之为人所需要的德行、良善和求真之根基的正是苏格拉底。

　　因为智者派把一切道德和法律都看作是相对而非绝对，所谓相对即此一时彼一时，此一地彼一地，随着时间、空间和环境的变化，道德和法律也随之发生变化。在智者派眼中，没有绝对的宗教、道德和正义，人就是一切，一切就是人；或者换言之，一个人可以代表人类，人类甚至就是某一个人。人就是神，神就是人，因为人在道德和法律之上。人的认识无所不能，没有边界。或者说只承认认识主体而不承认认识客体，客体完全附属于主体，取决于主体。这是所谓绝对的主观主义或主观的绝对主义。

　　这就为苏格拉底的出场埋下伏笔。

　　苏格拉底一生的使命就是对他的同胞进行德性教育，将他们从迷惑和困顿中唤醒，引导他们思索生活的意义，通过辩论和省思教导他们找到人之为人的良善标尺。

　　苏格拉底与智者派都对传统观念进行了批判，都把人作为了认识的主体，但苏格拉底不满足于智者派的主观性和相对性。苏格拉底思考世界人生的方法虽然也以经验主义和实践理性为主，但他给德性注入了是非善恶的标准，为法律添加了正义良善的骨架，在城邦国家的精神中设定了公共生活的恒定原则，为希腊诸神描绘了不变的神性。

　　苏格拉底以理性批判的精神消解了智者派（诡辩派）导致的道德价值的混乱。人之所以是万物之灵，不在于人的肉体，而在于人的德性和智慧。如此一来，存在的本质就既不是自然哲学家对宇宙的冥想，也不是智者学派们的夸夸其谈，而是人对自我的认知、认识和反省。

苏格拉底在智者派的基础上开辟了一块新的天地，因为苏氏"不仅唤起了对生命的创造的反省思考，而且引导内心的眼光注视存在的深渊……苏格拉底是那种在全部哲学史中无与伦比的革命的完成者，而笛卡儿的革命和康德的革命，只是苏格拉底的革命的更新或发展"。①

策勒尔指出，西塞罗在谈到苏格拉底时说：他把哲学从天上召唤下来，把它安置在城市中，引进家家户户，使它成为探究生活和道德、善与恶所必需。这一说法可同样应用于智者学说。② 不过两者的不同在于智者诡辩派们不仅夸夸其谈，将"哲学的修辞学"当作辩论的工具，而且将"逻各斯"彻底从道德、正义和真理的范畴中掩盖和抹杀。

苏格拉底不仅是第一位高声诅咒将"功利"与"正义"分离的人，同时亦是第一位发出诅咒声音的理性批判者。因此，从智者派到苏格拉底的过渡实在是古希腊哲学的一个大的转折，即所谓从前苏格拉底时代过渡至苏格拉底时代。

苏格拉底一贯的"诘问""追问"和"辩论"的方式有时也被人怀疑为与先前那些挖道德墙脚和反对现存秩序的"智者派"没什么两样，其实这正是对苏格拉底本人最大的误解。

正是辩论使得雅典哲学家开始了对主宰世界的习惯和习俗的质疑和反省；也正是辩论为雅典城邦生出了自由、理性、哲学、科学

---

① 参阅昂利·贝尔为《希腊思想和科学精神的起源》一书所作的序。（［法］莱昂·罗斑：《希腊思想和科学精神的起源》，陈修斋译、段德智修订，广西师范大学出版社2003年版，序言第6页）

② 参阅［德］E.策勒尔：《古希腊哲学史纲》，翁绍军译，山东人民出版社2007年版，第80页。

和对法律的尊重。然而，这"并不意味着雅典人不重视习惯，但是他们却绝不相信某项习惯法仅仅是因为历史悠久才具有约束力的。他们更倾向于见到习惯中所隐含的某项基本原则的理据能够经得起理性的批判，从而变得更加明确且更易于理解。因此，那种认为正当或正义只是难以理解的习惯并进而认为各种政治制度只不过是为这种体制的受惠者谋取利益的一种手段的怀疑论（skepticism），在柏拉图看来，乃是一种毒性最大的社会毒害。政府依凭的是说服（conviction）而不是强力。僭政（tyranny）之所以最坏，就是因为对非法强力的使用。公民的自由取决于这样一个事实，即他在与其同伴进行自由且不受限制的交往中，具有一种能够说服他人并接受他人说服的理性能力（rational capacity）。因此，雅典人对两种约束做了严格区分：一种是人们屈从于另一个人的专断意志，另一种是承认法律的支配地位，而这种法律有权要求受到人们的尊重。因此，雅典人认为自由和法治乃是城邦的秘诀，也是世界各民族中唯有希腊人才享有的特权。公民的自由乃是他能够自由地理解、自由地辩论和自由地贡献，而这所依凭的并不是他所拥有的地位或财富，而是他的天赋才能和德性。这一切的目的就是为了实现一种共同生活——这种共同生活对个人来说乃是其天赋能力能够得到训练的最完善的学校，而对共同体来说则是一种具有无比价值的文明生活，因为它所拥有的宝贵财富是物质上的舒适、艺术技艺、宗教活动和自由的智性发展。在这样一种共同生活中，对个人来说最高的价值就在于他能够运用他的能力和他的自由做出重要的贡献，亦即去担任公民生活这一共同事业中即使是很卑微的职位"①。

苏格拉底不主张使用暴力的手段来达到和平的目的。正如苏格拉底的学生色诺芬说的："凡被我们强迫的人，会像我们强夺了他

---

① ［美］乔治·萨拜因：《政治学说史》（城邦与世界社会卷），邓正来译，上海人民出版社 2015 年版，第 60—62 页。

们东西似的那样仇恨我们，而凡被我们说服的人，会像从我们受了什么恩惠似的那样爱戴我们。因此，凡有运用理智的修养的人才是不会使用暴力的，因为只有那些具有蛮力而缺乏理智修养的人才会采取这样的行径。此外，凡敢于使用暴力的人，一定需要不少党羽，但那些能够以说服取胜的人就不需要这些，因为即使单剩下他一个人，他仍然会有说服的能力；这样的人是绝不会流血的，因为既然能够利用说服的办法使人活活地顺从，谁还会要把人置于死地呢？"①

苏格拉底不是智者派，尤其不是诡辩派，这恰恰是他洞察到了智者派的阿喀琉斯之踵（the Heel of Achilles），因为智者派的"诡辩所导致的怀疑论和不可知论对雅典共和国的社会福利与和谐构成了一种威胁"。故此"苏格拉底为自己确立了这样一项使命，即克服诡辩派的主观主义和相对主义，并建立一套以那种在客观上得到证明的价值理论为基础的实质性的伦理体系"②。

"与智者学派年青一代的混乱行为和缺乏信念相对立，苏格拉底提出对理性的信仰，提出对普遍有效的真理的存在的信念。对他说来，这种信念本质上是实践的，是道德的气质，但却导致他钻研知识；他以另一种方式将知识和意见对立起了，他认为知识的本质在于概念思维中。（于是）智者学派以他们的技巧和见识老陷入当时意见的混乱中而不能自拔；而苏格拉底朴素而健康的意识，纯洁而高尚的品格却找到了道德和科学的理想。"③

苏格拉底指出："谁也没权利告诉别人应该信仰什么，或者剥夺别人自由思考的权利。"他甚至进一步说："一个人只要心智健

① ［古希腊］色诺芬：《回忆苏格拉底》，吴永泉译，商务印书馆1984年版，第8—9页。
② ［美］E.博登海默：《法理学：法律哲学与法律方法》，邓正来译，中国政法大学出版社2004年版，第7—8页。
③ ［德］文德尔班：《哲学史教程》（上卷），罗达仁译，商务印书馆1987年版，第98—99页。

全，即使没有朋友的支持，没有金钱，没有家室，甚至无家可归，都不要紧。但是，因为任何问题都需要充分考虑正反两方面的意见，才能得出正确的结论，所以人们必须享有完全自由的、不受权威干涉的讨论各种问题的权利。"①

苏格拉底这一道德理智论所反映出来的强烈反民主倾向，使得他对于雅典的民主制度保持了清醒的认知。基于此，苏格拉底相信"教育的使命也是一种政治使命。他感到改进国家政治生活的途径是教育公民做自我批评。正是在此意义上，他声称自己是他那个时代唯一的政治家，并强烈反对那些讨好奉承人民却不真正推进他们利益的人。"②

苏格拉底在当时已经清楚地指出政治不是占兆，他需要治理的技术和知识。这很明显有着对当时城邦的直接民主制的一些批评。正如他的学生色诺芬所回忆的，苏格拉底认为"用豆子拈阄的办法来选举国家的领导人是非常愚蠢的，（这正如同）没有人愿意用豆子拈阄的办法来雇用一个舵手、或建筑师、或奏笛子的人、或任何其他行业的人"③。

这样看来，从政治学的角度，苏格拉底的出现对于古代希腊社会或雅典城邦国家来说实则是挽救了智者派时期个人主义无限膨胀，以及这种无限膨胀背后的无政府主义。虽然，最后苏格拉底最终没能力挽狂澜，雅典的繁盛还是随着公元前 429 年伯里克利的逝世而逐渐走向衰败。30 年后即前 399 年，苏格拉底无辜地被雅典判处了死刑。

这其实也预示着雅典在走过最为辉煌和最为昌盛的文明后的

---

① [美] 亨德里克·威廉·房龙：《宽容》，郭兵、曹秀梅、季广志译，北京出版社 1999 年版，第 31 页。

② [英] 卡尔·波普尔：《开放社会及其敌人》（第一卷），郑一明等译，中国社会科学出版社 1999 年版，第 241 页。

③ [古希腊] 色诺芬：《回忆苏格拉底》，吴永泉译，商务印书馆 1984 年版，第 8 页。

一个终结界碑。对于本可以逃跑以苟全性命的苏格拉底来说，他没有选择离开雅典，因为如果这样做，他就违背了他终其一生所倡导和追求的美德与正义。他宁愿选择死，因为他知道"向死"就是"再生"，他的死会进一步彰显他所热爱的"美德"，也即"自然正义"。

第四章　以身殉道的苏格拉底：
美德即知识

　　智者派带来了前所未有的个体的解放和主体性的认同，但同时也给社会带来前所未有的无政府主义的松散和懈怠。如罗素认为的："社会团结和个人自由，也像科学与宗教一样，在一切的时期里始终是处于一种冲突状态或不安的妥协状态。"①

　　萨拜因在谈到智者诡辩派时认为，他们根本不讲授哲学；他们讲授的是富裕的学生愿意为之付学费的知识。这样，在苏格拉底看来，一些自称智者的诡辩派其实是知识的贩卖者，属于出卖和亵渎智慧的人。但无论如何，智者派们的积极意义在于开启了古代人文主义先河——即"使知识转向以人为中心。就其消极方面来说，它对有关物质世界的一切比较陈旧的、理想主义的、超然于人事之外的知识采取怀疑态度"②。色诺芬笔下的苏格拉底也持同样的观念，"不取报酬的人是考虑到自己的自由，而那些为讲学而索取报酬的人是迫使自己去做奴隶，因为他们不得不和那些给予他们报酬的人进行讨论。"③

---

① 〔英〕罗素：《西方哲学史》（上卷），何兆武、李约瑟译，商务印书馆 1963 年版，第 13 页。
② 〔美〕乔治·萨拜因：《政治学说史》（上册），盛葵阳、崔妙因译，商务印书馆 1986 年版，第 50—51 页。
③ 〔古希腊〕色诺芬：《回忆苏格拉底》，吴永泉译，商务印书馆 1984 年版，第 7 页。

　　正如文德尔班指出的，在上古时代的希腊，纪元前第 5 世纪的诗人、哲学家和道德学家中所碰到的悲观怨诉大都是反对人们的放荡不羁、无组织无纪律、无法无天。头脑严肃的人们看出了豪情放纵，激昂沸腾的社会生活所带来的危机。这样一条政治经验——党派斗争只有在不影响法律秩序的条件下在道德上才可能容忍——使得服从法律成为最高职责。①

　　当时希腊的斯巴达和雅典是最引人注目的两个城邦国家。前者以其政治上异常稳定的姿态而自居，后者则以社会的自由和进步的自豪而骄傲。在前者的城邦，如果民众获得执政官的邀请，则有受宠若惊之感；而在后者，众市民对于那些依赖于执政官的人都唯恐避之不及。换言之，前者的政治稳定是以牺牲民众的个体自由为代价的，而后者的市民自由和社会进步是以政治治理的松散为前提的。

　　苏格拉底就是在这种时代背景下，高举着"美德即知识"的旗帜出场了。

　　"美德即知识"实际上遵循了早期自然哲学中的理性传统，即相信美德是可学也可教的，甚至是可以被定义的。"如果伦理概念能够被定义的话，那么就有可能在具体的情形中以科学的方式适用这些定义，而这种科学就可以被用来实现并维续一个可以被证明为优越的社会。柏拉图终生孜孜以求的正是构建这样一种理性的亦即可以证明的政治科学。《理想国》中那种唯知识论的论断，亦即那种笃信一个受过最好教育的统治者（哲人王）的倾向，则肯定是对

---

① 参阅［德］文德尔班：《哲学史教程》（上卷），罗达仁译，商务印书馆 1987 年版，第 103 页。

苏格拉底关于美德（并不排除政治美德）即知识这一信念的详尽阐释。"①

当智者希皮阿斯追问有关正义的学说是什么时，苏格拉底回答道："我认为，不愿行不义的事就足以证明其为正义②。不过，如果你认为这还不够，那么看看下面所说的是不是会使你更满意些：我说守法就是正义。"③

这里的法其实就是指雅典城邦的律法，苏格拉底之所以最后守法而死，而不愿违法而生，其实这都是他一生为之宣扬和倡议的正义之核心。

对于希皮阿斯的诡辩：既然制定法律的人常常废弃或修改法律，那如何把这些法律或遵守这些法律看得如此重要呢？苏格拉底以他惯用的譬喻推理来反诘："既然如此，那么，因法律可能被废弃而轻看那些遵守法律的人和因和平可能恢复而责怪那些英勇作战的人，你以为这两者之间有什么不同吗？难道你当真想谴责那些为支援祖国而投身于战斗中的人们吗？""你考虑过没有，卢库格斯如果不是在斯巴达最牢固地建立了守法精神，他就不可能使斯巴达和别的城邦有什么不同吗？你难道不知道，那些最能使人民守法的城邦领导人是最好的领导人，那些拥有最守法的人民的城邦，在和平时期生活得最幸福，在战争时期是不可抵抗的吗？而且，对城邦来说，同心协力是最大的幸福！"④

---

① ［美］乔治·萨拜因：《政治学说史》（城邦与世界社会卷），邓正来译，上海人民出版社 2015 年版，第 84—85 页。
② 以赛亚·伯林关于'积极自由'与'消极自由'概念的阐述与此异曲同工。——引者注。
③ ［古希腊］色诺芬：《回忆苏格拉底》，吴永泉译，商务印书馆 1984 年版，第 164 页。如果从这一引申出发，我们不难得出这样几个换算公式：美德即知识；知识即正义；美德即正义；知识即守法；守法即正义；美德即守法。而这一连串的推导正好为柏拉图的《理想国》以及柏拉图的哲学王的政治统治思想奠定了逻辑和知识基础。
④ ［古希腊］色诺芬：《回忆苏格拉底》，吴永泉译，商务印书馆 1984 年版，第 165 页。

　　苏格拉底曾经做过雅典城邦的陪审员，他在宣誓就职的誓词里表示要依法进行表决，后来又担任过公民大会的主席。正是他担任主席的前406年，雅典海军在战胜斯巴达人后，决定以主力舰队追击敌人，而另留一部分官兵负责救护伤员以及掩埋阵亡将士，但由于海上起了风暴，救护伤残和安慰英灵的任务未得完成。事后雅典人民对负责将领以失责罪起诉，当时所有陪审员一致表决通过处死十将军，只有苏格拉底坚持此一诉讼不合法而提出抗议，坚决投反对票。尽管他这样做完全违背了当时的民意，有权势的人甚至发言威胁他，但他坚持自己的意见。

　　正如色诺芬所描述的："遵守誓词比违反正义以满足群众的要求，或在威胁之下委曲求全更为重要。因为他以为神明看待人并不像有些人所想的那样，他们以为神明知道一些事，却不知道另一些事；而他却认为神明知道一切的事，无论说的、做的，或在静默中所想念的。神明是无所不在的，并且把一切有关于人的事向人指明。"①

　　正是从这里，我们可以清楚地看出，苏格拉底所谓的神明实际上正是他心目中的美德与正义。美德与正义是不容有丝毫亵渎与欺骗的，因此无论说的与做的都必须符合正义。

　　苏格拉底确信，只有一种真正的不幸——那就是作恶，也只有一种真正的幸福——那就是行善。由于没有人想要使自己不幸，或坑害自己，因此也就没有人自愿作恶。② 换言之，苏格拉底的意思是凡认识到善的人自然不会作恶，凡作恶的人则没有认识到善。所谓美德就是对人生意义和目的的认识和知识。这就是苏格拉底中国式"知行合一"的认识论和目的论。

---

① ［古希腊］色诺芬：《回忆苏格拉底》，吴永泉译，商务印书馆1984年版，第5—6页。
② 参阅［德］E. 策勒尔：《古希腊哲学史纲》，翁绍军译，山东人民出版社2007年版，第108页。

也因此，苏格拉底认为："对善的认识的反面不是谬误而是自我欺骗。"正是在这个意义上，我们说苏格拉底的伦理学原则是理智决定论。如此一来，任何人在任何情况下都不应当干坏事，即使是死亡也强于一件坏事。因此，苏格拉底倡导的德行是绝对的、客观的和同一的，是没有附加条件的。拥有德行的好人总是强过作恶的坏人，并且坏人并不能真正伤害好人，因为唯一真正的伤害是精神上的伤害，这只能是由人们自己干的坏事所引发。而且美德不会提出报偿的期望，因为行善本身即是幸福。苏格拉底的伦理学是在此岸和此世的而非彼岸和彼世的，是自足和自主的，是不受人主观承认或否认的，是脱离了宗教的独立的伦理学。①

后来，伯罗奔尼撒战争的失败不仅彻底唤醒了雅典的民主政体，也使苏格拉底为了自己的城邦理想、为了雅典的稳定和秩序而决定以身殉道。他期望的是以自己的生命唤醒雅典走出民主政体"无能""失序"和"党派斗争"的政治弊病。从这个意义上，我们说苏格拉底对雅典不是愤恨，不是失望，相反是爱，是深沉的和不能割舍的爱，是可以献出生命来铭记的爱。

柏拉图在《申辩篇》中写道，苏格拉底主张，凡是为一个人自己的理智所宣判为错误的东西，就不应该去想，不应该去做，哪怕受到当权者或任何法庭的强迫，也要不惜任何代价予以抵制。他的学生色诺芬在回忆苏格拉底的记叙中也指出："正义和一切其他德行都是智慧。因为正义的事和一切德行的行为都是美而好的；凡认识这些事的人决不会愿意选择别的事；凡不认识这些事的人也绝不

---

① 参阅［德］E. 策勒尔：《古希腊哲学史纲》，翁绍军译，山东人民出版社 2007 年版，第 108—109 页。正是从这个意义上，我们可以理解马基雅维利在西方近代政治思想史的意义和地位，即他明确提出的"政治无道德"的口号，从而使得政治学脱离了伦理学。

可能把它们付诸实践；即使他们尝试着去做，也是要失败的。"①

正是在这一思想观念的主导下，苏格拉底在为自己的生命所做的申辩中这样说：

> 现在，雅典人，我要争辩，可不像你们想的那样，为我自己的缘故，而是为了你们。……因为你们要是杀死我的话，就不易找到另一个像我这样的人；假如允许我用一个可笑的比喻，我就像一只牛虻，总是整天地、到处地叮住你们不放，唤醒你们、说服你们、指责你们。……我要让你们知道，要是杀死像我这样的人，那么，对你们自己的损害将超过对我的残害。②

在对苏格拉底的审判中，他为自己的辩护是如此地精彩，以至于就连陪审团的大多数成员都折服于他的论辩和道理，劝他只要以后放弃他一贯的争辩和说教的"恶习"，并且不再"批评"别人的见解，不再用他永远怀疑的态度到处"叮咬"和"纠缠"，就可以得到赦免。然而苏格拉底拒绝了陪审团对他提出的条件。他要的就是一个绝对的、不容一丝一毫玷污、折中和妥协的自由空气以及维护正义的勇毅。

苏格拉底最后告别陪审员时表现出的正是这种正义凛然："真正困难的不是逃避死亡，而是避免做不义之事；不义之事比死亡更难逃避。在今天的审判中，我这个迟钝的老人不能逃避死亡和危险，但聪明而敏捷的原告却不能逃避不义，不义比死亡更能毁灭人。离开法庭时，我将由于你们的判决而被处死，但他们却因为邪

---

① ［古希腊］色诺芬：《回忆苏格拉底》，吴永泉译，商务印书馆1984年版，第117页。
② 转引自［美］斯塔夫里阿诺斯：《全球通史——1500年以前的世界》，吴象婴、梁赤民译，上海社会科学院出版社1999年版，第212页。

恶和道德败坏而被真理宣判死刑。他们和我一样接受判决，这是毫无疑问的，我认为这种结果相当公正。"①

也正是基于苏格拉底对于自由的这种不容折扣的追求，他对于雅典这个全希腊都公认最自由的城邦也不放过。他在雅典的大街上对于一切不符合他认为的理性自由的事务，包括雅典的民主政体，给予毫不留情的分析、揭露与批评。也因此，他被认为是一个"麻烦制造者"，一个到处"叮咬的牛虻"，以至于以"不敬神"和"教唆败坏青年人"的罪名被起诉。

并且苏格拉底倔强到宁死也不愿意引用雅典城邦的言论自由来为自己做辩护。一方面他本身就对雅典的言论自由持不信任的态度，他的被起诉以及被宣判本身就足以证明。另一方面他对雅典的民主政体也持不信任的态度。如果引用言论自由的原则而获得当局的释放，则他本身无疑就反证了雅典民主政体的光荣。

他就是以沉默，甚至是刺激、挑逗审判官来展示究竟雅典自由的界限和容量有多大。如果雅典的审判官在苏格拉底的沉默、刺激甚或挑逗中依然经过商讨与和议而宣判苏格拉底获释，则苏格拉底就完成了他的使命，因为雅典是让他放心的。然而事实恰恰让他失望了！

正如柏拉图的《申辩篇》记载的那样，苏格拉底是以一种讽刺和戏谑的语气来刺激雅典的审判官和陪审团，"如果你们把我处死，你们就不会再能轻易地找到一个——用有些荒谬可笑的话来说——像叮住一匹马的牛虻一样叮住这个城邦的人"，他又补充说，这是匹"懒惰的"马，需要不时"叮"一下，才对它有好处。他正是要以这种"不要命"的勇气为赌注来考验雅典自由、民主的"肚

---

① [古希腊] 柏拉图：《苏格拉底的最后日子——柏拉图对话集》，余灵灵、罗林平译，上海三联书店1988年版，第77页。

量"和"容量"，结果雅典没有经受住苏格拉底的考验。①

如果我们再回顾一下苏格拉底对于别人劝他要深思熟虑以准备自己的辩护陈词的回答，我们就会更加明白苏格拉底是宁愿向正义而死而决不向妥协而生的。他说，难道你不认为我一辈子都在为自己被起诉的这一刻进行着辩护吗？"苏格拉底说他一辈子除了考虑什么是正义，什么是非正义，并且实行正义和避免非正义以外，任何别的事情都没有做，他认为这就是他为自己所做的最好的辩护。"并且，苏格拉底坚信自己的死是正义的而且是幸福的。因此"他表现了英勇不屈的精神，坚定不移地面向死亡迎上前去，即使是对别人的美好的事情也没有这样坚定，从来没有对死亡表示过任何软弱，而是极其高兴地，耐心地等待着，终于献出了自己的生命"②。

如柏拉图在《申辩篇》中记叙的苏格拉底在被判处死刑后对陪审员们的答词："我不是因为没有尽力为自己辩护才被判有罪，而是因为我没有厚颜无耻地进行表演，没有以取悦你们的方式向你们谄媚。我并不认为由于我处于危险中，就必须奴颜婢膝。我至今不悔我刚才的辩护方式。我宁愿死于这种不利的辩护方式，而不愿为保命而采取其他辩护方式。"③

苏格拉底的很多朋友在他临死之前，都劝他逃离雅典，但他没有。他提出一个理由是他整个的一生都享受了法律的利益，不能在晚年不忠于法律，尽管他非常清楚适用于他的罪行的法律根本上是错误的。正如苏格拉底所言，当我对一个制度不满时，我有两条

---

① 参阅［美］I. F. 斯东：《苏格拉底的审判》，董乐山译，生活·读书·新知三联书店1998年版，第117页。
② ［古希腊］色诺芬：《回忆苏格拉底》，吴永泉译，商务印书馆1984年版，第186、196页。
③ ［古希腊］柏拉图：《苏格拉底的最后日子——柏拉图对话集》，余灵灵、罗林平译，上海三联书店1988年版，第76页。

路：或离开，或以合法的途径反抗改变它，但是我无权以反抗的方式破坏它。这大约是 1960 年代美国民权运动以合法方式进行非暴力不合作运动最早的思想源头了吧。

正如柏拉图在《克里同篇》记载的那样，苏格拉底认为，如果自己在这个时刻逃跑，那么他无疑成为城邦法律和秩序的破坏者，会危害城邦继续生存得以依赖的东西。并且在他深爱的城邦处于风雨飘摇之中的危难关头，按照他一生都在追求的正义原则，他只有选择服从而不能有所违背，何况城邦的法律在审判他的当中给了他申辩的权利，是他拒绝了说服法庭的选择，而自愿接受陪审员的宣判。不仅如此，他在法庭上还以被告的身份向陪审员传布他的美德思想："尊敬的陪审员，我是深受你们恩惠的忠实仆人，但我更应该听命于神，只要我还有一口气，只要我还能活动，我就决不能终止追求哲理的实践。我不能不劝告你们，我必须向我所遇到的每个人阐明真理。"①

他正是要身体力行来和整个雅典的民主政治抗衡并且因此来向同胞证实自身的美德与正义。苏格拉底是为美德而生，也甘愿为美德而死。他在以身殉道。他拒绝了朋友们营救他的计划，在判决后的第 30 天平静地饮下毒药死去。

"雅典起诉苏格拉底，本身就是违反自己的原则的。审判苏格拉底的自相矛盾和可耻的地方是，以言论自由著称的一个城市竟然对一个除了运用言论自由以外没有犯任何其他罪行的哲学家提出起诉。……审判苏格拉底是对思想的起诉。他是言论自由和思想自由的第一个殉道者。如果他把为自己辩护当作言论自由的案件来处理，援引他的

① ［古希腊］柏拉图：《苏格拉底的最后日子——柏拉图对话集》，余灵灵、罗林平译，上海三联书店 1988 年版，第 61 页。

城市的根本传统，我相信他可能轻易地使内心不安的陪审团转而同情他。不幸的是，苏格拉底从来没有援引言论自由的原则。他为什么没有采取这个辩护方针？一个原因也许是因为他的胜利也将会是他所蔑视的民主原则的胜利。无罪开释就会证明雅典是正确的。"①

斯东于是认为："他的殉道，加上柏拉图的才华，使他成为一个非宗教的圣徒，以宁静和宽容的态度对待无知暴民的优越者。这就是苏格拉底的胜利和柏拉图的杰作。苏格拉底需要鸩酒，就像耶稣需要十字架一样，来完成一项使命。这项使命却在民主身上永远留下了一个污点。这仍是雅典的悲剧性罪行。"②

从这个角度上，我们说苏格拉底是人类政治哲学思想史上的第一位，同时也是最伟大、最光辉、最灿烂和最夺目的自由主义者。

苏格拉底提出了一种完整的理性神论。他从理智主义出发，悄悄地给宗教意识注入精神和道德的因素，使传统的人格神上升为理性神，使已经不适应时代需要的非道德宗教向道德宗教嬗变。在此意义上，苏格拉底是当时希腊人的耶稣。③

因为"在基督教以前的整个古代时期，连希伯来人的古代时期

① ［美］斯东：《苏格拉底的审判》，董乐山译，生活·读书·新知三联书店1998年版，第228—229页。
② ［美］斯东：《苏格拉底的审判》，董乐山译，生活·读书·新知三联书店1998年版，第267页。正如苏格拉底给劝他逃离雅典的克里托说的话，他虽然将要离开这个世界，但并不是雅典法律的错误的牺牲品，而是他的同胞的错误的牺牲品。如果他因此而以不光彩的方式逃离的话，以冤报冤，以罪报罪，破坏他与城邦订立的契约，伤害了他最不应该伤害的人，包括他本人，他的朋友、国家以及城邦的法律，那么他生前将将遭到大家的憎恨，而且死后也不会受到友好的对待。（参见［古希腊］柏拉图：《苏格拉底的最后日子——柏拉图对话集》，余灵灵、罗林平译，上海三联书店1988年版，第106页）
③ 参阅王晓朝：《宗教学基础十五讲》，北京大学出版社2003年版，第87页。

也不例外，找不到一个比苏格拉底和基督更相似的人物。在苏格拉底以后，在提高希腊文化的风格，使之可以和希伯来宗教相颉颃，从而为基督教做好准备方面，也没有一个比苏格拉底的弟子柏拉图做得更多的了"①。

当然也有学者把柏拉图主义所导致的基督教唯灵主义理想的部分源头直接追溯到苏格拉底的身上，就是因为苏格拉底对绝对的善和绝对知识的追求。

> 自从苏格拉底因为信仰一个形而上的神灵和坚持一颗爱智之心被雅典人处以死刑之后，希腊就成为一具泯灭了"良心"的行尸走肉。苏格拉底之死是伯罗奔尼撒战争之后回光返照的雅典民主制的一个"杰作"，这个"杰作"说明雅典人已经堕落到拒绝接受任何新思想的地步。苏格拉底的悲剧就是"雅典的悲剧，希腊的悲剧"，苏格拉底之死构成了整个西方文化的"原罪"，构成了基督殉道的历史原型。身处末世的苏格拉底已经预感到希腊文化的危机，他把拯救的希望寄托在一个全新的理想，即唯灵主义的理想上。这个理想对于熟悉感觉主义的雅典人来说，是格格不入的，因此他们处死了苏格拉底。然而，苏格拉底所昭示的理想却在中世纪基督教文化中得到了淋漓尽致的发挥，甚至走向了一种病态的夸张。自公元 5 世纪以后基督教文化对希腊罗马文化长达千年的酷烈报复，从某种意义上可看作是对苏格拉底之死这一希腊"原罪"的痛苦赎偿。作为一个"来得太早太早的人"，苏格拉底的时代

---

① [德] 大卫·弗里德里希·施特劳斯：《耶稣传》第 1 卷，吴永泉译，商务印书馆 1981 年版。转引自王晓朝：《宗教学基础十五讲》，北京大学出版社 2003 年版，第 87 页。

不在希腊，正如同耶稣在临上十字架之前说"我的国不在这世界"一样。①

　　然而苏格拉底与柏拉图是截然不同的，如果说苏格拉底就是要反对雅典人对本属于"人"的智识范围的事务而愚昧地划归到由"神"来解决的地步，也因此要捍卫人之为人的美德、知识与正义的话，那么他不仅是一位无畏的勇士，因为他一生都在为此而奋斗；而且是一位勇于献身的烈士，因为他保卫和捍卫自己的信仰是以生命为代价的，并且是以迎接死亡的心态来昭示他的人们去做一个心灵自由的人，而不是受奴役的人。

　　也因此，苏格拉底是历史上，至少是古希腊的历史上，第一位为美德为道德为自由而献身的知识分子。策勒尔甚至说："所谓雅典人惩罚了控告苏格拉底的人，因而翻了他们自己定的案，这当然是纯系后人的捏造；但历史却已更彻底地勾销了这一冤案。苏格拉底之死是他的事业的最伟大的凯歌，是他一生无上的成功，是哲学和这位哲学家的礼赞。"②

　　"不敬神"即对神的不虔敬，"教唆败坏青年人"即腐蚀青年人虔敬神的灵魂。这是雅典宣判苏格拉底死罪的罪名。这罪名"实至名归"，因为正是对神的不虔敬，使得古代雅典和希腊被苏格拉底从宗教和神话生活中领入到政治、哲学和科学的生活中。苏格拉底使得雅典和古代希腊睁开了哲学和科学的双眼，朝着政治哲学和伦理哲学的美德境界而非功利境界前进。苏格拉底举一人之力要将雅典的神话和宗教政治以及传统和功利大厦掀翻在地。

　　他一个人在雅典大街上向全雅典人民摆开了擂台，他的反诘和

---

① 赵林：《西方宗教文化》，武汉大学出版社 2005 年版，第 97 页。

② ［德］E. 策勒尔：《古希腊哲学史纲》，翁绍军译，山东人民出版社 2007 年版，第 111—112 页。

推论使得整个雅典人民对传统的信仰轰然坍塌。人民茫然失措，不知路在何方。这何止是教唆和败坏青年人的心灵，简直就是要与全雅典的人民为敌，难怪雅典人民心里都暗暗发问，苏格拉底如果不是"疯子"又是什么？所以苏格拉底的死是必然的也是神圣的，必然是因为他"螳臂当车"，神圣则是因为他"以身殉道"，这种殉道是为理性哲学和美德政治而献身。

而柏拉图则因为过于尊崇自己的老师，以至于把老师塑造为"神"的角色，是柏拉图把苏格拉底推向了神坛，虽然只是"神格人"。苏格拉底不是一个神学家，正如他不是一个社会学家，他就是一位纯粹、纯洁、正直、独立不羁的正人君子。这正如同是保罗与彼得等忠实信徒与弟子把耶稣塑造为"人格神"。孔子又何尝不是被身后的弟子推上圣坛扮演了中华文明史上的"神格人"呢！

苏格拉底式的权威主义、精英主义与英雄主义和柏拉图式的有很大不同。前者强调的是对道德理智的一种批判性的自我反思，后者则在寻求一位道德和理智完美的哲学王。或者换言之，前者以一种自我的内省，而后者以一种对知识的拥有来作为对科学水平和心智道德的量度；前者是以美德为根基为体，以知识为实践为用。后者反其道，以知识为根基为体，以道德为实践为用；前者自然生发出"批判性的不满足和提高自身的热忱"，而后者则易"滋生教条化的自足及心智上的自大自满"。①这有些像孔子和其后世传人孟子的辩证关系。

对于苏格拉底、柏拉图以及亚里士多德这三位古代希腊的哲学巨人，罗素是这样看待的："随着苏格拉底而出现了对于伦理的强

---

① ［英］卡尔·波普尔：《开放社会及其敌人》（第一卷），郑一明等译，中国社会科学出版社 1999 年版，第 242 页。

调；随着柏拉图又出现了否定感性世界而偏重那个自我创造出来的纯粹思维的世界；随着亚里士多德又出现了对于目的的信仰，把目的当作是科学中的基本观念。"①

---

① ［英］罗素：《西方哲学史》（上卷），何兆武、李约瑟译，商务印书馆 1963 年版，第 107 页。

第五章　柏拉图形而上学的二元论：
##　　　　万物皆是理念之摹本

　　苏格拉底之前的伊奥尼亚哲学学派的代表人物泰勒斯提出了水是万物之源的自然和宇宙本体论；毕达哥拉斯提出了数论本体，即万物源于数；赫拉克利特提出火本体论，即万物生成于火；而巴门尼德则更进一步指出只有思维和理性才是真实的"存在"。

　　伊奥尼亚学派之后的智者派和苏格拉底学派则将自然哲学和科学转换为认识论和伦理学，从而使得后者成为新哲学的聚焦中心。换言之，智者派凸显了人的主体，所谓人是万物的尺度；苏格拉底则进一步指出道德是人的尺度；而柏拉图则为人的道德指明了天理，所谓理念是道德的尺度；亚里士多德则折中两位老师的观念，所谓天理和人情，所谓天上理念和地上的道德，天理是道德尺度，人也是道德的尺度。所谓共相和殊相皆是人的尺度也是道德的尺度。拉斐尔的名画《雅典学院》中，柏拉图手指向天，而亚里士多德则指向地，其中蕴含的意味即在于此。

　　苏格拉底的哲学发现了人的认识论、道德伦理学和良善目的论；柏拉图则为道德伦理学和良善目的论找到了天理本体论，找到了道德知识论；亚里士多德为人的认识论、道德伦理学和良善目的论找到了规范和实证方法论以及思维逻辑学。

　　伊奥尼亚哲学学派是纯粹的独断论和一元论。他们没有首先对人类认识的可能性做任何探讨，却径自着手解决那些根本的宇宙起源问题。智者派提出人的主体性，指出认识论的主体在人，但对于认识的客体缺乏讨论。苏格拉底同样如此。虽然如此，柏拉图在苏格拉底"美德即知识，真理皆为善"的基础上，受赫拉克利特的万物流变说、毕达哥拉斯的万物皆为数，以及巴门尼德存在之为世界本体的影响，去寻找流变客体背后的恒定客体，这就是柏拉图二元论思想和理念论出笼的知识背景。

二元论和理念论奠定了柏拉图学说及其形而上学理论中最为重要的核心概念。

"作为一个整体，柏拉图的哲学是一个截然划分为精神与物质，上帝与世界，肉体与灵魂的二元论为根据的唯心主义体系。他把真正意义上的存在只归之于精神的存在，而把物质世界只看作是理念世界的模糊的摹本。"①

柏拉图认为思想总是比感性知觉更优越和更正确。感性知觉并不提供给我们知识，而只提供给我们意见。它们只停留在现象上，而不深入存在界。万物流变则不可能有认识客体的存在，而那恒定的和持久的必然在另一个不可见的思维和思想世界之中。流变的事物只具有特性，即所谓殊相和多；唯有不变的事物方拥有共性，即所谓共相和一。这即是柏拉图哲学方法的二元辩证。

共相和一即柏拉图的理念和实在，日后亚里士多德称为概念和形式。

永恒和不变的理念形成自在、自为和独立的存在，并且只能为思维所理解。所谓"一切学问和知识都在于灵魂看到感觉事物时对理念的回忆。世间可感可知之事物不过是光明的理念世界的模糊影

---

① ［德］E. 策勒尔：《古希腊哲学史纲》，翁绍军译，山东人民出版社 2007 年版，第136 页。

43

像和摹本"①。《理想国》（*politeia*，*republic*）中的洞穴论就是对这个二元论的叙事表达。

柏拉图的理念论具有本体论、目的论和逻辑论三重意义。本体论即是说世间万物的生成都是由于其背后的理念，唯有理念是真正的存在和自在之物，万物不过是对理念的分有而存在。因此，理念为一，而万物为多。一为恒定，而多为可变。目的论即是说世间万物都是其得以生成背后理念之母的目的。换言之，即世间万物之存在各有其原因、目的和原动力。所谓逻辑论即是说世间万物，虽然看似混沌杂乱，但因为理念的原因，万物必然运行有序，杂乱而有章法。所谓物以类聚，人以群分，其中的逻辑则是理念对万物的分类和指导。

因为不相信感觉和知觉等经验的认识方法论，所以柏拉图的思想体系中势必会出现非理性的直觉本能等超验的成分，这是一种从灵魂的无意识生命中汹涌而出的诸多力量的大汇合。这种超验和启迪某种程度上正是日后宗教神学中上帝启示的先声。柏拉图的哲学体系中虽然没有出现宗教神学，但已然出现了宗教哲学的影子，这影子便是善的理念，而善的理念就是日后宗教神学中的人格神上帝。

柏拉图的《理想国》中，善的理念被比作太阳，是全部存在和认识的基础，是世界的终极目标和理想，对"善"的认识就是最高的科学。"美德即知识"意味着美德是一种客观实在的善，是能够经由理性和逻辑研究的善，而不是凭着直觉、臆测和感性得来的善，即美德是关于善的知识，而知识是根据精确的数学演绎程序而加以认识的。人们努力要实现美德和善不是因为人们需

---

① ［德］E. 策勒尔：《古希腊哲学史纲》，翁绍军译，山东人民出版社 2007 年版，第139页。

要它，或美德和善本身不具有功利主义和实效主义。换言之，人们追求美德，是因为美德本身就是善；人们追求善，则是因为善本身就是美德。美德和善之所以是客观实在的，就是因为它不会仅仅因为人需要它而成为美德和善，也不会因为人不需要它而不成为美德和善。它是自然而然，是自存而存，是自在而在的，它不依赖于人而存在，反而是人要依赖美德而存在。美德虽然不能当饭吃，但人若没有了美德，饭就没有了滋味。所谓"美德本身就是对美德最好的回报"。

"《理想国》关注的是善人（the good man）和善生活（the good life）的问题，而这在柏拉图看来则意味着在一个善国家（the good state）中的生活；此外，它所关注的还包括如何知道善人和善生活的手段以及如何达至善人和善生活的问题。……在城邦中，一个人的全部活动都相当密切地与他的公民身份或公民资格勾连在一起，又由于他的宗教就是城邦的宗教，而且他的技艺在很大程度上就是一种公民技艺，因此在这些问题上不可能有明确的界分。一个善人必须是一个善的公民；一个善人唯有在一个善的国家里才有可能存在；如果不同时考虑什么是城邦的善，那么讨论什么是个人的善这个问题便是白费。"①

于是开明专制的"哲学王"就是柏拉图所谓的善人、善公民，以及善城邦的统治者，因为只有他能知道何谓美德和何谓善，并且明白如何才能达到美德和善的境地。因此，"理想国"里的正义就是每个人都做好自己，即找到并实践自己的美德和至善。所谓美德和至善就是根据自己的能力和资格做自己当做的工作并胜任这项工作。这与其说是一个人的权利，毋宁说是一个人的义务。于是，统治者的背后并不是统治的权力和权威，而不过是他的能力和智慧使

---

① ［美］乔治·萨拜因：《政治学说史》（城邦与世界社会卷），邓正来译，上海人民出版社 2015 年版，第 94—95 页。

得他享有这样的资格而已，他既享有这样的资格，也便当承受这样的义务。

于是，柏拉图的"理想国"里，不同的人做不同的事，每个人就像一架机器上的某个零件一样，大家各自扮演好各自的角色，不仅相互需要，而且任何人都不可或缺，这样，这架机器就得以完美运转。

在毕达哥拉斯"存在为数的摹本"以及认识的客体即世界的要素是"点线面体"的基础上，柏拉图认为精神第一，精神即思维的最高要素即至善；科学第二，科学即对至善的客观认识和知识；意见第三，意见是主观和客观的认识和知识；知觉第四，知觉是完全主观的认识和知识，所以最不可靠。因此，柏拉图的"理想国"是一个拥有美德和至善的原则性或思维性城邦，它不是对现存城邦的描述，而是对理想城邦的推论。

柏拉图在《理想国》中把灵魂分成理性精神、情感意志以及肉体之欲望三个部分，其中理性精神是灵魂的主体，情感意志则是对理性精神的支撑，而肉体之欲望则是对理性精神的牵绊。换言之，肉体不过是灵魂的载体，其本身就是对灵魂的妨碍。所以柏拉图讲，这世上不存在一心追求肉体欲望却又时时仰望理性精神和意志自由者。换言之，理性的本质是美德和善行，而罪和恶天然是和意志自由相冲突的。这种灵魂和肉体、理性和感性、善和恶的二元论是柏拉图伦理观、政治观和美学观的哲学基础。

柏拉图认为恶是灵魂患病的表现，这种疾病只有哲学即智慧来医治。没有人天生愿意作恶，凡作恶必是灵魂和理性出了毛病。作恶受到惩罚是对灵魂的挽救和医治，而放任作恶则是将作恶者进一步推向堕落的深渊。柏拉图在《理想国》中指出有三种美德，即智慧、勇敢、节制，分别对应灵魂的三个部分，即理性、勇气和欲望。而这三种美德和三个部分又分别对应三个阶层，即统治阶层、武士阶层和人民大众。当然这是柏拉图所谓的地上的人的二元论，相对于天上的神而言，地上的一切美德智慧、理性精神、意志自由乃至勇敢勇气不过是摹本是影子是模仿而已，不仅缺陷重重，甚至根本上没有什么价值。肉体和欲望不过是精神和灵魂的监狱和坟墓，是邪恶和罪孽的大本营。所以看透"出生入死"也不过是俗人一个，只有明白"向死而生"才算得上是真正的智者和圣者。所谓人"最好莫如不生，生又莫如死"。这就是柏拉图被认为是日后基督宗教神学体系开山鼻祖的缘由，也是"苏格拉底之死"被柏拉图乃至后世西方文明赋予如此深意乃至与耶稣基督上十字架相提并论的深层思维和逻辑。

于是柏拉图在苏格拉底的基础上更进一步——苏格拉底认为灵魂高于肉体，理性高于感性，而柏拉图则认为灵魂不仅高贵而且不朽。所谓永恒就是灵魂、理性、智慧和精神的不死。这样，地上的美德和良善无论再好，也不过如流星划过天边，倏忽即逝而已。与那天上的永恒与不朽的荣耀相比，地上所有的东西都黯然失色。于是，美德的极致以及至善就是上帝。于是，人是万物的尺度便成为美德与至善是万物的尺度，也即上帝是万物和人的尺度。从这个角度讲，柏拉图不可能不站在无神论的对立面。

苏格拉底之死让柏拉图对雅典的民主政治失望至极，《理想国》中的"哲学王"就是对雅典民主政治的抗议、耻笑甚至是嗤之以鼻。柏拉图看不上民主政治中的暴民统治（mob-rule），当然也看不上寡头政治中的暴君统治，他的"哲学王"统治实质上就是美德和至善统治，是拥有美德和至善的君子之治或贵族绅士之治，换言之，完美的"哲学王"之治就是上帝之治。这当然是柏拉图的乌托邦理想国，当然也就是日后世界各种乌托邦思想的祖师爷。柏拉图《理想国》乌托邦的最大意义就在于他明确指出政治和国家不应当是对权力的角逐，而应当是对美德至善和正义的培育和分享。

柏拉图以二元论为方法和路径，通过使"自己的目光始终注视着超验的永恒世界，柏拉图才获得彻底改革的勇气，他以这种勇气对希腊世界的根子抡起了斧子"①。因此，"在柏拉图看来，没有比政治权力分配绝对均等更为荒谬的了。应当作为权力分配主导原则的不是一种算术的（即机械的）均等，而是一种几何的（有就是按照公民的才能来划分等级的）均等。造就一个统治者的既非仅仅是善心这一品质，也非智者的机巧心理，统治者必须懂得广大民众的习性与欲望，因而懂得怎样去驾驭它。只有对善的认识，以及懂得如何将善运用于对大众的教育才足以造就统治者。"②

因此，柏拉图的政治乌托邦主义也必然是精英和贵族主义，或者毋宁说是知识分子的一种理想、愿望和信念而已。于是，柏拉图的《理想国》对法律治理和舆论影响略而不论。法律不过是传统、习俗甚至惯例，而舆论又不过是大众的夹杂着情感和感觉的意见而已，这些东西无论如何都不能与知识、智慧和理性相提并论。法律和舆论不过是约定的和经验的原则，而根据知识和本性而产生的智慧却是自然的和理性的原则。恐怕也正是这一点，使得后世近代自由主义者对柏拉图的空想和无妄耿耿于怀。法国 20 世纪的自由知识分子雷蒙·阿隆更是将自柏拉图以来的这种乌托邦理想称为知识分子的鸦片。③

此外，柏拉图对希腊的诗歌、戏剧、绘画和文学也根本瞧不

---

① ［德］E. 策勒尔：《古希腊哲学史纲》，翁绍军译，山东人民出版社 2007 年版，第 150 页。
② ［德］E. 策勒尔：《古希腊哲学史纲》，翁绍军译，山东人民出版社 2007 年版，第 150—151 页。
③ 参阅［法］雷蒙·阿隆：《知识分子的鸦片》，吕一民、顾杭译，译林出版社 2005 年版。

上眼，认为这些东西不过是陈词滥调的雕虫小技而已，如果不能使得人们改进德行和提高理性，也无非是乱哄哄的靡靡之音、吵嚷嚷的闹剧乃至毫无条理的涂鸦与胡编乱造而已。尽管柏拉图认为诗歌和文学等艺术教育是达至美德和至善的重要途径，但他"从来不是从美学的角度来欣赏这些作品的，他只是把这些作品视作道德和宗教教育的一种资料，多少有点像基督徒看待《圣经》那样"①。

也因此，"公民的整个精神和道德生活都处于一种严格的审查和监视之下，诗歌和音乐乃至绘画都必须接受一种严格的检查。只允许创造赞美诸神和圣歌以及颂扬伟大的赞歌。在柏拉图的国家中没有荷马、悲剧和喜剧的立足之地。艺术必须符合严肃和素朴的形式，一切都必须服从实现善的理念这一目的。甚至连婚姻和家庭生活也要牺牲奉献给这一目的"②。

是故，"柏拉图虽然算得上是顶级的艺术家，但对艺术却保有一种奇异的平庸观念。他的写作采用对话而不是诗歌的形式，或许是想表明诗歌强调的是人之行为的情感方面，而更接近于散文的对话所侧重的则是人之行为的理性方面"③。

然而，柏拉图虽然对世俗的文学和艺术瞧不上眼，但也远远没有走到禁欲主义的宗教情境当中，就连对愤世嫉俗摒弃世俗文化的犬儒学派他也保持着一定的距离。换言之，柏拉图的二元论虽然仰望天上而轻看地上，但其内心真诚，一心追求美德至善，赤子之心天地可鉴。从这个角度讲，柏拉图仍然是希腊哲学黄金时代的代

---

① ［美］乔治·萨拜因：《政治学说史》（城邦与世界社会卷），邓正来译，上海人民出版社 2015 年版，第 124 页。

② ［德］E. 策勒尔：《古希腊哲学史纲》，翁绍军译，山东人民出版社 2007 年版，第 151—152 页。

③ ［美］乔治·萨拜因：《政治学说史》（城邦与世界社会卷），邓正来译，上海人民出版社 2015 年版，第 125 页。

表，他在伦理学的建构上虽然超越了苏格拉底，但并没有背离老师，美德、知识、理性、自由始终是师徒二人思考和仰望的中心。只有自他甚至在他的学生亚里士多德的身后，希腊化哲学时期的愤世嫉俗、禁欲主义、享乐主义、怀疑主义等才纷纷登场。

换言之，柏拉图的政治理想国是只有公域而缺乏私域的，只有公共美德而没有个体自由的理念国，人的存在是国家存在的手段而不是目的。日后在《法律篇》中，柏拉图从完美的理想主义向现实主义靠拢，他放弃了所谓的"共产共妻"甚至"共子"的主张，也基本放弃了"哲学王"的统治，而改为由法律监督的长老会所组成的国务会议。但以理性和理念为基础的国家观念并没有根本改变，"国家仍然是一种为灵魂的永恒生存（而不是为肉体的生存）做准备的机构"①。

国家观念以理性而非感性为基础，这近乎一种神权政治。二元辩证让位于宗教教育，诗歌和艺术也都唯道德和宗教马首是瞻。这样，与其说《法律篇》比《理想国》多一些现实主义，不如说《法律篇》终于完成了从《理想国》中"哲学王"乌托邦到《法律篇》中"道德与宗教"乌托邦的转变。柏拉图甚至认为再好的人间世界都不值得，在上帝理念的王国面前不过尔尔。人们与其绞尽脑汁费尽心力，不如全身心地交托上帝之手，心甘情愿做上帝的"玩偶"就好。这样，柏拉图在《理想国》中将世界罪恶之源头归咎于肉身，在《法律篇》中便改换为不能虔心敬意的修身和敬神，也即灵魂的罪恶。于是，无神论便成为柏拉图在《法律篇》中一切罪孽和邪恶的源头。

柏拉图与苏格拉底一脉相承，二人都轻视自然哲学而关注超验

---

① ［德］E.策勒尔：《古希腊哲学史纲》，翁绍军译，山东人民出版社2007年版，第153页。

的精神的理念世界。他唯一关注的数学几何与天文学也是因为与其理念论的唯心主义哲学体系相适应。数学几何可以让人在有限具象的偶存背后发现无限抽象的永恒；天文学则为柏拉图的宗教和道德找到神性秩序的想象空间。因此"柏拉图的认识论没有给任何经验的知识留下一点可能的余地。柏拉图不仅把科学实验看作是不充分的获取知识的方法，而且认为这是人对自然界神圣秩序的一种胆大妄为的窥探。他认为从经验和实验中获取的知识似是而非，是或然而非应然的判断，这些判断既然不是借助于严密的逻辑推理便只能是不可靠的结论，甚至不过就是游戏或消遣而已"①。

因此，策勒尔说："要正确理解柏拉图的自然哲学，就必须记住，他一丁点儿也没有离开他的二元论世界观，或者离开这一两个世界的理论。柏拉图主义者自始至终殚精竭虑要克服的最大困难恰恰在于要在超验的理念世界和感觉的现象世界之间的鸿沟上架设一座桥梁。理念是永恒不变的一，而事物则是转瞬即逝的多；理念纯然且全然就是它之所以是，而事物绝不是这样；理念具有完全的存在，而事物却踯躅于存在与非存在之间，就像以它们为对象的见解处于认识和非认识之间。感觉之所以不完善，是因为他只是部分地有理念，而其他部分则来自一个不同的本原，即第二本原。作为第一本原的理念是一切真实和完善事物的源泉。第二本原即物质，即亚里士多德说的质料，物质的本性是不确定的，不断变化的，也是非存在的和不可知的东西。"②

物质即个别事物的起源或来源，物质是生成事物的母亲和庇护所，是事物的保姆，是可塑的蜡块，这蜡块在生理学意义上即表示

---

① ［德］E. 策勒尔：《古希腊哲学史纲》，翁绍军译，山东人民出版社 2007 年版，第 155 页。

② ［德］E. 策勒尔：《古希腊哲学史纲》，翁绍军译，山东人民出版社 2007 年版，第 155—156 页。

在意识中对印象的接受。这物质同时是无定形的、不可见的、无所不包的，物质被任何一件要进入自然的事物所推动和赋形。因此，柏拉图的物质就是一种空间，以及在空间生成发生的东西。但这种物质并非绝对空间，而是完全无形而且无属性的，虽然存在，但没有任何的存在形式，又不同于虚空一样的无。

柏拉图的物质是与理念永远不变的存在相对比的不断变化的东西。在生成具象的事物之前，物质处于一种不规则的运动状态。这似乎与德谟克里特的原子唯物论有相同的地方，不过后者认为物质的原子构成真实存在的总和，而柏拉图则认为它们不过是创造世界的辅助原因。理念才是真实的世界。此外，德谟克里特认为自然规律是唯一的推动力，而柏拉图则仅仅把自然规律作为创世之神的精神的一种工具。

换言之，柏拉图的"造物主"并非日后基督教中的"无中生有"的上帝创世，而是塑造物质生成事物，从而使得世界井然有序的理念和精神，即宇宙是由理念精神塑造而成而非具有"人格神"特征的上帝所创造。于是理念和精神就成为柏拉图创造世界和宇宙最高的上帝，而在理念精神与宇宙万物之间的中介和桥梁即灵魂。就人本身而言，灵魂主导肉身；而就世界与宇宙而言，宇宙灵魂又主导世界万物。灵魂有善有恶，于是，人和世界亦有善有恶。换言之，柏拉图的二元论一方面是可见可感的、流动的、无常的物质肉体和世界；另一方面则是可知可思的、不变的、永恒的精神理念和灵魂。前者是可经验的，而后者只能是超验的。

策勒尔讲：柏拉图哲学对于世界历史的影响无论怎样估计也不会过高。他和毕达哥拉斯的天文学影响了日后的哥白尼和伽利略；他的《理想国》启发了托马斯·莫尔的《乌托邦》、培根的《新大西岛》，以及康帕内拉的《太阳城》。中世纪经院哲学中的唯识论和唯名论不过是重复了柏拉图和安提西尼以及与亚里士多德在关于理念和事物关系问题上的分歧。柏拉图的认识论和形而上学从积极方面或消极方面影响了整个现代哲学；事实上，所有唯心论体系和唯灵论体系都或多或少可以直接追溯到他。①

---

① 参阅［德］E. 策勒尔：《古希腊哲学史纲》，翁绍军译，山东人民出版社 2007 年版，第 159—160 页。

第六章　爱老师更爱真理的亚里士多德：理念和物质的中和

　　亚里士多德哲学的早期阶段就是对柏拉图哲学的学习、领会和继承；中期阶段即在柏拉图去世后对老师学说的挣脱、反思和批评；后期阶段即水到渠成建立自己的哲学体系。

　　苏格拉底、柏拉图和亚里士多德师徒三人虽然有一脉相承的东西，但每个人都创造了自己的哲学，学生自己创造的思想掩盖了从老师那儿传授过来的思想的光辉。所谓"青出于蓝而胜于蓝"，所谓"吾爱吾师，吾更爱真理"。

　　策勒尔认为亚里士多德和老师柏拉图的对立十分明显，柏拉图天生具有诗人气质，富于想象和擅长思辨，具有神秘主义倾向；而亚里士多德则冷静而信赖经验感觉，是一位强有力的科学组织者。柏拉图不承认感觉知觉世界的真实存在；亚里士多德却认为感性知觉世界才是真实的研究对象。亚里士多德认为理念精神和概念演绎固然重要，但感性知觉和经验归纳也很重要，二者都是获取知识的重要手段。他的思想是分析的，他的出发点是既有的现实，他努力想要深入了解既有现实的终极基础。因此，他虽然使用柏拉图的"形式"概念，但对"形式"的认识和赋予的内涵却与老师不同。他认为形式是事物固有的，形式是在事物中表现其自己的原因，并赋予事物以形状。形式不能脱离事物而独立自存，形式只是个别事物的内在性质。形式是概念，同时又是事物，既是实在的又是观念的原因。同苏格拉底和柏拉图一样，亚里士多德的哲学也追求概念的哲学特征，即从个别事物追溯一般概念，并从概念的演绎来说明个别事物。最终，亚里士多德使得概念哲学在辩证-归纳的方面和逻辑-论证的方面达到最高和最完善的程度。因此，亚里士多德不仅是一位学者，也是一流的观察家。①

柏拉图只把理念和精神看作万物之本原和宇宙之实在，理念和精神因此是脱离事物的、自在自存和自为的。而亚里士多德则认为理念不是与物质无关的理念，而是物质中的理念。虽然亚里士多德不认同柏拉图的理念脱离物质的自为自在的独立性和超越性，但他也没有放弃理念论的主导思想。亚里士多德也认为知识的对象只能是必然的和不变的，而可感的事物都是偶然的和可变的，它们可以既是又不是。亚里士多德用形式和质料代替柏拉图的理念和事物，形式即实在，而质料即潜在。于是，"形式和理念一样都是永恒和不朽的，但形式之不同于这些理念在于它们不能存在于事物之外，而且由于世界是永恒的，它们从来没有存在于世界之外。形式不仅是每一事物的概念和本质，而且也是它最终的目的和实现这一目的的力量"②。

这样一来，亚里士多德最终借助于目的和动力完成了柏拉图理念和事物之间运动和转换的媒介和桥梁作用，或者推动和被推动作用，这就是亚里士多德形而上学的"四因说"，即质料因、形式因、动力因和目的因。于是，所谓运动即是潜在本身（即质料因）向实在（即形式因）的转换和实现，在这个运动中，形式是推动者，而

---

① 参阅［德］E. 策勒尔：《古希腊哲学史纲》，翁绍军译，山东人民出版社 2007 年版，第 178—179 页。
② ［德］E. 策勒尔：《古希腊哲学史纲》，翁绍军译，山东人民出版社 2007 年版，第 186—187 页。

质料是被推动者。形式推动质料，质料向往形式，原因即在于形式的完美永恒与质料的缺陷和无常，这便是运动得以产生的目的。形式与质料无穷尽，则运动也必然无穷尽。时间和空间无始无终，运动也就无所谓开端和结束。于是，所有运动的终极因即本原在哪里呢？也只能在于推动一切运动的原动力那里，或是在于一个能推动其他而自身不被推动的推动者那里。这个原动力推动者即第一推动力，它既然推动一切，本身就必然恒定不动，恒定不动也就没有开端和结束。它既然只能推动而不能被推动，也就必然是非物质的，即没有质料的形式，或纯粹的形式，因为凡有质料的形式，就有变化的可能性，就有从潜在到实在的运动可能性，而只要它运动，就必然有被推动力。

因此，"唯有非物质的东西是不变的和不被推动的；并且，因为形式是完善的存在，而质料是不完善的存在，第一推动者必定是绝对完善的，在其中，存在的梯级达到它的最高点。而且，由于世界是朝着一定的目的运行的一个始终如一的整体，所以，第一推动者只能是一个，即终极因本身。但是，纯粹的非物质存在只能是精神或思想，因此，一切运动的终极基础存在于作为纯粹的、完善的和永不衰竭的神性之中。这种精神的活动只能在思想之中，因为每一种其他的活动（每一种实践和制造）都有它自身之外的对象，对于完全自足的存在活动来说，这是不可思议的。这种思想绝不会处于纯潜在的状态；相反，它是一种从不间歇的思想活动。它的思想的对象只能是它自身，因此思想的价值是由思想的内容决定的，而最有价值、最完善的只能是神的精神自身。因此对上帝的思想就是对'思想的思想'。他（上帝）的幸福就在于这一不可改变的自我静观之中。他对于世界的作用并不是通过超越它自身，也不是通过自己的思想和意志指引它，而是仅仅通过他的存在。这绝对完善的存在，最高的善，也是所有事物运动和努力所向的目的。世界的普遍如一的秩序，世界的内聚力和生命都依靠他"①。

亚里士多德和柏拉图一样，无论是第一推动力还是最高的理念精神，都不可能是后世的"人格神"即造物主上帝，但亦不能不说是日后"人格神"上帝出笼的哲学源流。这就是后世为什么说奥古斯丁继承了柏拉图理念的衣钵开创基督教神学体系，而托马斯则继承了亚里士多德的四因说衣钵而开创了基督教的中世纪经院哲学体系。柏拉图、亚里士多德，包括苏格拉底在内的古代希腊哲学当然也是中世纪后的文艺复兴和宗教改革乃至启蒙运动的哲学思潮源流。

亚里士多德的"第一哲学"，或"第一推动力"，或"自为自在自存"的"自然"，是非物质的不被推动者，即纯粹的非无知的精神和思想，而物理学的对象则是物质的被推动者，所谓被推动者，即自身之中有其运动的原因。这里的"自然"大致相当于老子的"道法自然"。

亚里士多德的运动包括四种类型：生成和消灭的实体运动；增加和减少的量的运动；实体之间相互转换的质的运动；以及位置改变的空间运动。每一种运动变化都取决于空间的运动变化。所谓空间，亚里士多德认为是围绕事物的物体界限，当然空间和位置的移动不能截然分开。而时间则是"关于以前和以后的运动的数"，即对数的运动的变化的测量，没有数即没有时间。这显然是对毕达哥拉斯"数论"思想的继承。亚里士多德由此断定"无限不能现实地而只能潜在地存在于数的无限可倍增性和量的无限可分性之中。

---

① ［德］E.策勒尔：《古希腊哲学史纲》，翁绍军译，山东人民出版社 2007 年版，第 189 页。

在世界之外不存在时间，也不存在空间；虚空是不可思议的"①。

亚里士多德的这两个论断意义重大：其一，数的无限可倍增和量的无限可分性，即是无穷大和无穷小。其二，无限潜在存在即理论上存在，不能现实存在即在现实中找不到或实现不了，现实中找不到不能说就没有，实现不了不能说就没有意义。换言之，即这个无限虽然看不到找不到，但又一定存在而有意义。明白了亚里士多德的这个科学思考、观察和论断，很多科学史上的悖论（如阿喀琉斯和乌龟赛跑。只要乌龟先开始，那么阿喀琉斯就永远追不上。如芝诺的"飞矢不动"等）甚至宗教神学上的上帝存在也就迎刃而解了。

万物皆在运动，凡运动皆是被推动，凡运动皆有目的，所有这一切都源自那纯粹的非物质的恒定的不变的和不动的精神和思想，即第一哲学、第一推动力或自在自为自存的自然，所谓自然而然。自然而然即无所谓生成，无所谓生成也就无所谓消灭，如此方为永恒。

亚里士多德因此说：自然不做无目的之事。它总是力求达到最好的。它使每一事物尽可能完善。在自然中，没有多余的事物，没有徒然的事物，也没有不完善的事物。它的所有作为，哪怕最不足道的，也具有某种神性的东西。即使是废品，它也像一个好当家那样善加利用。我们于是不得不把世界的这种目的或设计归于一种无所不在的合目的活动。② 所谓运动的合目的性就是强调宇宙万物运动的必然性而回避偶然性或机遇和命运，必然性本身就表明了亚里士多德的学者或科学气质，而非柏拉图的诗人或文人气质。

---

① ［德］E.策勒尔：《古希腊哲学史纲》，翁绍军译，山东人民出版社2007年版，第190页。
② 参阅［德］E.策勒尔：《古希腊哲学史纲》，翁绍军译，山东人民出版社2007年版，第191页。

日后近代自然科学体系的奠基人牛顿就继承了亚里士多德的合目的性思想，牛顿认为自然界的根本大法是：大自然绝不做徒劳无功的事。当更少的东西就够用了的时候，更多的东西便是徒劳的了；因为大自然喜欢简单而不爱炫耀多余的原因。康德历史哲学的一个来源即以牛顿的这一合目的性为基础：大自然绝不做徒劳无功的事，并且绝不会浪费使用自己的手段以达到自己的目的。因此，大自然所赐给人类的理性和自由是注定了终究要在人类漫长的历史过程之中全部地、充分地发展出来并得到其最大限度地表现的，否则的话，大自然就是在做着徒劳无功的事了。康德就这样把牛顿的原则以一种半生物学、半神学的目的论的论证方式，辩护了启蒙时代的进步观。①

因此，自然客体的真实根据存在于目的因之中。和柏拉图一样，亚里士多德也把质料因看成是自然客体的条件和必不可少的助力，但不是他们的确实的原因。这些中介的原因给自然的合目的活动带来的阻力，以及它们对它的成就的限制，导致地上世界的存在物从不甚完善到较为完善的一种逐步上升的阶梯。亚里士多德的合目的活动即是柏拉图的世界灵魂或宇宙灵魂的活动。②

日后美国的"自然神学"即从亚里士多德"第一推动力"推导而来，所谓"上帝之手"发起原动力，这就如汽车的马达对发动机的启动，从而使得宇宙运行之后，自然上帝（非"人格神"的造物主上帝）随即销声匿迹了。由于形式和质料永恒，运动无始无终，所以宇宙和世界必然呈现永恒的状态。

人的生命运动大抵亦复如此，形式即灵魂为主动，而质料即肉

① 转引自何兆武：《"普遍的历史观念"是怎样成为可能的——重评康德的历史哲学》，《学术月刊》1990年第5期。
② 参阅［德］E. 策勒尔：《古希腊哲学史纲》，翁绍军译，山东人民出版社2007年版，第192页。

体为被动。灵魂不仅不动，而且亦非柏拉图认为的自我运动。灵魂虽然无形且不可感，但若没有肉体承载，灵魂也不复存在。这就说明人的灵魂要比"自然上帝""宇宙灵魂"或"第一哲学""第一推动力"要低一个层次，因为他要借助于肉体方能存在。

灵魂和肉体的结合与形式和肉体的结合是一个道理。肉体的最终目的是灵魂，正如质料的最终目的是形式。肉体只能是灵魂的工具，唯有灵魂方可以作为目的。这就是亚里士多德的工具论或器官论或有机论的说法。因此，灵魂是生命的本源，是推动生命并把它作为自己的工具来构造的力量。不同的生物有机体，其灵魂不同。植物的灵魂在营养和繁殖，而动物的灵魂在感觉和知觉，人类的灵魂则在理智和思维。[①] 与亚里士多德几乎同期的荀子对此也有观察式的经验总结：所谓水火有气而无生，草木有生而无知，禽兽有知而无义，人有气、有生、有知，亦且有义，故最为天下贵也。(《荀子·王制篇》) 此外，亚里士多德还谈到生物中有性生殖高于无性生殖，胎生高于卵生，无磷高于有鳞，雄性传递灵魂而雌性传递肉体 (这很像古代中国所谓的"父精母血")，有血动物高于无血动物 (中国讲血气方刚)，脊椎动物高于无脊椎动物 (中国讲腰杆子风骨) 等等。亚里士多德的科学气质和百科全书派尽显于此。

亚里士多德的伦理学不同于柏拉图的二元论伦理学，他立足于现实生活之中，分析人的道德性，意在把灵魂的非理性部分，即道德部分，也包括在道德完善的过程中。这种非理性并非属于超验，而是人本身的天性。灵魂的理性部分属于理智思维和精神，属于先天的；而非理性部分即道德部分，属于习得的行为和习惯，属于后天的。当非理性的部分能达至善行时，也未尝不可以被看作是理性的。

---

① 参阅［德］E. 策勒尔：《古希腊哲学史纲》，翁绍军译，山东人民出版社 2007 年版，第 195—196 页。

灵魂的非理性部分可以让人堕落为地狱的魔鬼，也可以让人上升为天堂的天使。正是基于这种认识，亚里士多德得出他著名的中庸之道：如勇敢是怯懦与鲁莽之间的中道；磊落是放浪与猥琐之间的中道；不亢不卑是虚荣与卑贱之间的中道；机智是滑稽与粗鄙之间的中道；谦逊是羞涩与无耻之间的中道。

因此，不应把理性和非理性完全割裂开来。亚里士多德认为幸福是人类活动的基本目的，其他一切不过是达至幸福的手段和工具而已。然而，什么是幸福并不在于人的主观感觉，而在于人生存本身的美好和完善，即客观的善行是主观的幸福的价值尺度和活动目的，而非相反。换言之，即幸福取决于善行，而非善行取决于幸福。这与实然应该服从于应然，而非应然服从于实然是一个道理。换言之，没有自由和善行的幸福不仅不是幸福，恐怕只能是恶行。再换言之，真正的幸福或至善是内在的、难以剥夺的、自足的生活。而其他如快乐、荣耀和财富，都不过是伴生的或外在的虚幻幸福。因此，至善是一切实践理性思考的最终目的，所谓良知是知识的方向，而道德是商业的舵手。人的一切活动的最终目的当然也是至善，所谓明明德、亲民、止于至善。正是在这里，亚里士多德与其祖师爷苏格拉底的美德伦理学，与其老师柏拉图的永恒的理性神性灵魂学也就一脉相承一以贯之了。正是从这里，我们就可以明白日后西方哲学史上提出的所谓"美德本身即是对美德最好的报酬"这样一个命题的伦理学源头了。

苏格拉底立的是德和功，他因此就是圣人；而柏拉图和亚里士多德立的是言，因此就是君子是士是知识分子。不同在于，柏拉图的言侧重哲学智慧，即纯粹理性思维和逻辑精神；而亚里士多德的言在其老师的基础上，又把实践智慧或实践理性提取了出来。这样，亚里士多德就在老师理想高蹈的基础上重新为人赋予了主观性和能动性，师徒二人，一个仰望星空，一个脚踏实地。

　　若说圣人苏格拉底为天地立了心、为生民立了命，则柏拉图和亚里士多德师徒则为往圣继了绝学，并为万世开太平打下了基础。这又正如孔子为天地立心，为生民立命；而孟子和荀子为往圣继绝学，为万世开太平是一个道理。而且更为相似的是，苏格拉底和夫子皆是述而不作，而孟子同柏拉图一样，理想高蹈，所谓仰望星空；荀子则同亚里士多德一样在星空的基础上又看重实践之理性，所谓脚踏实地。

　　亚里士多德认为人天生就是政治动物，这不仅仅是为了自我保存的安全需要，更是因为唯有在社会中，一种所谓的美德、至善、法律、教育和正义的生活才有可能。国家和社会的存在，不仅可以保护人的肉体生命，更在于可以让公民们过上一种完善的精神的幸福生活。因此，亚里士多德认为个人和家庭作为国家和社会整体中的部分，其存在和活动的目的是为了国家和社会的整体目的而服务，即要做美德和至善的个人和家庭。于是，国家和社会的主要职责亦非战争、管制和征服，乃是和个人与家庭一样，为美德和至善而存在和运动。

　　亚里士多德认为虽然在思维与精神本性上来说，则国家和城邦先于个人、家庭和村社而存在；但在时间顺序上，个人、家庭和村社先于国家和城邦而存在。因此，亚里士多德反对柏拉图认为的个人和家庭完全奉献给国家和城邦的思想。不过，和柏拉图一样，亚里士多德全部的政治学思想都不可能跳出希腊奴隶制的大框架时空背景。即野蛮人和希腊人天然的不平等社会关系，对于奴隶所从事的手艺活动，自由的希腊人是不屑一顾的。

　　亚里士多德也不认为老师柏拉图的"哲学王"政体是唯一最优的，他认为政体好与不好要看是否适应于它的人民和社会的实际情况。若政体的正确与否取决于国家和城邦的宗旨，那么谋求各阶层人民共同利益而非统治者的利益就是判断所有政体的标尺。因此，合适的政体形式就是一个国家和城邦内各个阶级权力分配的形式，任何政体只有在支持它的阶级强过反对它的阶级时，才能存在。同等的阶级和同等地位的公民享有同等的政治权力，那么这个政体就是正义的。总体而言，亚里士多德认为理想的政体应当是贵族政体。

亚里士多德认为当一个人的能力超过所有其他人时，就自然产生君主政体（monarchy）；当少数人的能力超过所有其他人时，产生贵族政体（aristocracy）；当所有公民的长处大致相当时，就产生了政治社会（timocracy，柏拉图称为"荣誉政治"，或亚里士多德称为的最有政体，即 polity）。这是三种正态的政体，而另外三种即变态政体。当一个人依靠武力确立自己为专制暴君时，产生了僭主政体（tyranny／autocracy）；当少数富人和贵族统治国家时，产生了寡头政体（oligarchy）；当无财产的群众和自由民掌握国家领导权时，产生了民主政体（democracy）。①

柏拉图的国家说是建立在二元论的悲观的人生哲学之上的，现世国家不过是理想国家的摹本；而亚里士多德的国家说则是牢牢地站在现世生活的土地上，是现实的和积极的，即按照道德理想去铸造现世生活。

作为哲学家，亚里士多德是第一位承认不仅有研究一般事物的科学，一种概念和规律的科学，而且对于具体历史事件和历史过程的研究也有权利称为科学。②

因此，亚里士多德认为艺术具有双重性功能，既超越自然，又摹仿自然。摹仿不仅是再现，而且是对真实的表现，而艺术的形式

① 参阅［德］E. 策勒尔：《古希腊哲学史纲》，翁绍军译，山东人民出版社 2007 年版，第 207 页。

② 参阅［德］E. 策勒尔：《古希腊哲学史纲》，翁绍军译，山东人民出版社 2007 年版，第 211 页。

则都具有一般规律的特征。亚里士多德因此认为诗歌比历史更具哲理，也更为严肃。而音乐的娱乐功能不过是表象的再现，而德行教化、心灵的涵养和灵魂的净化才是真正使得艺术成为科学的普遍规律。这样，艺术就和伦理学以及美学一样成为艺术科学了。这与他的老师柏拉图有所不同，后者对音乐、绘画、戏剧、修辞甚至诗歌、文学都看不上眼，而亚里士多德则把这些诸艺术都看作对伦理学和政治学的补充。

亚里士多德虽然也承认流行的人格神宗教对普罗大众的教育具有实用的价值，但他从来没有从理智的观念上接受这种宗教。和柏拉图一样，亚里士多德心目中的上帝是自我意识的精神，这种精神才是万物的起源，并且就像爱者对于被爱者一样去推动整个世界。不过，亚里士多德论证作为第一推动者的上帝的存在的必然性时，完全不同于柏拉图的二元论逻辑思路。他认为"不仅宇宙要求一个目的因，而且灵魂也直觉地意识到上帝的存在。因为绝对的精神和人类心灵中的最高精神在性质上是相类似的"①。

亚里士多德对老师最大的继承即是把宇宙归因于一种精神本原，并把精神的东西说成实体，就此而言，二者都是唯心主义。不同在于，柏拉图在神秘主义的引导下，思维充满了炽热的改革激情，而亚里士多德的现实感更强，批评不那么严厉，而倾向于多观察而少指手画脚。除了少数非本质的细节之外，他完全摒弃了老师的二元论思维，后者认为物质世界毫无价值而永恒则单单属于人类精神和灵魂。"亚里士多德与二元论的决裂，最终表现为他在实践和理论上对待世界的态度。他的伦理学和政治学都只关注这个世

---

① ［德］E. 策勒尔：《古希腊哲学史纲》，翁绍军译，山东人民出版社 2007 年版，第212 页。

界。他没有柏拉图在冥思苦想超感觉的理念世界时所发现的超验的规范。"①

　　因此，不同于老师，他对艺术和诗歌持赞许态度，按照不同的艺术种类的特点和问题去理解和评价它们。柏拉图看重数学和天文学，因为他们与超感觉和天上的世界相关，而所有其他的自然科学只不过是类似于语法，因为它们涉及的是没有真实存在的对象。亚里士多德同意柏拉图对天文学的重视，而忽视数学的重要性。这样，就为亚里士多德的观察天赋提供了宽松的舞台和空间。于是，亚里士多德探索的形式并非超脱现实，而是自然内部所固有的，并在自然中发展和演化。此外，亚里士多德还关注人类历史中的具体历史事件和历史事实。这种健康的经验论和哲学思辨的结合成为师徒二人哲学特色最大的不同。②

　　亚里士多德是他之前全部希腊哲学的一个总结和终结，同时也是他之后全部哲学的一个源泉和开端。他将科学纳入哲学当中，但在他身后的希腊化时期，科学开始脱离哲学而独立。对于中世纪的经院哲学和阿拉伯哲学而言，亚里士多德意味着人类知识的总和。正是由于在经院哲学中亚里士多德哲学的僵化，近代哲学必须首先摆脱他的权威的重负，然后才能重新理解他和评价他。③

---

① ［德］E.策勒尔：《古希腊哲学史纲》，翁绍军译，山东人民出版社 2007 年版，第 213 页。
② 参阅 ［德］E.策勒尔：《古希腊哲学史纲》，翁绍军译，山东人民出版社 2007 年版，第 213—214 页。
③ 参阅 ［德］E.策勒尔：《古希腊哲学史纲》，翁绍军译，山东人民出版社 2007 年版，第 214 页。

第七章　柏拉图的理想国和法律国：
理想的国家

　　柏拉图之"理想国"的认识论根基在于苏格拉底的信条：美德即知识。而美德即知识是建基于这样一种信念基础上的，"即认为对一切个人和国家来说，都可能有某种客观存在的美好的生活，这样一种美好的生活可以作为研究的对象，可以通过有条不紊的、合乎理性的方法加以阐明，因而可以运用聪明才智去加以探讨。这一信念本身就足以说明为什么柏拉图在某种程度上必然是一个贵族政治论者，因为只有学识渊博的人才能达到的成就绝不能委之于多数人或群众的意见"[1]。

　　"理想国"的社会背景或者说柏拉图认识论的实践依托恰恰在于伯罗奔尼撒战争的失败，再美好的理论说辞可能都抵不过现实无情的冲击。伯里克利在公元前 431 年（伯罗奔尼撒战争的第一年）为雅典阵亡将士所作的演说辞已经使得柏拉图不可能再对"愉快地发挥多方面才能"的民主政体抱有高度的热情了。从个人情感的心理写作影响角度出发，苏格拉底的生命被雅典民主政体宣判与剥夺，则最终为柏拉图在"理想国"的基调，即"哲学王"统治，铺平了道路。

---

[1]　［美］乔治·萨拜因：《政治学说史》（上册），盛葵阳、崔妙因译，商务印书馆1986 年版，第 61—62 页。

哲学王统治的理想首先是对专制与独裁的寡头政治的否定，其次，又对公民直接参与的城邦民主政体不置可否，最后，才表露了他的关于对理想国家的观点即以美德与知识作为理性规划的前提。最充分占有美德与知识的人即"哲学王"也就具有无限理性统治的智慧，他可以在任何时间、任何地点以及任何情况下避免认识的盲点从而把国家、社会和个人引上正义的、善行的轨道。

因此，柏拉图心目中的哲学王要"在受到充分的智力训练之后能对美好的生活具有敏锐的感觉，因而有能力辨别真伪以及达到至善的适当手段和不适当手段"①。之所以说柏拉图的"理想国"有政治浪漫主义和伦理空想的成分，或者说有政治与伦理不分家的思维，是因为他的整个逻辑推论都是建基于伦理学的一个最为核心的概念，即正义或公道之上的。因此，"理想国"的正义或公道"既是一种公共道德也是一种私人道德，因为其中蕴藏着既是国家的又是国家成员的至善。对个人来说，善莫大于能从事自己的工作并能胜任这项目工作，对其他的人以及对整个社会来说，善莫大于每个人能承担他有资格承担的职位"②。

柏拉图心目中的国家的最大利益本身也就意味着公民们的最大利益，而"哲学王"的最高理性知识正是在于如何调节私人道德和公共道德、私人利益与公共利益之间的和谐，换言之，如何完善公民资格的问题。正是基于这样的逻辑前提，柏拉图的国家理论和政治理论得以建构完成，但同时，"如何完善公民资格"又成为留给

---

① ［美］乔治·萨拜因：《政治学说史》（上册），盛葵阳、崔妙因译，商务印书馆1986年版，第63页。

② ［美］乔治·萨拜因：《政治学说史》（上册），盛葵阳、崔妙因译，商务印书馆1986年版，第81—82页。

后人最具挑战性的政治学问题框架（problematic）。①

因此，"'理想国'关于自由的聪明才智的真正设想，不受习惯的约束，不受人类愚蠢行为和固执己见的限制，甚至能够指导习惯和愚蠢势力本身沿着通向理性生活的道路前进。'理想国'的意愿是学者的愿望，智者表达信念的声明，他们知识和教化是社会进步必须依靠的力量"②。

正如萨拜因认为的："柏拉图的国家必须是一个'这样的国家'，即一切国家的一个典型或模范。仅仅描述性地说明现存的国家不能达到他的目的，而仅仅作功利主义的论证也不能证明哲学家享有的统治权是合理的。'理想国'的着眼点不是去论述一般的国家，而是去发现这些国家所具有的实质性的和典型性的东西———一些普遍的社会原则，即目的在于追求完善生活的任何人类社会所依靠的性质。至于现实的国家是否能达到这个典型国家的标准则是一个次要的问题。"③

这其实是一种以推理性的"绝对伦理学"为基础的"规范政治学"思维逻辑。说柏拉图是一位纯粹的理想主义也好，或者说其对于现实世界的实用性从来就不在意也罢，然而，柏拉图的最大意

---

① 正是从此一角度出发，萨拜因对于柏拉图的问题框架给出他思考的两种解决方案或途径："或者是有可能消除对完善的公民资格起阻碍作用的特殊因素，或者是有可能发展对完善的公民起促进作用的积极条件，二者必居其一。第一种可能导致了共产主义理论，第二种可能导致了教育的理论。"参见［美］乔治·萨拜因：《政治学说史》（上册），盛葵阳、崔妙因译，商务印书馆1986年版，第83页，后一种教育的理论对柏拉图而言，其实就是把国家设想成为一个宏大的教育机构，而这又同柏拉图本人浸于学园教育的精神是相辅相成的。同时，萨氏的这一注解又不由人不想起自由主义大师以赛亚·伯林的两种自由概念中关于积极自由的论述，积极自由自然有其积极的功用，但切切警惕其对自由（尤其是私人领域的公民个体自由）的伤害！
② ［美］乔治·萨拜因：《政治学说史》（上册），盛葵阳、崔妙因译，商务印书馆1986年版，第91页。
③ ［美］乔治·萨拜因：《政治学说史》（上册），盛葵阳、崔妙因译，商务印书馆1986年版，第73—74页。

义就在于为我们提供了一套以理性推论为逻辑的理性范本。

正如柏拉图所认为的，完善的理念是世界的根源。世上的每一件事物都是相应的理念的不完善的摹本。所以，整个现实世界是完善的理念的不完善的摹本，善不是无休止变动的现实世界的知识，而是真实的形而上的理念世界的知识。也正是从这一角度出发，我们认识了柏拉图理论之与西方文明的渊源意义。

正如此，萨拜因认为，柏拉图的这样一种设想，"其实际效用或甚至实现的可能性如何也许是值得怀疑的，但是如果认为柏拉图是有意放纵他的想象力在幻想的王国里飞翔，那就大错特错了"①。

也因此，从政治学的角度出发，之所以柏拉图理论属于自由主义的范畴，是因为虽然民主政体的雅典败于专制政治与军事独裁的斯巴达，前者以参与（权力）和彰显（自由）为美德，而后者则以勇敢（作战）和服从（军事）为美德，但柏拉图却并没有表现出丝毫的对斯巴达政体的青睐和向往。相反，自始至终，他对于斯巴达这种体制抱持的都是批判的观念。

柏拉图从他的老师苏格拉底那里学到了必须坚守理性，对此，他坚信不疑；而雅典的民主宣判剥夺了苏格拉底的生命则又使得柏拉图彻底断绝他对司法的最后一点信心。《理想国》就是这一心路历程的思想结晶，而正是这一坚守理性的绝对以及忽略司法的决绝使得柏拉图最终成为他力图挽救的那种国家最宝贵的政治理想的背叛者。如果，从这一角度来比较柏拉图《理想国》所体现出的自由主义品质和苏格拉底宁愿服从法律判决以身殉道而放弃本可能的逃离所体现出的自由主义品质，则很难说学生超越了老师。

然而，随着柏拉图对社会观察和思考的深入，也由于他的哲学王治理的理想在现实社会的碰壁，柏拉图开始重新思考自然性主导

---

① ［美］乔治·萨拜因：《政治学说史》（上册），盛葵阳、崔妙因译，商务印书馆1986年版，第74—75页。

的习俗与惯例（即法律）对于国家、社会和人生的调节作用。正如萨拜因提出的这样一个设问："难道作为生活基础的习惯——人们在确定自己的打算以及和别人的交往时所依据的习以为常的评价和观念——应当解释为实现生活和统治的艺术的巨大障碍吗？"①

很显然，柏拉图的《理想国》是对理性和知识的绝对向往，而《法律篇》则是这种绝对向往对习惯、约定、法律以及人性脆弱的一种让步。换言之，"没有法律，人类就和最野蛮的动物没有任何区别，然而，一旦出现一位有能力的统治者，那么人类也就无须由法律来统治了，因为没有任何法律或法令比知识更有威力"②。理想国之为理想国，就是因为从人性的角度出发，不会出现这样一位完美的哲人王，当然按照知识设定和逻辑推理的人民大众也不大可能出现。

柏拉图的"法律国"因此就是"理想国"的退而求其次。

《法律篇》是柏拉图的晚期作品，较之柏拉图早期的《理想国》，其最大的转变在于虽然仍然认为一个国家最好的统治者是哲学王，但承认如果统治者不是哲学王的话，那就只有求助于次优的选择——以法治国。③

柏拉图的《法律篇》（某种程度也包括《政治家》在内）其实

---

① ［美］乔治·萨拜因：《政治学说史》（上册），盛葵阳、崔妙因译，商务印书馆1986年版，第100页。

② ［美］乔治·萨拜因：《政治学说史》（城邦与世界社会卷），邓正来译，上海人民出版社2015年版，第135页。

③ 也正是从这个角度出发，我们就可以更进一步理解柏拉图在其《法律篇》中所谈论到的国家治理的"理想的出发点是独裁制，第二等好的是立宪君主制，第三等好的是某种民主制。寡头政治轮到第四"。柏拉图的这一排序的一个总的认识和出发点是基于这样的道理，"哪里掌握最高权力的一个人把明智的判断和自制力结合起来，哪里就会看到出现与法律相配合的最好的政治制度"。相反，"哪里国家的统治者不是神而是凡人，那里的人民就离不开辛劳和不幸"。参阅［古希腊］柏拉图：《法律篇》，张智仁、何勤华译，上海人民出版社2001年版，第116、117、120页。

是重新审慎关于自然、经验与规划、理性之间的鲜明对比，也表明柏拉图逐步开始接受所谓习俗与惯例等经验智慧，而这一智慧正是法律（自然法）的替身。换言之，法律的学识是经验的学识，它通过法律业务中的一桩桩判例而逐步摸索前行。从这一角度出发，即法律不是一门如数学似的精确科学，也就不难理解法律在"理想国"中被尊崇理性逻辑和知识完美的"哲学王"所鄙夷、厌烦乃至抛弃。

从《理想国》到《法律篇》无疑是柏拉图思想与认识的一个痛苦蜕变的过程。因为，对后者的肯定必定导致对于前者的部分否定，而周旋于这一肯定与否定之间则无法诠释柏拉图对于自己的老师苏格拉底被雅典无辜宣判的憎恨与嫌恶。

换言之，接受"理想国"的逻辑意味着维护老师的名誉，而接受《法律篇》的逻辑则意味着肯定雅典的民主政体。这真是令柏拉图左右为难，而且更为让他不安的是维护老师个人的名誉必须以否定社会多数公众的智慧为代价，而接受《法律篇》和《政治家》则意味着老师被雅典人民判处死刑就是正当的。这一进退维谷的心境，可能柏拉图至死不能释然。也因此，无论在《法律篇》还是《政治家》中，他仍然把对法律的期望和依靠作为"哲学王"治理的次优选择。

当然，在后来的《政治家》中，柏拉图也认为他之前的"理想国"只能是"唯有天上才有的一种模式，供人类模仿但却无法达致。因为'理想国'或哲人王统治的纯粹的君主政体是'神圣的'，是完美无缺因而至善的，因而不可能在人世间实现。理想国之所以不同于一切现实的国家，实是因为在那样的国家中，统治者所依凭的是知识，因而法律也就无用武之地了"①。

也因此，"理想国"中的首要美德是正义，是劳动分工和智能专门化，由此，人人各就其位，各显其能，人人都受到恰如其分与

---

① ［美］乔治·萨拜因：《政治学说史》（城邦与世界社会卷），邓正来译，上海人民出版社 2015 年版，第 141—142 页。

公平的对待。而在次优的"法律国"中，所有的智慧都由法律彰显，法律自然比不上哲人王的灵活自如，于是最高美德便由正义转为自我克制与节制，因此，苏格拉底选择"守法而死"便是"法律国"中最高美德的体现。

换言之，理想国（哲人王，即纯粹的君主政体，monarchy）是柏拉图的首选，次选为荣誉政体（timocracy）或军人掌控的国家（military state），再次为贵族政体（aristocracy）或寡头政体（oligarchy），再次为民主政体（democracy or popular state），最后为僭主政体（tyranny or autocracy）。

立法的最大目的是和平与善意。柏拉图作譬喻以陈述其关于法律在国家政治中的角色和位置：假如一个家中有坏兄弟也有好兄弟，甚至坏兄弟要多于好兄弟（这其实暗含着西方文化中对于人类的原罪感的最初假设），那么这一家庭会出现哪几种情况呢？其一，可能是坏兄弟征服并奴役了好兄弟；其二，则可能是好兄弟征服并奴役了坏兄弟。前者可以说这一家庭是劣于自己的，而后者则可以说这一家庭是优于自己的。[①] 这两种情况，很明显，后者的状态优于前者的状态，而且这两种状况是没有外力（指法律或法官）介入的情况下可能自发出现的结果。

然而，一旦出现法律（法官）介入则有可能出现哪几种情况呢？其一，把所有的坏兄弟杀死，而让好兄弟自由地生活；其二，以法律统管着好兄弟，而让坏兄弟自觉自愿地服从好兄弟而继续活着；其三，以法律统管着好兄弟和坏兄弟，确保他们能和睦相处。这三种情况其实也是柏拉图的关于国家乃至法律优选和次选安排的政治理想。第一种情况其实是一种人治法，而非真正的法治法，是一种纯粹理想的治国理念，只保留好的，而灭除不好的，并不特别

[①] ［古希腊］柏拉图：《法律篇》，张智仁、何勤华译，上海人民出版社 2001 年版，第5页。

考虑好与不好之间的界限与转换。第二种情况其实是一种奴隶制的贵族法，法律统管的对象只是有公民资格的人，奴隶等被统治阶级被置放在是隶属于有公民资格的奴隶主的财产。第三种情况则其实是近代民主共和政体最初的萌芽反映，当然在柏拉图时代只能是一种理想而已。

柏拉图在关于家庭的譬喻之后，谈论到如果国家面临内战，很可能立法者期望第一种情况出现，即坏兄弟被杀死，而好兄弟存活下来，以便很快使得国家恢复到和平状态；但如果发生外战，则第一种情况很明显地立即成为次优选择，而宁可选择第二种情况，即如何使得坏兄弟自觉自愿服从好兄弟，从而壮大国内战斗的力量。基于这一国家面临战争的分析，我们可以推测柏拉图是倾向于第二种的法律协调政治制度的。而这一政治制度也正符合当时的古代希腊或确切地说是古代雅典的奴隶制民主制的。

当然，柏拉图的譬喻是以一个家庭作为解说的背景。如果从家庭的场景转换为国家的场景，这三种情况其实从大的层面讲也都是一种政治制度的安排，即有一个高于一般公众的统治阶层在掌管着律法借以统治着大家，这也就是柏拉图从《理想国》一以贯之的"哲学王"统治理念。这是作为古代希腊伟大哲学家的柏拉图不会而且也不能超越的一个历史局限。

不过，柏拉图作为古典时代最为杰出的理想主义政治哲学家，其关于立法之目的的思想是不可磨灭的。他始终认为，只有把战争的立法作为实现和平的工具，而不是相反，即把和平的立法作为战争的工具时，一个立法者才是真正的伟大的立法者。

柏拉图认为只有当法律是为整个国家的利益而非党派的利益而制定时，这样的法律才是真法律。否则法律就会成为一些人借以满足自己的邪恶贪欲的权力工具。"如果这样一种权力统治城市或个人，把法律踩在脚下，那么就无药可救了。……当法律仅仅有利于共同体的特殊部分时，他们的制定者就不是公民，而是党派分子。那些说这些法律应该得到遵守的人是在信口雌黄。……在法律服从于其他某种权威，而它自己一无所有的地方，我看，这个国家的崩溃已为时不远了。但如果法律是政府的主人并且政府是它的奴仆，那么形势就充满了希望，人们能够享受众神赐给城市的一切好处。"① 柏拉图之所以对党派斗争深恶痛绝，当然是基于雅典民主政治的这一"软肋"，某种程度上正是此一痼疾致使雅典惨败于伯罗奔尼撒战争。

正是针对雅典与斯巴达的长处与不足，柏拉图提出了他的混合式国家方案。他认为，雅典的失败在于实行毫无约束的民主政体，政治的无能尤其表现在对于党派纷争的无力控制，甚至在面临国家和社会的稳定遭受外来压迫与侵略的极端威胁情况下仍然不能出现妥协的气氛。这种对个体权利乃至集团利益的看重，让人只能以希伯来人对摩西法的一神制严格信仰来比照，如对于安息日的信仰，即便明知有敌人会利用安息日来偷袭也不会有丝毫的改变。而斯巴达，附带连同之前的波斯帝国，都有一个共同特征，即以实行压倒一切的军事化优先政策为国内稳定的先决条件，美德不是以知识为标准，更谈不上城邦权力的参与与个人自由的保障，勇敢与服从、武力与墨守成为个体对社会与国家可以奉献的最大美德。

而柏拉图的混合式方案对于雅典的民主政体而言，必须汲取专制政体中服从的原则，即对于法律和权威的明智而强有力的服从；对于斯巴达而言，必须汲取民主政体中的自由的原则，即对于权利和权力的群众性参与的自由。换言之，即斯巴达当用智慧节制权力，雅典当用秩序节制自由，而这里的智慧和秩序都离不开习惯、传统、习俗和法律。

---

① ［古希腊］柏拉图：《法律篇》，张智仁、何勤华译，上海人民出版社 2001 年版，第120、122、123 页。

柏拉图非常看重对于法律的遵守。既然法律是为整个国家的利益而制定，那么为了确保法律的施行，就必须遵守法律，否则法律不过是一纸空文而已，甚至本身就是一个被权力践踏的工具。因为遵守法律和一个人最高的善以及正义是密切相连的，是一个人保守和尊敬其灵魂价值的途径。如他认为的"至于国家和公民，一个最好的人，他与其在奥林匹克竞技会上或其他任何战争与和平的竞赛中获得胜利，倒不如以他对本国法律的尊重所取得的荣誉来击败每一个人。这种荣誉是因为他比其他任何人更出色地终身尊重法律而取得的"[1]。并且"极为重要的是，人们必须为他们自己制定法律并在生活中遵守他们，否则他们会无异于最野蛮的野兽。"[2]

柏拉图之所以在这里强调遵守法律的重要性，是因为他认为人们（包括制定法律的人们）不是神，或很难成为神，而只能是人。也因此，遵守法律就是维护公共利益的代名词，而公共利益则是国家得以维系的一个必不可缺的纽带。

正如柏拉图有些不情愿地承认的那样："知识是任何法律和规则所超越不了的；理性，如果它是真实的并真正具有天然的自由，那么它就应该拥有普遍的力量：把它置于某种别的事物（仿佛它是某种奴隶）的控制之下是不对的。但在事实上，这种情况在任何地方都找不到的，有的只是随处可见的点滴暗示罢了。这就是我们必须选择第二种替代品，即法律和规则。"[3]

对于财富柏拉图总体而言是蔑视的，尽管他非常尊重财产所有权，如他认为的，财富是通向美德与幸福的绊脚石。"既有极大的

---

① ［古希腊］柏拉图：《法律篇》，张智仁、何勤华译，上海人民出版社 2001 年版，第138 页。
② ［古希腊］柏拉图：《法律篇》，张智仁、何勤华译，上海人民出版社 2001 年版，第309 页。
③ ［古希腊］柏拉图：《法律篇》，张智仁、何勤华译，上海人民出版社 2001 年版，第309—310 页。

美德同时又是富得不得了，是绝对不可能的。"一个国家既不能有金也不能有银。不应该从卑下的交易、收利息①和妓女那里弄到许多钱。并且即使如此，一个人也不应该钱多得忘记了金钱产生的真正原因（我指的是对于身心的关注，如果没有相应的体育和文化教育，身心两方面都绝不会发展成为值得引人注目的东西）。这就是我们为什么不止一次地说，追求金钱必须限制在美德的范围内。②

而且基于雅典便利的海岸交通地理位置，以及由此带来的海外商业发展与海军力量的强大，而当时雅典海军的力量正是站在与贵族政治相对立的支持民主政体的立场上，所以柏拉图的理想国家是按内陆的、自给自足的、交通不便（甚至遍布崎岖不平的土地）的、以农业为主的这样一个模型设计的。③ 因为沿海的对外贸易会带来腐败，而海军则意味着支持民主大众的力量。

柏拉图奴隶制时代的小国寡民状态不可能产生真正的私有产权制度，家庭的生产是自给自足的。不存在财产的贸易和交换，有足够多的奴隶为奴隶主家庭创造家庭所必需的物品。因此这种状态下的社会不可能真正产生所谓调整人与人之间关于物质和财富，权利和义务之间纠纷的民法或私法。不是民法和私法的出现创造了私有财产，而恰恰相反，正是私有财产的出现才导致了民法和私法的产生。正如孟

---

① 这一点似乎与摩西法有相通的地方，参阅《旧约·出埃及记》第22章25节："我民中有贫穷人与你同住，你若借钱给他，不可如放债的向他取利。"

② ［古希腊］柏拉图：《法律篇》，张智仁、何勤华译，上海人民出版社2001年版，第154—155页。

③ 公民的财富应该限于农产品，认为工商业会给人民带来美德的破坏，并因此对之持不信任态度。这其实也正是后世近代以法国经济学家魁奈为首的重农学派（1758）的理论鼻祖。其实一直到18世纪，很多的经济学理论家都对瑞士抱有非常羡慕的理性期望，而瑞士的特征恰恰符合柏拉图所描述的一个理想国所具备的基本条件。如果从这一角度出发，不难理解为什么英国在殖民争霸的斗争中能逐步超越法国，而18世纪和19世纪更是在法国自路易十四时代的光荣逐渐消退的映衬下达到了"日不落帝国"的辉煌。

德斯鸠所讲，政治法使人获得自由，而民法使人获得财产。

"在人类的大脑可以被改变之前，意图废除私有财产不过是一种空想，如果法律想要禁止以私有财产为基础的人类交易，那么没有人会遵守此类法律。因此，探寻私有财产制度的理由，与探寻人类大脑之构成的理由恰恰相仿。"① 于是柏拉图从"理想国"中的公有制以及共产共妻共子发展到"法律国"认可并保留私有制、私人家庭以及一夫一妻制，妇女虽然仍然接受同等教育和服兵役，但不再担任公职了。"理想国"中三个阶级的划分是在公民之间的划分，所谓阶级和分工虽有所不同，但都具有平等的公民身份。而在"法律国"中，则只有具有公民身份的人才具有参政议政的特权，其他从事从业和工商业的不过是奴隶以及非公民的自由人或外邦人而已。

一个人应该如何严肃地对待他的灵魂、身体和财产，这是柏拉图在其《法律篇》中提到一个关涉伦理学的问题。柏拉图认为"实际上，每个人都充斥着两种层次。强大的和优越的是主人；衰弱的和卑下的是奴隶；因此，一个人应该永远尊崇他身上的主人感而蔑视奴性。……当一个人认为应为他全部的错误负责的不是他自己而是别人，把最经常和最严重的不幸推到别人头上，同时自己逃掉之时，他无疑认为，这是在尊敬他的灵魂。但实际上情况远非如此，他是伤害了自己的灵魂。同样地，当他沉溺于感官快乐，违背立法者的劝告时，他根本就不是尊敬灵魂，而是贬损它，使它充满痛苦和后悔。"②

对于身体和灵魂之间的较量，正如柏拉图接下来叙述的，如果一个人不能振作起来去忍受辛苦、恐惧、烦恼和痛苦，而是简单地

① [美]约翰·麦·赞恩：《法律的故事》，于庆生译，中国法制出版社2011年版，第146页。
② [古希腊]柏拉图：《法律篇》，张智仁、何勤华译，上海人民出版社2001年版，第135—136页。

向它们投降，那么带给灵魂的同样是耻辱。而且柏拉图认真地比较了美与美德，他认为美是身体的，而美德则是属于灵魂的，如果错误地以为美要高于美德，则是对灵魂最大的不敬，因为"大地所生之物绝不应比天赐之物更受尊敬"。

对于财产与灵魂的比较，柏拉图更是高扬灵魂本身的价值。如果一个人禁受不住不义之财的诱惑，为了几块微不足道的金子竟然出卖了属于灵魂本身的美和价值，那么他到头来将会得不偿失，因为到手的这些不义之财使得他远离了灵魂，并且，"地下和地上所有的金子都补偿不了美德的缺失"。

"任何人，如果他不打算竭尽全力戒绝邪恶行为和做好事，那他就不知道，他正在用所有这些行为，以最无礼和可恶的态度来对待他的灵魂——他所拥有的最神圣的东西。"[①] 从这里可以看出，善的有价值的灵魂在柏拉图而言是最可宝贵的和最值得珍重的神圣，这是因为在柏拉图看来，"自然界给人的东西中，没有他的灵魂更能使他保持在至善的轨道上，并避开邪恶，在他获得了他所追求的东西时，与之亲密地度过余生"[②]。

柏拉图在伦理和社会学中是抱有一种"中庸"的观念的。连如何看待"身体"都如此，如柏拉图认为的，身体值得受尊敬不是由于漂亮、强壮、灵活或健康，当然也不是与此相反，而是两种极端情况之间的中间状态的身体才是最完美的和最匀称的，因为一个前者的极端可能使得灵魂勇敢与轻率，而后者的极端则可能使得灵魂可怜和卑躬屈节。

对于金钱和财务，柏拉图同样是坚持其中庸的观点，并且在财

---

① [古希腊] 柏拉图：《法律篇》，张智仁、何勤华译，上海人民出版社 2001 年版，第 136 页。

② [古希腊] 柏拉图：《法律篇》，张智仁、何勤华译，上海人民出版社 2001 年版，第 137 页。

富、美德和幸福之间找到一条中庸的界限。"金钱和财务在公私生活中过量就会产生敌对和长期不和，而匮乏则几乎一定导致奴役。"①"既有极大的美德同时又是富得不得了，是绝对不可能的。……因为用正义的和非正义的两种方法取得的利润，要超过仅用正义的方法取得的利润一倍以上。一个人拒绝把钱花在无论是正直的或是不正直的事情上，他花的钱也只是正直的人准备用在正直目的上的一半。……（所以）不义之财加上取之有道之财加上既非正义又非非正义的支出，再加上一个人花钱吝啬，这些合在一起就是财富。一个绝对的无赖，通常就是一个挥霍无度的人，是一个非常贫穷的人。一个把钱用在正直的目的上并只用正直的手段赚钱的人，不容易变得特别富或特别穷。因而我们的命题是正确的：非常富有是不好的；如果他们不好，他们也就不幸福。"②由此，柏拉图认为"最大的是谦逊而不是金子，才是我们应该留给我们的孩子们的遗产。（而）教育年青一代的最好办法是不斥责他们，而是终身公开地去做人劝别人去做的事情"③。

关于诚实，柏拉图认为是一个人愉快与幸福的必不可少的元素。因为唯有诚实，才能赢得信任，而信任才能赢得朋友。如果缺乏了诚实，则一个人的谎言终将被揭露，他本人也必将遭遗弃而成为灵魂可怜的孤家寡人。

柏拉图不仅赞美独善其身的个体美德，更看重能够参与社群从而使他人也保持美德的人。因为"前者拥有一个单个的个体所有的美德，而后者，他向当局揭发另一个人的邪恶，就抵得上一个军团

---

① ［古希腊］柏拉图：《法律篇》，张智仁、何勤华译，上海人民出版社 2001 年版，第 137 页。

② ［古希腊］柏拉图：《法律篇》，张智仁、何勤华译，上海人民出版社 2001 年版，第 154 页。

③ ［古希腊］柏拉图：《法律篇》，张智仁、何勤华译，上海人民出版社 2001 年版，第 138 页。

的价值。一个千方百计帮助当局制止犯罪的人，应被他的国家宣布为伟大的和完美的公民，美德奖的获得者"①。

积极自由与消极自由，孰好孰坏，当然很难一语断定。但丁讲，地狱里最炙热的地方，是留给那些在重大道德危机时保持中立的人。莎士比亚在其戏剧《一报还一报》中讲，独善其身，实在是一种浪费。上天生我们，是要把我们当作火炬，不是照亮自己，而是普照世界；我们的德行倘不能推及他人，那就等于没有一样。当代保守主义思想家巴里·戈德华特讲，在保卫自由时，极端不是恶；在寻求正义时，中庸不是善。

似乎文人和有宗教信仰的人都有着"积极自由"的情结，而与之相反的则是法学家以及哲学思想家的"消极自由"观念。所谓积极自由即拥抱权力去实现某个目标，即"去做……的自由"（freedom to do sth.）；而消极自由即约束权力而给个人的自由选择留出私人空间，即"免于……的自由"（freedom from sth.）。

第二次世界大战中罗斯福总统提出的"四大自由"除了继续强调美国历史上传统的两大自由外，更是着重强调了"免于匮乏"和"免于恐惧"的自由。美国法学家德沃金讲，一个人没有权利去做他的良心所要求他去做的所有事情，但是他可能有权利去做他的良心不要求他去做的某些事情。哈耶克借用荷尔德林的话以阐明20世纪最大的政治吊诡：恰恰是那些试图将人们带到天堂的愿望和努力，最终把人们引到了地狱之中。这句话对积极自由的危害刻画得淋漓尽致、入木三分。

正是柏拉图的积极自由主义主张和观念，导致后世自由主义理论家如波普尔将20世纪人类制度的失败归咎于柏拉图以及继承柏拉图衣钵的黑格尔。波普尔对柏拉图积极自由的批评正如哈耶克对

① ［古希腊］柏拉图：《法律篇》，张智仁、何勤华译，上海人民出版社2001年版，第140页。

卢梭浪漫主义的指责。当然，再推而广之，似乎这里的分歧背后又有文艺复兴以来欧陆自由主义所衍生出来的两条不同路径的影子，即盎格鲁·撒克逊世界背后的经验式自由民主与日耳曼人世界背后的唯理式自由民主。

　　柏拉图认为一个人最难以超越的敌人就是自己。就如谚语所说，"一个人天生就是他自己的朋友"。人们之所以看不到自身所犯的错误，或者说自己原谅自己，主要是人们过于热爱自己。"这种爱使我们看不到所爱的人所犯的错误，使我们对善、美和正义做出错误的判断，因为我们相信我们尊敬自我赛过尊敬诚实。"也因为此，柏拉图认为："任何一个追求伟大的人，一定不是羡慕他自己和他自己的财产，而是正义的事业。这类事业不仅仅是他自己的，别人碰巧也如此做了之时尤其值得羡慕。"与此相反，那些过于热爱自己的人就只能表现出自私与愚蠢的邪恶。"蠢人总是相信自己的机敏，这就是为什么我们竟然会认为在我们几乎一无所知的情况下却相信自己无所不能，以致由于不把我们不知道该如何处理的事情交给别人，却要我们自己着手处理而被碰得头破血流。"也因此，柏拉图提出"每个人必须避免过分热爱自己，而代之以对他的超越者的忠诚。当他考虑抛弃'最好的朋友'（指自己）时，不要受羞耻的阻挠"①。

---

① ［古希腊］柏拉图：《法律篇》，张智仁、何勤华译，上海人民出版社 2001 年版，第 141—142 页。

第八章 亚里士多德的城邦国和法制国：国家的理想

　　一提到政治学，人们就会想到古希腊亚里士多德在其《政治学》中的一句话，"人是天生的政治动物"，即人的本性要在和其他人所结成的社会集体生活。所以亚里士多德认为政治学是人类最高的学问，因为它研究的是人须臾不可离的社会组织乃至国家的本质问题，也就是如何组织和安排人类的社会生活的问题。如果说柏拉图讨论的是理想的国家，那么亚里士多德讨论的则是国家的理想。

　　因此，柏拉图的理想国是哲学王当政的王国，而次优国则是法律国；亚里士多德在老师法律国的基础上提出法制国。所谓法制国即不仅看重法律，还要考虑各个阶级权利和义务的相互制衡。

　　柏拉图认为理想国家的首要特征是美德和正义，亚里士多德自然也不例外，只不过后者认为美德和正义不能仅仅依靠圣贤的哲人王，而更要正视国家本身，善的生活和美德正义的实现不仅需要精神也离不开物质，道德不仅以自然、理性为基础，也离不开习惯习俗的作用。所谓"国家应当是人们生活在一起以达至尽可能最美好生活的一个共同体，这就是国家的'理念'或含义。换言之，即唯有国家是'自足的'，只有国家才能为实现最高层级的道德发展提

82

供一切条件"①。

　　所谓"自足"即国家的起源是出于人们生活的需要，但国家的继续存在却是为了实现美德、良善和正义的生活，自足的也是自然的或本性的，是与本能相对立的。换言之，国家文明是一种比家庭或家族文明更为高级的文明，更为发达的也是更为完善的共同体。人的需要、人的言说以及人对真善美的追求必然要超越家庭的层面而向社群、城邦乃至国家层面发展。国家与家庭有相似的一面，但国家总是超越于家庭与原始共同体的。没有国家，就不可能形成人类更全面的文明形态。亚里士多德超越于柏拉图的地方也即在此，即超越于后者更多的家国一体思维。此即亚里士多德所谓的"人是天生的政治动物"。人不可能脱离社会、城邦和国家而生存，离群索居之人不是野兽就是神灵。日后英国17世纪英国玄学派诗人约翰·多恩讲的"没有人是一座孤岛"，也有此一含义。

　　于是，柏拉图越是淫浸于自己的理想国，就越对现实失望。而亚里士多德则脚踏实地，深信改良主义而警惕革命主义，仰望星空是为了更好地改良现实。虽然在思辨的大胆和知识的原创性方面，亚里士多德不仅不能与老师媲美，甚而至于并没有脱离老师的窠臼，但在关于城邦的知识组织和政治科学的实践能力上，亚里士多德不仅青出于蓝，而且后世亦多师法仰望于他。亚里士多德认为政治家虽然不能凭借自己的意愿和能力创造出国家，但借助于政治科学和技艺可以使得国家充分展示出它种种的可能性。这正如一颗种子只有具备合适的条件才可以落地生根发芽成长。

　　自亚里士多德以后，西方众多的思想家、哲学家和政治学家从不同的立场、角度以及思维的逻辑出发，逐步归纳和梳理出政治学的以下几种认识和研究路径：第一，作为政府艺术的政治；第二，

---

① ［美］乔治·萨拜因：《政治学说史》（城邦与世界社会卷），邓正来译，上海人民出版社2015年版，第174页。

作为公共事务的政治；第三，作为妥协和同意的政治；第四，作为权力和资源分配的政治。①

统而言之，古希腊时代的政治科学中已经出现了早期民主和共和的政治治理观念，世袭王权对于他们而言其实就是一个未开化民族的原始和愚昧。苏格拉底心目中的"进行统治的人应该是有知识的人，而德行即至善即知识"；柏拉图心目中的理想国则是集美德、至善与正义于一身的"哲学王"的统治；亚里士多德则反复强调"法治优于一人之治"。②

"希腊所有思想家都主张，家天下的王权是人类的第一个统治形式，王权适于在向自由人与理性人发展的过程中仍然处于比较原始阶段的那些民族，用于蛮族，更是永远适当的。自由、平等的人则无法消受王权。不是有一个人比其他一切人都行，就是没有这么一个人。这两种情况无论何者，国王都是一个威胁。如果他比谁都行，则自由公民必须自愿将他们自治的权利交给他，而这是公民集体自杀；如果这国王并不比一般人行，则他根本不应该当国王。不管怎么看，王制都是城邦的祸患。"③

政治气候和氛围改变于亚历山大的马其顿帝国。文明的、骄傲的雅典屈服于落后的、武力的马其顿。"过去，所谓政治（politics），意思是众人共理城邦（polis）之事。现在，没有谁能完全不察觉，马其顿兴起以来，强权处处战胜公理。希腊思想中的政治哲学，主题是探讨政治如何中立，但马其顿得天下，一个十分明显的含意就是希腊式的政治失败了。……帝国之理，来自征服，更比什么都更

① 转引自燕继荣：《政治学十五讲》，北京大学出版社2004年版，第4页。
② [古希腊] 亚里士多德：《政治学》，吴寿彭译，商务印书馆1965年版，第167—168页。
③ [美] 约翰·麦克里兰：《西方政治思想史》，彭淮栋译，海南出版社2003年版，第97页。

清楚说明了天下事的真正本质。"①

　　亚里士多德《政治学》开篇的靶子正是柏拉图《政治家》中对家国一体的认知，他尤其反对老师废除私有制和家庭的共产主义主张。柏拉图认为政治家就好比牧羊人或家长，羊群就好比人民大众或家人，所谓一国之主即一家之长，为国谋利益即为家庭谋幸福。亚里士多德则坚决否认将家庭和国家等量齐观，就如父亲管束妻小或孩子依附父母显然不同于统治者管治臣民或臣民依附统治者。

　　换言之，亚里士多德怀疑统治者之于臣民的爱能否等同于父母之于孩子的爱，因为二者等同的一个前提条件即统治者是真正掌握了科学知识和美德至善的哲人王。虽然如此，亚里士多德的国家理想依然是建基于奴隶制度之上的，即"财产虽然私有，但必须用于公共目的。土地由奴隶耕种，工匠也被排除在公民范畴之外，因为把时间用于体力劳动的人是不可能具有美德的"②。

　　从政治学的学科思维逻辑出发，亚里士多德的贡献在于，他在之前以苏格拉底和柏拉图的"美德即知识"为代表的以个人的伦理正义为基础探讨城邦正义的模式上，把政治从伦理中分离了出来，即个人伦理和私人道德与政治相分离，所谓好人虽然可能是好公民，但好公民却未必是好人；反之亦然，即坏人虽然可能是坏公民，但坏公民却未必是坏人。虽然二者最终彻底分家，要等到马基雅维利横空出世的《君主论》（1513年）才算是有了结果。

　　因此，亚里士多德的《政治学》是历史的而非哲学的研究，是

---

① ［美］约翰·麦克里兰：《西方政治思想史》，彭淮栋译，海南出版社2003年版，第102页。
② ［美］乔治·萨拜因：《政治学说史》（城邦与世界社会卷），邓正来译，上海人民出版社2015年版，第178页。

基于对希腊 150 多部城邦宪法史所进行的经验的调查，而非柏拉图式的质化研究和逻辑推论。当然，亚里士多德并没有完全抛弃柏拉图的伦理学研究思路，甚至伦理学在他的政治学研究中依然占有支配性地位：即好人和好公民完全是一回事，或者无论如何他们都应当成为好人，而国家的目的就是要创造出最高道德规范的人。① 换言之，即城邦的道德伦理不可或缺，城邦的正义从根本上说取决于城邦公民的伦理和道德正义。

亚里士多德服膺老师的美德旗帜、知识推论和逻辑演绎，但又认为老师的想法过于理想和高蹈，甚或完全无视人们经由岁月而积累起的传统、惯例和经验。于是，亚里士多德的理想国基本就是柏拉图心目中次优的法律国，即要宪政的治理而不要专制的统治，哪怕是"哲人王"的开明专制。宪政框架论认为统治者与被统治者双方都具有自由人的平等身份，甚至在道德或智力上也无甚区别；而"哲人王"框架则认为双方无论在身份、道德和智识上都具有显著的差异。换言之，柏拉图的范畴内，奴隶主虽然善待奴隶，但奴隶始终是奴隶主的工具而已；而亚里士多德的范畴内，虽然奴隶非常之辛苦，但他具有一定的行动甚或思想自由。

因此，亚里士多德的政治科学包括两个方面的知识：一方面是关于相对的和绝对的政治善的知识，另一方面是关于也许是为了此等的甚或是恶的目的而使用的政治机制的知识。因为，政治科学或政治艺术应该具有普遍适用性，不仅探究理想的政体，也要关注现实的政体，还应当讲授以任何可欲的方式来治理和组织任何种类国家的艺术。② 这样，政治不仅同道德伦理要分开，法律同政治，以

---

① ［美］乔治·萨拜因：《政治学说史》（城邦与世界社会卷），邓正来译，上海人民出版社 2015 年版，第 165 页。

② ［美］乔治·萨拜因：《政治学说史》（城邦与世界社会卷），邓正来译，上海人民出版社 2015 年版，第 166 页。

及政治同社会也要分开。

于是代表美德、至善和正义的"哲人王"被替换为"法律至上"，而法律也不再是柏拉图认为的对人性软弱和缺陷的不得已的让步（后世所谓"必要的恶"或"不幸之必然"）而成为亚里士多德"理想国"中的一个至善的标志。这样，柏拉图走的是"圣贤理性"的路子，而亚里士多德走的是"法律理性"的途径。在前者，圣贤是医生，而臣民则是病人。一个完全主动，一个完全被动；在后者，法律居间协调，行政权威不可超越法律来治理臣民，臣民若不同意，则有根据法律来发表自己评论和判断的自由。

换言之，亚里士多德的法律治理包含以下三个要素：其一，法律是为了公众的利益而非某个阶级或个人的利益；其二，法律以习俗的约定和积累的经验而非专断的命令为基础；第三，法律治理要照顾臣民的同意和意愿而不是仅凭武力的强制。① 这样，相对于柏拉图，亚里士多德更强调习惯法的经验而对人为法的理性保持清醒的警惕，更强调民众的智慧参与而对精英圣贤的理智论保持怀疑。于是，"亚里士多德打破了自然与约定之间的那种严格的区分——以及苏格拉底和柏拉图根据这一界分而坚持的极端唯理智论或唯理主义（the extreme intellectualism or rationalism）。在一个善的国家中，政治家的理性不能与那种深深根植于他所统治的社会中的法律和习俗之中的理性相脱离。"②

如果说柏拉图《理想国》的积极意义在于进一步维护了美德之

① ［美］乔治·萨拜因：《政治学说史》（城邦与世界社会卷），邓正来译，上海人民出版社 2015 年版，第 171—172 页。
② ［美］乔治·萨拜因：《政治学说史》（城邦与世界社会卷），邓正来译，上海人民出版社 2015 年版，第 173 页。

于政治的重要性，那么其明显的盲点则在于他忽视了雅典曾经的政治经验对于其知识推理的根基建构和参考坐标的作用。也正是在这一角度，亚里士多德对老师的质疑，即是否有些实际情况可以表明，某种情况下，公众的经验比专家的知识具有更好的指导作用。正如亚里士多德的譬喻，房屋的实际所有人，也就是住户，有时候是比房屋的建筑者更了解房屋的宽敞程度以及舒适指数，换言之，对于房屋好与不好的评判，最终要取决于房屋的所有人（住户）来下定论。①

换言之，即亚里士多德重视常识与历史的实践经验，理想虽然不可或缺，但一定要承认智慧并非决然要脱离于习惯。因此，亚里士多德的研究方法既有演绎推论亦有经验归纳。在亚里士多德看来，政体的名不一定符合它的实，所谓形式上的民主制可能行的却是寡头制的实，寡头制的形式却也未必就不能结出民主制的果子。

耶格尔在其著作《亚里士多德：发展史纲要》中认为，亚里士多德的《政治学》整体思路与框架正好表明了这一著作是其与老师的柏拉图主义的痛苦决裂的结果。因为该书以柏拉图主义的理想国政治学为理论与批判的基础，引发出自己实证考察的结论即"法律应当优于一人之治"。耶格尔认为亚里士多德对政治学的贡献在于他把政治学研究划入了自然科学的研究方法范畴内。将政治生活根植于自然，与柏拉图形成强烈对比；柏拉图倾向于将城市生活的实

---

① 亚里士多德的这一譬喻实际上已部分暗含了政治哲学中的经验主义先声。经验主义相信的首先是群众在实际生活中的经验总结，相信的是群众的首创性和以其自身为主体判断性，其次才是对于精英建构主义理性无限的某种质疑。同样的譬喻，亚里士多德在其《政治学》一书中接着又提供了舵师和造船木匠以及厨师与食客之间的关系范例。"对于一支舵，舵师比一位造船木匠就更擅于鉴别，对于一席菜肴，最适当的评判者不是那位厨师，而是食客。"［参见［古希腊］亚里士多德：《政治学》，吴寿彭译，商务印书馆1965年版，（卷3，11章）第146页］

际情形贬成对政治真理知识的障碍，指其理论上无用，实践上危险。而在亚里士多德，则人对实际政治经验的心得感想，是政治体验的一个要素。对亲身体验过政治的人，政治经验有其意义，是很自然的事情，因此亚里士多德在这一点上又有柏拉图明显所无的一项特征，就是对常人或一般人的政治见解加以同情的察纳。①

亚里士多德虽然也赞同柏拉图在《理想国》的某些最普通的认识和结论，如城邦和公民是两个密切关联的概念，但对于老师的"理想国"保持了足够的警惕。总的来说，他更赞同老师在《政治家》和《法律篇》中阐明的那种政治哲学的形态。

于是，《政治学》卷三中开篇提出这样三个问题：何谓国家？何谓公民？一个好人的美德是否与一个善公民的美德相同？国家是人们为了实现最好的道德生活而联合起来的群体。一群人共同生活所采取的生活样式取决于他们是什么样的人以及他们旨在实现什么样的目的，而反过来看，国家的目的将决定谁可以成为它的成员以及成员个人可以过什么样的生活。亚里士多德认为除非在理想国中，否则好人和善公民是不能完全相同的。因为除非那个国家的各种目的是尽可能最好的目的，否则实现这些目的就会要求它的公民过一种低于可能最好的生活。在现实国家中，不同的公民必然有着不同的"美德"。②

然后，亚里士多德开始对公民和城邦下定义。公民即"凡得参加司法事务和统治机构（也即有权参加议事和审判职能）的人们"，而城邦的一般含义"就是为了要维持自给生活而具有足够的

---

① 转引自：［美］约翰·麦克里兰：《西方政治思想史》，彭淮栋译，海南出版社 2003年版，第 71 页。

② ［美］乔治·萨拜因：《政治学说史》（城邦与世界社会卷），邓正来译，上海人民出版社 2015 年版，第 178—179 页。

人数的一个公民集团"①。公民伦理和城邦伦理互为表里，正如宪法伦理和国家伦理相互支撑是一个道理。

在厘清公民和城邦的概念后，亚里士多德便开始探讨所谓的政体类型，因为脱离开政体范畴的公民是一个虚空的和没有价值的概念。

亚里士多德认为，"政体（宪法）为城邦一切政治组织的依据，其中尤其着重于政治所由决定的'最高治权'的组织。城邦不论是哪种类型，它的最高治权一定寄托于'公民团体'，公民团体实际上就是城邦制度"。并且亚里士多德提出了判断政体是否符合正义的标准，"依绝对公正的原则来评判，凡照顾到公共利益的各种政体就都是正当或正宗的政体；而那些只照顾统治者们的利益的政体就都是错误的政体或正宗政体的变态（偏离）。这类变态政体都是专制的（他们以主人管理其奴仆那种方式施行统治），而城邦却正是自由人所组成的团体"②。

是的，公正即美德，不公即邪恶。正如亚里士多德讲，公正不是德性的一个部分，而是整个德性，相反，不公正也不是邪恶的一个部分，而是整个邪恶。

苏格拉底认为不同的政体之间有这样一些差异："征得人民同意并按照城邦律法而治理城邦，他认为这是君主制；违反人民意志且不按照律法，而只是根据统治者的意愿治理城邦，是僭主制。凡官吏是从合乎法律规定的人们中间选出来的地方，他认为是贵族政治；凡是根据财产价值而指派官吏的地方，是富豪政治；凡是所有

---

① ［古希腊］亚里士多德：《政治学》，吴寿彭译，商务印书馆1965年版，（卷3，1章）第111、113页。

② ［古希腊］亚里士多德：《政治学》，吴寿彭译，商务印书馆1965年版，（卷3，6章）第129、132页。

的人都有资格被选为官吏的地方，是民主政治。"①

在苏格拉底的基础上，亚里士多德对于政体划分出正宗和变态的政体。前者包括王制（君主政体），即政府以一人为统治者，而能照顾全邦人们的利益；贵族（贤能）政体，即政府以少数人，虽不止一人而又不是多数人，为统治者，而能照顾全邦人们的利益；共和政体（温良民主制，moderate democracy），即政府以群众为统治者而能照顾全邦人民的公益。后者即变态政体包括僭主政体，以一人为治，凡所设施也以他个人的利益为依归；寡头政体（少数），以富户（而非全邦）的利益为依归；平民政体（又称极端民主制或暴民政治，extreme democracy or mob-rule）则以穷人（而非全邦）的利益为依归。②

亚里士多德尤其强调对于区分寡头政体与平民政体的一个关键并不在于掌握最高治权的人数的多与寡，根本原则在于应该从贫富上加以区别。"任何政体，其统治者无论人数多少，如以财富为凭，则一定是寡头（财阀）政体；同样地，如以穷人为主体，则一定是平民政体。"③ 往往平民政体是以自由为旗帜，而寡头政体则以财富为依据，这其实也正是这两种变态政体所各自据以争取统治权力的实际基础。

亚里士多德认为平民政体和寡头政体对于正义的认识都过于绝对化，只看到正义的某些方面而忽视了另一些方面，从而对正义的理解有失偏颇。换言之，平民政体实际上只是照顾到穷人的利益，而根本上忽视了富户的利益，反之，寡头政体则只照顾了富户的利

---

① ［古希腊］色诺芬：《回忆·苏格拉底》，吴永泉译，商务印书馆1984年版，第181页。
② 参阅［古希腊］亚里士多德：《政治学》，吴寿彭译，商务印书馆1965年版，（卷3，7章）第133、134页。
③ ［古希腊］亚里士多德：《政治学》，吴寿彭译，商务印书馆1965年版，（卷3，8章）第135页。

益，而根本上忽视了穷人的利益。

用亚里士多德的比喻说，即问题在于"各人各照自己的利益进行论断，而大多数的人如果要他们判决有关自身的案件时，实际上就都是不良的判官"。"寡头（财阀）派的偏见在'资财'，他们认为优于（不等）资财者就一切都应优先（不等）；平民派的偏见在'自由身份'，他们认为一事相等则万事也都相等。"① 所以两派都做出自己的错误判断。无论如何，掠夺性的民主政体，即暴民政治，同剥削性的寡头政体一样都是不值得信任的。

为进一步批驳寡头政体与平民政体的偏向，亚里士多德紧接着提出究竟城邦存在本身的目的何在？首先，亚里士多德认为城邦不是为财产或不仅为生活而存在，也不仅为寻取互助以防御一切侵害，也不仅为便利物品的交换以促进经济的往来。那么城邦存在的目的究竟为何呢？

亚里士多德认为其最终目的"必须以促进善德为目的"正是基于这样的认识，亚里士多德提出"城邦法律的实际意义应该是促成城邦全邦人民都能进于正义和善德的永久制度"②。正是对城邦存在目的的探究，亚里士多德进一步指出寡头派和平民派的偏见在于没有遵循这一城邦本身存在的目的。所以不是以平民派据以的"自由身份"也不是以寡头派据以的"资财平等"，而是要根据这一正义的逻辑：谁对于城邦这一政治和社会团体所贡献的善德（也即正义和公道）为多，谁就应该在城邦中享有较多的最高治权。

逻辑推理到了这一步，可以说亚里士多德并没有从根本上超越

---

① ［古希腊］亚里士多德：《政治学》，吴寿彭译，商务印书馆 1965 年版，（卷 3，9章）第 136、137 页。

② ［古希腊］亚里士多德：《政治学》，吴寿彭译，商务印书馆 1965 年版，（卷 3，9章）第 138 页。

他的师辈，尤其是柏拉图和苏格拉底的政治治理观念。亚里士多德的推进就在于他接下来探讨的如何在政治生活中体现正义这一城邦最终的存在目的。

正如亚里士多德明晰地指出的那样，城邦的最高治权无论寄托于"群众"或"富户"或"高尚人士"或"全邦最好的一人"或"僭主"，选举任何一项，都会发生不相宜的后果。于是亚里士多德首先对于在他之前的政治经验，尤其是梭伦立法，进行了归纳和梳理，无论最高治权交与谁之手，都必须给予被治理的自由民以两种权力：（一）选举执政人员，（二）在执政人员任期届满时，由他们审查行政的成绩或功过。①

亚里士多德认为虽然这些参与选举和审查的群众不够接手最高治权的能力，但他们的政治参与与审查同那些掌握最高治权的人之间的配合是有益于城邦的——而这就犹如粗粮与细粮搭配起来食用比单纯的少许细粮的营养为充足是一个道理的。

正如亚里士多德接着指出的："假如群众不是很卑贱的（带有奴性的）人们，则就个别而言，他的判断能力不及专家，但当他们集合起来，就可能胜过或至少不比专家们有所逊色。又，在某些技术中，制作者不一定是最好的评判家，当然更不是唯一的评判家。这些技术作品，在没有学习过这门技术的人看来，也是可以识别而加以评判的。"②

---

① 参阅［古希腊］亚里士多德：《政治学》，吴寿彭译，商务印书馆1965年版，（卷3，11章）第145页。

② ［古希腊］亚里士多德：《政治学》，吴寿彭译，商务印书馆1965年版，（卷3，11章）第146页。亚里士多德的这一观念与认识在2000多年前的城邦直接民主政治环境下提出，这本身就足以证明亚氏在政治治理上的思想智慧和高明洞见。一直到今天的世界民主国家和代议制民主治理的环境下，亚里士多德的这一政治理念都没有失去他的理论意义和警示含义。美国研究民主的学者科恩认为："涉及统治的，有一部分是压服的权力，强迫被统治者，或违背他们意愿采取行动的权力。从这一重要意义来看，虽然一部分人民可以统治另一部分人民，但人民是不能统治他们自己的。"科恩还引用格莱斯通的话："严格地说，可以构成一个民族的那么（接下页）

　　正是从这一角度出发，亚里士多德的政治哲学思想某种程度上可以看作是 20 世纪新保守主义各位大师们的鼻祖。如此一来，新保守主义各位思想大师对柏拉图"哲学王"统治模式的耿耿于怀也就自在情理之中了。

　　亚里士多德政治学意义上的"善"其实就是"正义"，而此一正义是以"公共利益为依归"。因此，亚里士多德提出政治权利的分配要根据其对城邦存在之目的所贡献的大小为依据。而城邦存在之目的所必需的要素为财富、自由、正义以及像军人般的勇毅。财富与自由为城邦存在的必备条件，而正义以及勇毅则为城邦所由企求并获致优良生活的条件。这样一来，这四种要素其实就是亚里士多德对于公民政治权利分配的衡量标准。

　　以公共利益为依托作为城邦的正义原则，以自由民对掌握最高治权的选举、审查和评判作为城邦的政治制约原则，在这两大原则

（接上页）多人民从来就没有自己管理过自己。在人类生活的条件，可以达到的最高境界，看来只能是他们应自己选择自己的管辖者，同时，在某些选定的情况下，能直接对管辖者的行为施加影响。"参见［美］科恩：《论民主》，聂崇信、朱秀贤译，商务印书馆 1988 年版，第 7 页。格莱斯通的话语中谈论的其实就是间接的代议制和代议制的前提，选举投票制。而这其实正好是民主得以实行的一个政治自由上的保障——选举自由和投票自由。所以民主就是人民当家做主，越多的人能够当家做主，就越民主。这没有错误。问题只是如何当家做主而已。是每个人都要参与制定国家大政方针政策吗？显然不是。只能是越多人拥有选举自由和投票自由，就越民主。因此，人民只能是通过投票和选举来参与民主和评判民主。20 世纪西方自由主义的重要代表人物卡尔·波普尔也认为，如果简单地把"民主"这个词语从词源学上理解为"人民统治"，其实是相当危险的。因为每一个平民百姓心里都清楚，统治者不是他本人，所以他会觉得民主不过是一个骗局。也因此，民主的基本道德原则应该是：它可以通过不流血的手段来更替政府。从历史上看，古代雅典的民主，强调的也不是多数统治，而是不计任何代价避免独裁统治。借助于修昔底德的记录，我们读到伯里克利的名言："在我们这群人中，可能只有几个人有能力制订政策、具体实行，但是，我们所有人都要有评判的能力。"在今天也就是说，我们不可能全部统治、全部当家，但是，我们要参与评判政府表现的工作，我们要扮演审判者的角色。卡尔·波普尔认为，选举政治应该是这么回事：我们不是让新政府合法化，而是评判旧政府的表现如何——投票日那天是旧政府缴成绩单的时间。参见［英］卡尔·波普尔：《二十世纪的教训——卡尔·波普尔访谈演讲录》，王凌霄译，广西师范大学出版社 2004 年版，第 130—132 页。

的逻辑基础上，亚里士多德得出他的关于"公民"的定义：一般意义上指一切参加城邦政治生活轮番为统治和被统治的人们。至于就他的特别意义而言，则公民在个别的政体中就各有不同；在一个理想的政体中，他们就应该是以道德优良的生活为宗旨而既能治理又乐于受治的人们。①

推论至此，亚里士多德的政治观念已经非常之清楚，即君主一人为政不如平民多人为政。因为"参与公务的全体人们既然都受过法律的训练，都能具有优良的判断，要是说仅仅有两眼、两耳、两手、两足的一人，其视听、其行动一定胜过众人的多眼、多耳、多手足者，这未免荒谬"。而平民多人为政又不若以成文法律为政，因为"常人既不能完全消除兽欲，虽最好的人们（贤良）也未免有热忱，这就往往在执政的时候引起偏向。法律恰恰正是免除一切情欲影响的神祇和理智的体现"。而以成文法律为政又不抹杀个人，尤其是群体的才智（不成文的自然道德）参与，因为"主张法治的人并不想抹杀人们的智虑，他们就认为这种审议与其寄托一人，毋宁交给众人"②。

因此，亚里士多德认为民主制的问题在于如何把大众的权力同明智的行政管理结合起来，而明智的行政管理对于庞大的公民大会来说却是不可能的。因此，最好的民主制即人民拥有相当大的权力，以至于可以控制统治阶级，但只要统治者行为适当，那么人民就会让他们自由去做他们认为最好的事情。寡头制的问题在于如何把权力控制在一个比较小的阶级手中，而同时又不让这个阶级变得过于压制民众，因为压制几乎肯定会孕育动乱。换言之，即理想的

---

① 参见［古希腊］亚里士多德：《政治学》，吴寿彭译，商务印书馆1965年版，（卷3，13章）第154页。
② ［古希腊］亚里士多德：《政治学》，吴寿彭译，商务印书馆1965年版，（卷3，16章）第169、171页。

民主制是多数人当家，但放手让少数人去管理；而理想的寡头制是少数人当家，但要照顾到多数人的利益。①

因此，最优政体就是避免极端民主和极端寡头的坏处，或融合极端民主和极端寡头好处的一种均衡制，亚里士多德把这种政体称为 polity，即最优城邦。②

所谓最优即城邦或国家的社会基础是那些既非极富又非极穷的人所构成的庞大的中产阶级。中产阶级是寡头质量和民主数量的一种平衡。因为他们既没有穷到道德堕落也没有富到拉帮结伙的地步。这帮中产阶级大到足以给国家提供一个广泛的基础，公平到足以使行政官员负起责任，杰出到足以避免民众统治所存在的种种弊病。这种混合政体在参政议政的资格上可能有财产的限制，但不至于过高，甚或没有任何财产限制，但也不采用抽签来决定行政官的人选。但没有财产限制似乎又过于理想，所以亚里士多德和柏拉图一样，虽然不认为财产是善的标志，但都认同财产提供了趋近于善的标准。③

亚里士多德的政治应用理论首先是一种经验的和保守的。正如他认为的："有关政体的建议必须以当代的固有体系为张本而加上一些大家所乐于接受并易于实施的改变。改善一个旧体制就有创制一个新政体那么困难，这恰相似于要人们忘掉一页老课程就有要人们诵习一页新课程那么困难，所以实际政治家就不可只囿于上述的

---

① 参阅［美］乔治·萨拜因：《政治学说史》（城邦与世界社会卷），邓正来译，上海人民出版社 2015 年版，第 193—194 页。
② Polis 希腊语为城邦，politeia 为政体上的城邦，或城邦政制；politics 英语演化为城邦或国家的治理科学即政治学。
③ 参阅［美］乔治·萨拜因：《政治学说史》（城邦与世界社会卷），邓正来译，上海人民出版社 2015 年版，第 196 页。

范围，他应该帮助任何现存政体给予补救或改进。"①

如果从这一角度来看，近代政治保守主义的鼻祖——埃德蒙·柏克的思想资源很大程度上要归于亚里士多德的。之所以说柏克是近代保守主义的鼻祖，并不是说他极力反对资产阶级革命，而是说他首先在改良的框架内寻找解决问题的方式。"如果根本无法改良，革命成了不得已的最后一招，那么他并不是革命的敌人。"② 珍惜传统中的宝贵经验，极力反对把理性视为工具的先验主义，这是正确理解柏克作为保守主义鼻祖两把不可缺少的钥匙。

亚里士多德认为君主政体与僭主政体保全的途径：其一，君主政体要想保全其寿命，需采取"温和谦恭政策"，如此，则"王室的权威较小，其统治往往较为耐久而少受损害；他自己既因此而不致妄自尊大，处处专制，就多少保持些同他人平等的观念和行为；另一方面，他的臣民对他也因此而妒忌较轻"③。

其二，保全僭主政体，则有两途径。一则要剪除邦内勇健飞扬的人物，亦即芟刈邦内特出之人。如亚里士多德记叙的僭主伯利安德在黍田之间，"以手杖击落高而且大的黍穗，直至黍棵四顾齐平

---

① ［古希腊］亚里士多德：《政治学》，吴寿彭译，商务印书馆 1965 年版，（卷 4，1章）第 177 页。亚里士多德其实也是信奉自然选择的制度学派创始人。如他在《政治学》中认为："人类在历史过程中自有许多机会——实际可说是无定数的机会——在创始各种制度。我们有充分的理由可凭以设想，'需要'本身就是各种迫切的发明的教师；人类社会既因这些发明具备了日常生活的基础，跟着也自然会继续努力创造许多事物来装点生活，使它臻于优雅。这个普遍原则，我们认为对于政治制度以及其他各个方面应该一律适用。"参见同上，（卷 7，10 章）第 372 页。

② ［英］埃德蒙·柏克：《自由与传统：柏克政治论文选》，蒋庆等译，商务印书馆 2001 年版，第 6 页。关于埃德蒙·柏克的保守主义政治观念，可以参看柏克的《法国大革命反思录》。

③ ［古希腊］亚里士多德：《政治学》，吴寿彭译，商务印书馆 1965 年版，（卷 5，11章）第 290 页。

而止"①。这实际上也包含僭主要对邦内那些不利于自己独裁统治的高贵显要的迫害。二则"须禁止会餐、结党、教育以及性质相类似的其他事情——即一切足使民众聚合而产生互信和足以培养人们志气的活动，全都应加以预防"②。这其实是僭主以此来使百姓之间如同路人一样陌生而杜绝他们的合力与合心的"愚民政策"，换言之，不是要百姓同心同德，而是力图达到离心离德的效果。正是在离心离德中，僭主们使得百姓之间逐渐缺乏了相互的信任，并分化了一部分的百姓成为奴颜婢膝的奴才。三则需要在百姓内部安插密探、间谍，以收集民间的那些可能的"图谋不轨"并及时剪除。第四种手段"是散播猜疑（不睦）的种子于朋友（此处暗指僭主所信任的那些为他治理国政的大臣们——引者注）之间、显贵之间、平民和显贵之间，以使他们互不信赖"③。最末一种即"使人民贫穷化的手段。这既可使人民没有财力制备武装或囤积粮食，也可让他们一天到晚忙碌于生计，不再有从事政治图谋的余暇"④。

此外，僭主政体内弥漫了猜疑和不信任。因为是僭主政体，所以统治的基础在于僭主的个人意愿及其个人的喜好。他纵有治国之术，也必得依靠他的心腹和随从。而这些被僭主所依靠的人正是对僭主政体最大的隐患，因为唯有他们有能力推翻僭主独裁，并且也向往以自身来替代他的主子开始新的僭主独裁，因为他们在僭主的"信任"和"压迫"下深谙只有权力才是他们求得安全的最大庇护伞。这正是僭主政体最为不稳定的一个痼瘤。这一点当然僭主心里

---

① ［古希腊］亚里士多德：《政治学》，吴寿彭译，商务印书馆 1965 年版，（卷 3，13 章）第 155 页。

② ［古希腊］亚里士多德：《政治学》，吴寿彭译，商务印书馆 1965 年版，（卷 5，11 章）第 292 页。

③ ［古希腊］亚里士多德：《政治学》，吴寿彭译，商务印书馆 1965 年版，（卷 5，11 章）第 292 页。

④ ［古希腊］亚里士多德：《政治学》，吴寿彭译，商务印书馆 1965 年版，（卷 5，11 章）第 292—293 页。

是最清楚不过的，于是他统治的一个绝妙之方即要他的臣下们相互猜疑和争斗，这样他就可以高枕无忧并且是适时地出面扮演仲裁调停人——通常僭主都会支持对自己威胁较小的一方而打击那权重的一方，或者有的时候，僭主则拉拢或保障势力较强的一方来巩固自己的统治基础——而坐收渔翁之利。

如此一来，在僭主政体下便会出现"若干恶人的朋比体系"，因为具有自由灵魂的人，谁都不会屈身献媚，去做那违背他内心美德的佞臣。而这些恶人"则不但擅长献媚，而且他们又是奉旨出去尽干坏事的好工具"。并且，僭主也恰好需要这样的佞臣，因为"僭主的习惯就是永不录用具有自尊心和独立自由意志的人们。在他看来，这些品质专属于主上，如果他人也自持其尊严而独立行事，这就触犯了他的尊严和自由；因为僭主都厌恶这些妨碍他的权威的人们"①。

亚里士多德对僭主制保全的建议几乎就是日后马基雅维利《君主论》的先声。

亚里士多德认为平民政体保全的途径：平民政体的精神为自由。而自由的要领之一"体现于政治生活为人人轮番当统治者和被统治者。平民性质的正义不主张按照功勋为准的平等而要求数学（数量）平等。依从数学观念，则平民群众必须具有最高权力；政事裁决于大多数人的意志，大多数人的意志就是正义。所谓'平等'就是说全体公民人人相等；因此，在平民政体中，穷人既属多数而多数决定一切，这样穷人就具有较高于富室的权力"。其要领之二在于"体现于个人生活为'人生应任性而行，各如所愿'。平民主义者说，对照奴隶们不得按自己的意志生活，唯有这样才可算

---

① ［古希腊］亚里士多德：《政治学》，吴寿彭译，商务印书馆1965年版，（卷5，11章）第294—295页。

是自由人的生活"①。

亚里士多德认为平民政体具有四种类型。其一，为以农业耕耘为基础的平民政体；其二，为以畜牧业为基础；其三，为以手工业为基础；最后，以工商业为基础。但第一种为最适宜实行平民政体的经济基础。因为按照亚里士多德的思路，这一经济基础下的百姓财产不多，终岁辛勤，习于知足，不贪图他人财物，无非分之想，乐于田亩劳作，无意参政，不热衷于名誉、荣誉和名位。即便是寡头政体下的这种经济基础也是最可能稳定的，只要不去侵略他们的耕作收益，让他们安于耕耘，他们必会仓廪实而知礼节。这样，一个真正的平民民主主义政体保全的最有效途径莫过于要注意到"勿使一邦的群众陷入赤穷的困境。贫困导致平民政体的各种缺点。所以，应该有一些措施保证人民维持某种程度的兴旺"。亚里士多德提出的方法有这样几个途径："国家集中羡余的储蓄为大宗的款项，以赈数济助贫民。理想的赈数必须是足够让每一穷人购置一块耕地；倘使积蓄还不充分，也该使所济助的款项可能用以从事商贩或开始务农。如果这样的济助不能对全邦贫民同时发放，可以依部落或其他区分分批分次发放。又，富室仍该贡献其资财于城邦，以供贫民参加某些不可缺席的公民大会的津贴，为酬答富室的这种贡献，同时就豁免他们各种无补于实际的公益捐款。"②

---

① ［古希腊］亚里士多德：《政治学》，吴寿彭译，商务印书馆1965年版，（卷6，2章）第312页。今天我们认为的政治生活中的多么不可思议的"荒谬"也好，"闹剧"也罢，并不是什么横空出世的新鲜事物，先贤圣哲早就给我们作了分析和预测。"太阳底下无新事"这一谚语述说的同样不也是这一境况吗?！如果从这一角度出发，人类的确是可悲的甚至是值得上帝怜悯的。正是如此，我们说"宗教"与"对宗教的感觉"是两个截然不同的概念。也正如此，如果我们每一个个体的内心当中都能有一丝丝敬畏的心情，敬畏自然，敬畏历史，敬畏传统，敬畏那些我们已知和未知的事物，则我们的世界中当可以避免些须本该避免的"荒谬"与"闹剧"罢！

② ［古希腊］亚里士多德：《政治学》，吴寿彭译，商务印书馆1965年版，（卷6，5章）第325页。

亚里士多德认为人们要想过上优良的生活，一定要具备三项善因："外物诸善、躯体诸善、灵魂（性灵）至善。"对于此三者的内在关系，亚里士多德认为，外物的善必依赖于灵魂上的善，然而灵魂上的善则并不依赖于外物的善。并且"外物诸善，有如一切实用工具，（其为量）一定要有所限制"。因为"任何这类事物过了量都对物主有害，至少也一定无益。至于灵魂诸善，情况就恰好相反"。"最高尚的灵魂也一定比我们最富饶的财产和最健壮的躯体为更可珍贵。""因此，一切明哲的人正应该为了灵魂而借助于外物，不要为了外物竟然使自己的灵魂处于屈从的地位。"同个人的幸福生活伦理是一个道理，"社会（团体）幸福的由来固然应该类似个人的幸福的由来，那么凡能成善而邀福的城邦必然在道德上是最为优良的城邦"①。

亚里士多德还认为，人们的德行和善行在于"出生所禀的天赋、日后养成的习惯，及其内在的理性。三者之间要是不相和谐，宁可违背天赋和习惯，而依从理性，把理性作为行为的准则"②。再进一步，亚里士多德还认为，人的灵魂具有两个不同的层次，一者含有理性，一者不含理性。包含理性的灵魂相对于不含理性的本能灵魂而言是较高较优的部分。并且这一部分还可划分为两个部分，一则为实践理性，一则为理论理性。就创生的程序而言，躯体先于灵魂，灵魂的非理性部分先于理性部分。这样对于培育一个孩子的成长而言，要先注意儿童的体格教育，接着留心他们的情欲境界（即非理性的灵魂部分），进行行为教育，然后关心他们的理性灵魂，以思辨和理性的哲学教育为主导。

---

① ［古希腊］亚里士多德：《政治学》，吴寿彭译，商务印书馆1965年版，（卷7，1章）第340、341、342页。
② ［古希腊］亚里士多德：《政治学》，吴寿彭译，商务印书馆1965年版，（卷7，13章）第384、385页。

值得我们注意的是亚里士多德对于个人修养容易出现的两个极端——即避世而寂处以及认为逃避则乏善而言，必须积极参与"善行"① 都给予了否定，从中也可以看出亚里士多德的中庸伦理思想。对于前者，亚里士多德认为把"无为"看得胜于"有为"实际上否定了实践之于幸福的要义；对于后者，则很有可能把行为看得过高而根本上否定了思想之于行为的先导意义。对于前者，亚里士多德认为："只有善德是不够的，他还得具备一切足以实践善行的条件和才能。"对于后者，他则认为："思想本身也是一种活动，人们专心内修，完全不干预他人时，也是有为的生活实践。所以孤处而自愿与世隔绝的城邦也未必无所作为。"②

一个理想的城邦不要求过大，尤其是人口数量的规模上。"经验证明，一个极为富庶的城邦虽未必不可能、却总是很难使人人都能遵守法律（和礼俗）而维持良好的秩序。法律和礼俗就是某种秩序；普遍良好的秩序基于普遍遵守法律（和礼俗）的习惯。"③

"最优良的个人目的也就是最优良的政体的目的。"首先，个人与城邦都应该具有闲暇的品德。因为"和平是战争的目的，而闲暇又是勤劳（繁忙）的目的"。除此而外，"一个城邦应该具备节制的品德，而且还须具备勇毅和坚忍的品德。人们如果不能以勇毅面对危难，就会沦为入侵者的奴隶。勇毅和坚忍为繁忙活动所需的品德；智慧为闲暇活动所需的品德；节制和正义则在战争和和平时代以及繁忙和闲暇中两皆需要，又尤重于和平与闲暇"④。

---

① 此处之善并非我们今天伦理学狭义理解意义上的善，而实际上是一种相对于寂处的行动。

② ［古希腊］亚里士多德：《政治学》，吴寿彭译，商务印书馆1965年版，（卷7，3章）第351页。

③ ［古希腊］亚里士多德：《政治学》，吴寿彭译，商务印书馆1965年版，（卷7，4章）第353—354页。

④ ［古希腊］亚里士多德：《政治学》，吴寿彭译，商务印书馆1965年版，（卷7，15章）第392、393页。

从亚里士多德的《政治学》以及他的《雅典政制》（1891 年发现）可以推测出他对当时希腊的很多城邦（大约 158 个之多）的宪法进行过细致而卓越的调查研究，基于此，亚里士多德应该算是法学研究上最早的经验主义先驱大师。

亚里士多德关于雅典的陶片放逐法陶片放逐法（law of ostracism）有其独特的看法。而这一看法正体现了亚里士多德对于这一看似维护平等，实则非常有可能破坏自由的法规的洞见。亚里士多德首先以同情的察纳认为这一立法的初衷的确是为了维护雅典的民主政体，尤其是其平民政体，正是因为陶片放逐这一"无情"的法规，使得僭主或寡头政体被消除于萌芽之中。但接着，亚氏认为从根本上来说，陶片放逐法是非理性的，是一种不得已而求其次的选择，而最优的办法则应该是"立法者在创制法律的起初就给本邦构成良好的体系，使日后无须依仗这种补救办法"①。并且，实际上陶片放逐法经常被滥用，正是在滥用中违背了该法的本意，违背了各自政体的原旨，甚至很多时候陶片放逐法就是党争和政治斗争中排除异己的工具而已。

亚里士多德和其老师柏拉图关于政治学和法律学的思想，其实是以这样一个问题或者说设疑开始的：由最好的一人或由最好的法律统治哪一方面较为有利。在回答这一设问的思考中，有必要澄清柏拉图和亚里士多德关于这一问题的实质，否则可能会不利于我们正确理解二位思想大师。柏拉图的《理想国》，包括《法律篇》在内，体现的一以贯之的思想观念其实是"轻视呆板的法律而主张由哲王治理。他立论的重点在明哲（智慧）而不在王权；他的本旨是：尚法不如尚智，尚律不如尚学"。而亚里士多德并不是全然不同于其老师，他认为，在一人为治的城邦中，"一切政务还得以整部法

---

① ［古希腊］亚里士多德：《政治学》，吴寿彭译，商务印书馆 1965 年版，（卷 3，13 章）第 157 页。

律为依归，只在法律不能包括而失其权威的问题上才可让个人运用其理智"。因为"凡是不凭感情因素治事的统治者总比感情用事的人们较为优良。法律恰正是全没有感情的；人类的本性（灵魂）便谁都难免有感情"。并且，在运用理智的时候，一人的理智终究不如多数人的理智保险。这是因为在许多事例上，群众比任何一人又可能做较好的裁断。多数群众也比少数人为不易腐败（这正如同"物多者比较不易腐败。大泽水多则不朽，小池水少则易朽"是一个道理）。单独一人就容易因愤懑或其他任何相似的感情而失去平衡，终致损伤了他的判断力；但全体人民总不会同时发怒，同时错断。①

正是对于法律优于感情，而集团智虑又优于一人智虑，亚里士多德得出结论："（统治）名位应该轮番，同等的人交互做统治者也做被统治者，这才合乎正义。那么法治应当优于一人之治。遵循这种法治的主张，这里还须辩明，即便有时国政仍须依仗某些人的智虑（人治），这总得限制这些人们只能在应用法律上运用其理智，让这种高级权力成为法律监护官的权力。"②

亚里士多德把人治框定在法律的范围内，实际上指出了不成文法必须在成文法的框架下运用理智的观念。正是亚里士多德的这一观念，使得他认为"集团智虑优于一人智虑"。因为"积习所成的

① 参阅［古希腊］亚里士多德：《政治学》，吴寿彭译，商务印书馆1965年版，（卷3，15章）第162、163、164页。
② ［古希腊］亚里士多德：《政治学》，吴寿彭译，商务印书馆1965年版，（卷3，16章）第168页。雅典法律监护官共7人，公民大会或议事会开会时坐主席之旁，如有提案或决议违反成法和政制的，监护官即席加以否定。雅典及其他平民政体以"公民大会"为选举和议事机构，以"公审法庭"为最高审判机构。各邦议事会的建制和职权不尽相同。雅典议事会为提出公民大会各案作预审工作，其议事员五百人，由公民中年满30岁以上者抽签轮流担任。雅典政治素重旧典和成规。公民大会以审议政事为主；如有变更成法的议案须另由司法委员会加以审订，才能颁行，实际上公民大会只制订新法律的事例是很少的。有些人利用公民大会通过有违旧典的"政令"，常被责为僭越。执政人员如有违背成法的措施，任何一个公民都可以"违制罪"诉之于公审法庭。

'不成文法'比'成文法'实际上还更有权威，所涉及的事情也更为重要；由此，对于一人之治可以这样推想，这个人的智虑虽然可能比成文法更为周详，却未必比所有不成文法还更广博"①。

这实际上也是关于自然法（或习惯法）和人定法之间关系的一个最早的阐释。并且亚里士多德的这一阐释，直到今天法学界依然为之争论不休，却难以有一个完美的折中方案以达至相互信服而妥协的境地。亚里士多德与柏拉图在政体的划分上唯一的区别在于，前者把正确的国家描述为守法的国家，而后者则把他们视作旨在实现普遍利益的国家。守法当然好过强力或专制，但若法律本身与正义背道而驰，当然不仅不能达到至善还会走向反面。后文对 20 世纪以哈特为首的法律实证主义与以富勒为首的法律自然主义之间的内部论争其实也是对这一主题的相关探讨。

亚里士多德在讨论各种政体的得失后，尤其探讨了平民政体的几种类型，并就其第 5 种可能性深入进行探讨。这一探讨直到今天依然值得引发我们思考。亚里士多德认为这第 5 种平民政体的一个典型特征即"凡属公民都可受职，但其政事的最后裁判不是决定于法律而是决定于群众，在这种政体中，（依公众决议所宣布的）'命令'就可以代替'法律'"②。并且亚里士多德给了这种政体下的最高治权领导者一个专有的名称——德谟咯葛（亦即"平民领

---

① ［古希腊］亚里士多德：《政治学》，吴寿彭译，商务印书馆 1965 年版，（卷 3，16 章）第 169—170 页。

② ［古希腊］亚里士多德：《政治学》，吴寿彭译，商务印书馆 1965 年版，（卷 4，4 章）第 190 页。

袖"的意思)。①"平民领袖们把一切事情招揽到公民大会，于是用群众的决议发布命令以代替法律的权威。一旦群众代表了治权，就代表了群众的意志；群众既被他们所摆布，他们就站上了左右国政的地位。"这里需要读者加以注意的是尽管亚里士多德对于以"群众"的"意志"代替"法律"之"权威"的执政"平民领袖"有批评之意，但如果要推翻此种执政的"平民领袖"依然要在法律的框架内进行，否则对于新建的执政，其合法性依然值得商榷。"那些批评和指控执政的人们也是同造成这种政体有关系的。他们要求由'人民来作判断'；于是人民立即接受那些要求，执政人员的威信从此扫地而尽。"所以在亚里士多德看来，德谟咯葛形式的平民政体"只产生在不以法律为最高权威的城邦中。这样的平民政体实在不能不受到指摘，实际上它不能算是一个政体。凡不能维持法律威信的城邦都不能说它已经建立了任何政体。"所以最终，亚里士多德认为："法律应在任何方面受到尊重而保持无上权威，执政人员和公民团体只应在法律（通则）所不及的'个别'事例上有所抉择，两者都不该侵犯法律。"②

正是基于此一逻辑，亚里士多德认为："公民们都应遵守一邦

---

① 如果我们对这一术语的演化稍做一分析，可以更加清晰地明白亚里士多德对平民政体中这一类型的一个观念和态度。如柏拉图在其《理想国》中曾把平民领袖称为"先进"。先进之为群众领袖都出于坊社世族，或身为将军，或受任执政，负城邦重责，故立言定策，经过慎重考虑。后雅典等城市工商渐盛，城市中智能之士，以其辩才左右公民大会中平民（贫民）的意向而成为一时名人，始有"德谟咯葛"之称；他们多不负军政责任，往往投民众之好而逞其辞锋，以致发生不良影响。至亚里士多德时，这个名称已为世人所轻视，演说家也讳用此词。可参见［古希腊］亚里士多德：《政治学》，吴寿彭译，商务印书馆1965年版，（卷4，4章）第190—191页脚注以及（卷4，11章）第208页脚注。正是在这里，我们似乎看到了法国近代的政治思想家托克维尔关于民主中"多数暴政"阐述的先声。从这一角度出发，托克维尔的某些政治思想属于亚里士多德主义的。
② ［古希腊］亚里士多德：《政治学》，吴寿彭译，商务印书馆1965年版，（卷4，4章）第191、192页。

所定的生活规则，让各人的行为有所约束，法律不应该被看作（和自由相对的）奴役，法律毋宁是拯救。"① 最后，亚里士多德指出法律的有效全在于民众对法律的遵守。"法律所以能见成效，全靠民众的服从。"并且正是基于法律的权威性，所以在变法时要慎之又慎，这是因为"遵守法律的习性须经长期的培养，如果轻易地对这种或那种法制常常作这样或那样的废改，民众守法的习性必然消减，而法律的威信也就跟着削弱了"②。

正是把自由限制在法律许可的范畴与框架之内，并且强调对法律传统的继承以及变法上的谨慎和保守态度，后世的自由主义思想大师们诸如约翰·洛克、孟德斯鸠、埃德蒙·柏克等都承袭了亚氏的这一思想。

亚里士多德认为真正的幸福生活是免于烦累的善德善行。免于烦累指一个人具有足够的生活资料，既不至于为物质匮乏而担忧，也不至于为财富丰盈而劳神；善德善行也在于行中庸，即去过一种适宜于大多数人的最好的生活方式。对于城邦的单个个体而言，他们的生活方式实际上是属于道德的范畴，但对于城邦的大多数公民而言，他们生活方式的总体集合则实际上又属于政体的范畴，因为政体原来就是公民（团体和个人）生活的规范。而这大多数人的生活方式实际上也就是我们今天政治学意义上讲的一个国家和社会生活中的中产阶级的生活方式。

亚里士多德认为如果一个国家或社会出现了两头膨胀的局面，即一边是大富大贵的阶级，一边却是大贫大贱的阶级，对于中间阶层则可忽略不计，那么这样的社会是不稳定的，甚而会产生各种各

---

① ［古希腊］亚里士多德：《政治学》，吴寿彭译，商务印书馆1965年版，（卷5，9章）第276页。

② ［古希腊］亚里士多德：《政治学》，吴寿彭译，商务印书馆1965年版，（卷2，8章）第81页。

样的祸患，因为前者易逞强放肆、傲慢不羁、骄纵奢侈；后者易懒散无赖、卑躬屈膝、自甘暴弃。于是，这样的社会久之必然会出现这样的局面，即"一方暴露着藐视的姿态，另一方则怀抱着妒恨的心理。一个政治团体应有的友谊和交情这里就见不到了。然而世上倘若没有友谊，就不成其为社会；如今仇恨代替了友谊，人们就是行走也不愿取同一条道路（更不要说结成社会团体了）。"这样"有些人家财巨万，有些人则贫无立锥，结果就会各趋极端，不是成为绝对的平民政体，就是成为单纯的寡头政体；更进一步，由最鲁莽的平民政治或最强项的寡头政治，竟至一变而成为僭政"①。

然而，如果一个国家或社会中中产阶级占据主体地位，则比较容易使得社会趋向于稳定与和谐。因为中产阶级"既不像穷人那样希图他人的财产，他们的资产也不像富人那么多得足以引起穷人的觊觎。既不对别人抱有任何阴谋，也不会自相残害，他们过着无所忧惧的平安生活"②。尤为重要的是亚里士多德指出，中产阶级执政的政体可以有效避免党争与内讧。

希腊城邦的失败在于其"命运并非取决于它借以管理其内部事务的那种智慧，而是取决于它和其余的希腊世界的相互关系，取决于希腊和东方的亚洲以及和西方的迦太基及意大利的关系"。换言之，如果希腊的城邦"不采取孤立政策，它在经济上和政治上就都不能达到自足；如果它使自己处于孤立状态，它就会使得亚里士多德认为是它的荣誉之冕的文明和文化本身陷于停滞"③。这正是一个左右为难的问题。因此，"现代一切有关把完整的国家主权同国

---

① ［古希腊］亚里士多德：《政治学》，吴寿彭译，商务印书馆1965年版，（卷4，11章）第206、207页。

② ［古希腊］亚里士多德：《政治学》，吴寿彭译，商务印书馆1965年版，（卷4，11章）第206页。

③ ［美］乔治·萨拜因：《政治学说史》（上册），盛葵阳、崔妙因译，商务印书馆1986年版，第163页。

际法规结合起来的构想，都可以在古代希腊宣称独立的城邦之间的各种联盟中找到类似的情形"①。

这就如今日我国与世界的国际关系都可以在春秋战国时代各独立的诸侯国之间各种联盟中找到类似的情形是一个道理。希腊的各个城邦没能有效结成联盟抵挡住马其顿的攻击，又与战国七雄无论怎样合纵连横都没有抵挡住秦国的攻击何其相似。无论怎样合纵连横，都抵不住秦国的各个击破，这就是现实主义外交关系最无法抗拒的地方，即眼前的安全和利益超越一切恒久的理想和德行。

希腊各个城邦在面对马其顿时亦是如此，一方面是底层的民主利益集团所勃发出的所谓爱国精神，一方面则是上层的富裕阶层在面对国内民主力量威胁的情况下对哪怕是外敌的马其顿的频频示好。

自古至今，无论西东，任何一个王朝或城邦在贫富分化上都没有找到什么好的解决方案。这当然与人性深处的幽暗、自私、自利等元素最为相关，但何尝不是再次提醒我们"吃大户"固然不好，属于穷人压迫富人，但"朱门酒肉臭，路有冻死骨"亦是为富不仁，所谓"哪里有压迫，哪里必然有反抗"的革命规律放之四海而皆准啊。

美国建国之父本杰明·富兰克林讲，文明是什么？文明是既保证了富人的财产神圣不可侵犯，也保证了弱势群体的尊严和体面不被凌辱。

夫子讲："不患寡而患不均，不患贫而患不安。"所谓"均无贫，和无寡，安无倾"；法国近代启蒙思想大家托克维尔讲："人民希望在自由中享受平等，如果做不到自由的平等，甚至愿意在奴役中享受平等，他们为此宁可忍受贫困、奴役和野蛮。"

---

① ［美］乔治·萨拜因：《政治学说史》（城邦与世界社会卷），邓正来译，上海人民出版社 2015 年版，第 217 页。

夫子讲出人性深处对平等的渴望；托克维尔则警醒人们当注意平等背后的奴役，因为平等是眼前可以立竿见影感受到的利益，而自由则是心灵中的德性自足，是需要时间来慢慢回味的美德。托克维尔一生忧虑的不是人们对平等的渴望，这是人人根植于内心的梦想，本也不必为此忧虑，他忧虑的是人们为了眼前的平等或物质的平等而忘却了平等的前提和保障，即自由。因为没有了自由的平等不过是贫困、奴役和野蛮枷锁下的平等。平等是目的，但不可以是最高目的，最高目的只能是自由。可以为了自由而放弃平等，但不可为了平等而放弃自由。

托克维尔因此讲：谁若在自由中寻找自由本身以外的东西，谁就只配受奴役。又讲，我们追求的平等，不是把贵族削平为贫民，而是把民众提升为贵族，那种过分平等的解放，只会导致自由的丧失。亚伯拉罕·林肯讲，正像我不想做奴隶一样，我也不想做主人，这就是我的民主思想。现代新保守主义的代表人物哈耶克讲，愿意放弃自由来换取安全或保障的人，最终既得不到自由，也得不到保障。哈耶克又讲，人类始终面临一个抉择，在贫穷中寻找平等，还是在不平等中寻找自由。还讲，自由服从共同的抽象规则；奴役服从共同的具体目标。在自由和奴役之间，没有第三条道路。

任何一个威权独裁政府或专制政府宁愿给予人民以富裕的物质也不愿意给人民以自由的思考，因为自由的思考对专制政府始终是一个威胁。伏尔泰讲，假如你想知道是谁控制了你，那就看看谁是你不能批评的人。因此，专制政府宁愿人们做快乐的猪猡，而不愿意人们做痛苦的思考者。这就是现代专制政府，哪怕是开明的专制，对人民自由的腐蚀和毁坏。马克思讲得最好：在民主的国家里，法律就是国王；在专制的国家里，国王就是法律。

是的，这是一个悖论，也是人类的困局。思考的代价就是痛苦，尽管这样的痛苦可以收获智慧。卡夫卡讲，有智慧的人，历来都是悲观主义者，因为悲观，才想着改变一切，乐观的人往往都是肤浅的享乐主义者。

第九章　古典的结束：城邦的消亡 与希腊化时期

希腊化（Hellenistic）时期属于一个特殊的承上启下时期，之所以说是希腊化时期，是因为这一时期的希腊对世界的影响不是以其作为一个独立的城邦国家形态的对外交往形式，而是基于古希腊的以科学逻辑为哲学为积淀的文明对世界所产生的影响。之所以说是特殊的承上启下时期，是因为这一时期的哲学和科学把先前从神话中区分开来的人送回到一个在哲学和科学指导下的神话信仰时代中。

如文德尔班认为的："哲学在科学的基础上不仅力图建起伦理的信念，而且力图建起宗教。哲学，利用希腊科学的概念，澄清和整理宗教概念；对于宗教感情迫切的要求，它用令人满意的世俗观念来满足它，从而创立了或多或少与各种相互敌对的宗教紧密联系的宗教形而上学体系。"①

关于希腊化时期的划分，不同的学科与不同的学者有不同的界定，但大体上的时间范围有一定共识。如历史学家斯塔夫里阿诺斯在其《全球通史》一书中把希腊化时代的起止年限界定为公元前336

---

① ［德］文德尔班：《哲学史教程》（上卷），罗达仁译，商务印书馆1987年版，第213页。因此，文德尔班认为："希腊化-罗马哲学有两个不同的时期需要区分：伦理学时期与宗教时期。纪元前一世纪就标志着从第一个时期逐渐过渡到另一个时期。"（参见该书上卷第213页）

年—前 31 年（即亚历山大继承马其顿王位至罗马共和国的末年，也即恺撒之养子屋大维执掌政权并吞并了希腊化的埃及的时期）①。哲学家罗素认为古代希腊语世界的历史可以分为三个时期：自由城邦时期、马其顿时期、罗马帝国时期。而马其顿时期即希腊化时代。② 《西方政治思想史》的作者美国的麦克里兰也认为，希腊化一词"通常用来指亚历山大所造的那个世界的文化"③。德国的哲学家文德尔班则把希腊化-罗马哲学划定为公元前 322 年（即亚里士多德殁去的当年）至公元 500 年（即所谓的新柏拉图主义的消亡）。④

　　不论怎样评论希腊化时期，有一点毋庸置疑，即希腊化时期为即将到来的基督教时代做好了铺垫和准备。如罗素这样认为："基督教出世精神的心理准备开始于希腊化的时期，并且是与城邦的衰微相联系的。希腊的哲学家们，下迄亚里士多德为止，尽管他们可以埋怨这埋怨那；但在大体上对于宇宙并不绝望，也不觉得他们自己在政治上是无能的。……但当政权转到马其顿人手里的时候，希腊哲学家就自然而然脱离了政治，而更加专心致意于个人德行的问题或者解脱问题了。他们不再问：人怎样才能够创造一个好的国家？而是问：在一个罪恶的世界里，人怎样才能够有德；或者，在一个受苦受难的世界里，人怎样才能够幸福？……（于是）那些认

① ［美］斯塔夫里阿诺斯：《全球通史——1500 年以前的世界》，吴象婴、梁赤民译，上海社会科学院出版社 1999 年版，第 220、232、235 页。
② ［英］罗素：《西方哲学史》（上卷），何兆武、李约瑟译，商务印书馆 1963 年版，第 279 页。
③ ［美］约翰·麦克里兰：《西方政治思想史》，彭淮栋译，海南出版社 2003 年版，第 94 页。
④ 参阅［德］文德尔班：《哲学史教程》（上卷），罗达仁译，商务印书馆 1987 年版，第 34 页。文德尔班对古希腊哲学三个时期的划分也能给我们另一个角度来思考：即宇宙论时期（约公元前 600 年到前 450 年）；人类学（praktische，实践的）时期（约占去纪元前第 5 世纪的后半部即公元前 450—前 400 年）；体系化时期，包括希腊科学的三大体系，即德谟克利特体系、柏拉图体系和亚里士多德体系的发展（公元前 400—前 322 年），参见该书上卷第 40 页。

真思想、认真感受的人们的观点都日益变得主观的和个人主义的了；直到最后，基督教终于带来了一套个人的得救的福音，这就鼓舞传教的热诚并创造了基督教会。在这以前，始终没有过一种制度是可以让哲学家们全心全意地安身立命的，因而他们对权势的合法的爱好心就没有适当的出路。"①

因此，希腊化时期的哲学可以说是一种从乐观到悲观的转向；从一种积极投身、关注参与政治的公共心态到一种消极逃避、关注道德的个人伦理转向；从一种入世到一种遁世的转向。也可以简略地认为，亚里士多德是希腊哲学中最后一位欢乐地正视世界的哲学家，自他以后，主流的哲学家都不同程度地被一种逃避的哲学观念所驱使和掌控。他们经历、目睹和认识了雅典的繁荣、衰败以及消亡，苏格拉底之死成了他们心灵抹不去的"伤痕"和"阴影"。于是他们对世界不抱希望和乐观，转而探讨如何关注个人的德行。②

---

① ［英］罗素：《西方哲学史》（上卷），何兆武、李约瑟译，商务印书馆 1963 年版，第 292—293 页。政治学家萨拜因也认为："亚里士多德的逝世标志着一个时代的结束，正如他那比他早死一年的伟大的学生（指亚历山大大帝——引者注）一生标志着政治学和欧洲文明史上一个新时代的开始。（因为）作为政治动物，作为城邦或自治的城市国家一分子的人已经同亚里士多德一道完结了；作为一个个人的人则是同亚历山大一道开始的。"［参见［美］乔治·萨拜因：《政治学说史》（上册），盛葵阳、崔妙因译，商务印书馆 1986 年版，第 178 页］

② 希腊哲学从宇宙论到人类学，再到体系化创建时期以后，发展到希腊化-罗马哲学时代的情形是这样的："文明世界已经丧失了在宗教中的立足点，又不得不放弃在国家中的立足点，因而只好在哲学中寻找自己的立足点。其结果，希腊化-罗马处世哲学的观点主要是个人道德的观点。哲学孜孜从事于此，因而深深打上伦理学的烙印。"参见［德］文德尔班：《哲学史教程》（上卷），罗达仁译，商务印书馆 1987 年版，第 212 页。换言之，希腊哲学从关注宇宙的外向型的自然哲学的"智"性发展转到关注人生的内向型的人生哲学的"德"性上。而这一转向也部分反映了当时的希腊哲学家在面对"国破山河在"的动乱环境中的一种无奈和躲避。伊壁鸠鲁学派和斯多葛学派追求道德的完美固然是好事，但同时也预示了古希腊哲学的堕落，因为哲学所追求的不仅仅是个人的伦理、道德和幸福，更为重要的是追求知识上的逻辑和推论。研究西方宗教文化的赵林更是认为："哲学'堕落'为伦理学，由引导人们追求真理繁荣的火炬变成了跟在生存斗争后面收拾弱伤残的救护车；一切高尚的情操和博大的胸怀淹没在关于个人肉体和灵魂得救的清醒盘算里。由于这种厌世哲学或消极伦理学的影响，希腊化时期的人们在宗教生活方面转向神秘主义。"（参见赵林：《西方宗教文化》，武汉大学出版社 2005 年版，第 99 页）。

因为他们大多认为，身外之物是不可信也不可靠的，很大程度上也是偶然的命定和幸运的神赐，不是自身努力的报酬。而主观的德行却是个人最为宝贵的财富，是一个人获得智慧和善行的必经之途。某种程度上希腊化时代的思想与 20 世纪出现的"垮掉一代"有共通之感。这样，其主流哲学特点是悲观的、厌世的、逃避的、怀疑的、抗议的和个人的。

某种程度上可以说逍遥学派继承了亚里士多德之后的正统，而伊壁鸠鲁学派、斯多葛学派、犬儒学派和怀疑主义学派则与之抗衡。

希腊哲学以苏格拉底为标志，表明了西方文明的源头在这个时候（大约公元前 6—前 5 世纪）就已经"大胆地并几乎是猛烈地踩出了由神话通向理性（逻各斯 Logos）的道路"。由于深信人类心灵的力量，这个时代的古希腊哲学家们"在一种科学的基础上建立他们的体系，取代了那些神话时代的思想"，因此，后期的希腊化哲学虽然对柏拉图和亚里士多德的哲学有所改造，但"全都一致强调了人的道德行为取决于他的知识。这种宣告人类理性自主的理性主义，构成了希腊哲学的总体进程的中流砥柱"[1]。

雅典先是屈服于马其顿的铁蹄之下，后又在罗马军人的强暴下不得不忍辱吞声，于是希腊生活的理想世界终至于破灭了。属于希腊民族的宗教也被淹没在一片征服民族的客观世界的生活习俗当中，以雅典为中心的希腊再不能直面先前的以独立性为内核的政治生活。山河破碎，整齐划一的武力、强力和钢铁般僵硬的律法瞬间摧毁了雅典政治传统中的公民大会、元老院以及议事会的民主治理形式，陪审法庭更是被一柄利剑所封闭。

---

① ［德］E. 策勒尔：《古希腊哲学史纲》，翁绍军译，山东人民出版社 2007 年版，第333 页。

于是每个人都从对外部世界的热情向往转向对内心深处的祈祷与默念。人们"因此更迫切需要人生目的的科学理论，更迫切需要保证个人的幸福的智慧了。这样，处世哲学（Lebensweisheit），继希腊哲学之后，变成了哲学的基本问题"①。

罗素也认为："希腊世界已经丧失了自己的青春，而变成为犬儒的或宗教的世界了。要在地上的制度之中实现理想的那种希望消逝了，就连最优秀的人也随之而丧失了他们的热诚。天堂对于苏格拉底来说，是一个他可以继续进行论辩的地方，但是对于亚历山大以后的哲学家们来说，它却是与他们在地上的生活大为不同的某种东西了。"②

因此，这一时期的希腊哲学虽然继续前行，但"亚里士多德以后的哲学所探索的处世哲学的特殊任务就是要找到宗教信仰的代用品"③。亚历山大大大帝东征可以说是古希腊文明与东方文明的最后交融，而且正是这最后的交融影响了整个欧洲思想的转向和方向。

亚里士多德的逝世（公元前 322 年）标志着希腊城邦政治和城邦理想的结束，亚历山大东征则开辟了一个新时代，即所谓希腊化时期的世界时代，这个时代预示着从城邦观念到天下观念的过渡。先前指导一个地理范围局促的城邦理论已经不足以适应天下或四海观念。阶级观念被兄弟观念替代，政治的和哲学的观念也逐渐被宗教的和伦理的观念所替代，公民资格和公民特权的观念不得已让步于普世性的以共同人性和价值自主为根基的个人观念。于是，作为城邦政治动物的人逐步转向发展为作为个体心灵美德的人，在这一

---

① ［德］文德尔班：《哲学史教程》（上卷），罗达仁译，商务印书馆 1987 年版，第 211 页。

② ［英］罗素：《西方哲学史》（上卷），何兆武、李约瑟译，商务印书馆 1963 年版，第 345 页。

③ ［德］文德尔班：《哲学史教程》（上卷），罗达仁译，商务印书馆 1987 年版，第 212 页。

转向过程中，犬儒主义和斯多葛学派发挥了不可替代的推动作用。

柏拉图和亚里士多德的政治哲学都有赖以为凭的假定：前者假定人际关系可以作为理性研究的对象并可以使之受制于明智的指导；后者假定国家应当是道德上平等的自由公民之间的一种关系，即国家是依法行事的，而且所依凭的是辩论和同意而非强力。两人都把公民身份和公民资格作为政治地位的特权，城邦存在的意义只是为了少数一部分人，并且两人对国家理论的伦理假定都是"善的生活意指参与国家的生活"[①]。

这就与伯里克利时代的民主制度不同，后者是整个大众阶层都享有政治参与特权。于是，在雅典和希腊城邦臣服于马其顿的武力征服之后，柏拉图和亚里士多德的政治哲学也就不过是停留在理论层面的演绎和推论而已。

彪悍的亚历山大马其顿帝国近乎粉碎了雅典人精巧的文明生活以及自治的城邦政治。"说理性与法律能牵制人类野心激情，也许自始就是妄想。强权向来就是公理。城市向来由最强大的党派统治，因此城市应该如何治理的问题，向来就是个无比空洞的学院派问题。……亚历山大征服各地之后，人们开始流行一个观念，他们是政府的消费者，而非生产者；在亚历山大时代，制定决策的地方根本遥远得大多数人听都没听过。……政治再也不是近在眼前的经验世界。犬儒主义与伊壁鸠鲁主义对这种变局的反应，有时被视为从政治撤退。这样的看法，误解了帝国世界的政治情况。与其说人离开了政治，毋宁说是政治离开了人。"[②]

于是犬儒学派认为，亚里士多德所举良好人生的所有要素——

---

① 参阅［美］乔治·萨拜因：《政治学说史》（城邦与世界社会卷），邓正来译，上海人民出版社 2015 年版，第 211—213 页。
② ［美］约翰·麦克里兰：《西方政治思想史》，彭淮栋译，海南出版社 2003 年版，第 102 页。

财富、智慧、美、真理及德行，在被帝国改变了的社会、道德及政治环境下，都已毫无价值。斯多葛学派强调人的内心和内在的自足，即便外在是奴隶，如果内心充盈美德自足也可以做到幸福。康德讲，所谓自由，不是随心所欲，而是自我主宰，这与斯多葛学派有一脉相承的地方。

因着城邦的失败和屈服，那些反对柏拉图和亚里士多德的人则认为逃离政治和城邦才是真正的善，善是私人的而不是公共的，自给自足（self-sufficiency）也不再是城邦和国家的属性而成为个人的属性。

善从公共的和参与的蜕变成隐私的和退隐的。整个希腊化时期的政治哲学从柏拉图和亚里士多德积极进取和理性设计转向消极逃避及退隐和抗议，从关注城邦的与公共的善和正义回撤到关注个体的和私性的善和正义。柏拉图和亚里士多德设想的阶级分明壁垒森严的城邦一瞬间坍塌，面对强权，所有人似乎在惊慌失措后重新站在了平等的地平线上。虽然发生了哲学的转向，但这些哲学家又都无一例外地宣称自己的观点和学派都是源自苏格拉底的教导，所谓夫子之后儒门八派。

正如孔子之后的儒门八派，苏格拉底之后苏门也分为柏拉图学派、亚里士多德学派，亚里士多德之后更是门派林立：犬儒主义、怀疑主义、享乐主义、斯多葛学派、伊壁鸠鲁学派，等等，这些门派统称为小苏格拉底学派。

犬儒学派（the cynics）"更为系统地阐述了他们反对城邦以及城邦赖以建立的社会等级划分的观点，而他们对现实的逃避则在于放弃人们通常称之为生活利益的一切好处，在于根除一切社会差别，在于抛弃种种奢侈或礼仪，有时候甚至在于抛弃社会约定的那些礼仪。显然，他们来自外国人和流亡者的阶层——也就是那些已经公布具有城邦公民身份的人"①。

犬儒学派由苏格拉底的学生安提西尼创立。该学说提倡回归自然，把名利看作身外之物，要求人们克己无求，独善其身。安提西尼认为科学研究若是对人生没有直接影响，也就没有任何价值。他说：唯有美德为善，而罪孽则为恶；其他一切都无关紧要。而这种德善不是所谓财产、荣誉，也不是健康与生命，甚至连自由本身都不是，而只是思想和精神财富；同样，所谓的罪恶不是贫困、疾病，也不是耻辱、死亡，甚至也不是奴役，而只是思想和精神上的污垢。

换言之，"即智者应当是自足的，唯有在一个人的能力、在其自己的思想和品质范围内的东西才是一种善生活所必需的东西。除了道德品质以外，包括财产、婚姻、家庭、学识、荣誉和公民身份等文明生活所信奉的一切信念和惯例都无关紧要"②。这实际上已经是日后西方哲学唯意志论的先声了。

虽然有诸多不同，但是希腊化时期的哲学从来都承认智慧是美德唯一的源泉，也反对任何以强力而非以权利和同意为基础的权力观念，并高度认可普世有效的正义和人性观念，这或许是希腊城邦政治衰败后，苏格拉底师徒思想和精神内核被提炼整合和发扬继承的最精华部分，也是希腊理性哲学之为日后欧洲文明之北斗启明星的最好明证。

安提西尼晚年对哲学丧失信心，放弃了上层阶级的生活模式，过着简朴的生活，并希望希腊回复到原始社会，而不受各种习俗和规定的限制，藐视一切约定的惯例和礼仪。因此，穷人与富人，希

---

① ［美］乔治·萨拜因：《政治学说史》（城邦与世界社会卷），邓正来译，上海人民出版社2015年版，第229页。
② ［美］乔治·萨拜因：《政治学说史》（城邦与世界社会卷），邓正来译，上海人民出版社2015年版，第230页。

腊人与蛮族人，公民与外邦人，自由人与奴隶，高贵与低贱等文明等级统统都不再重要，所谓"四海之内皆兄弟"，唯有思想只有精神才能决定人的幸福与否。所以犬儒学派是明显的避世主义、禁欲主义和虚无主义。这就为斯多葛学派及以后基督教的到来埋下伏笔。

犬儒学派的代表人物是安提西尼的弟子西诺普的第欧根尼（约公元前400—前323年）。有一个故事讲述他同柏拉图之间对理论认识的分歧：柏拉图使用"桌子性"和"杯子性"这样的词。第欧根尼评论说："桌子、杯子，我看见了；但你的桌子性和杯子性，我根本无法看见。"对此，柏拉图回答说："那很容易阐释，因为，你用眼睛看见的是可见的桌子和杯子；但若不凭借理性，理想的桌子性和杯子性是无法辨认的。"

对于柏拉图而言，第欧根尼就是"发疯的苏格拉底"。是的，苏格拉底的哲学是经验主义的、实践理性的，但他的一生始终以理性来规范自己的经验生活。苏格拉底至死都是平心静气来看待雅典那些反对他的却为他所爱的人民。他宁愿以死明志也不愿违背自己心目中的上帝规范即良善之美德。

第欧根尼则不同。他不像苏格拉底那样彬彬有礼，更不要学老师那样靠满大街的修辞辩论来说服他的雅典人民。第欧根尼要以行动，以愤世嫉俗的行动，以禁欲主义的思想，更要以苦行和反讽的行为艺术来唤醒雅典人民。据说，他在大白天的雅典大街上游荡，手里提着一盏灯笼，寻找"诚实之人"。

据传说，他住在一个木桶里，所拥有的所有财产包括了这个木桶、斗篷、一支棍子和一个面包袋。有一次亚历山大大帝访问他，问他需要什么，并保证会兑现他的愿望。第欧根尼回答道："我只希望你不要遮住我的阳光。"亚历山大大帝后来说道："我若不是亚历山大，我愿是第欧根尼。"

这就是犬儒学派的独立不羁和在权力面前的自信与风骨。

犬儒学派衣不蔽体，通过磨炼肉体来斩断自己对外物的肉欲。他们藐视传统和体面，他们甚至赤身裸体，以此来捅破他们所鄙夷的伪君子的最后一丝丝天然羞耻感。犬儒学派的积极性正在于此，他们通过自我牺牲来挽救世人德行的败坏和灵魂的堕落。

犬儒学派的主要教条是，人要摆脱世俗的利益而追求唯一值得拥有的善。犬儒学者相信，真正的幸福并不是建立在稍纵即逝的外部环境的优势。每一个人都可以获得幸福，而幸福只存在于内心，而且一旦内心拥有，就绝对不会再失去，所谓"吾心即是宇宙，宇宙即是吾心"。人们不需要担心自己的健康，也不必担心别人的痛苦。

灵魂的苏醒和内心的醒悟是犬儒学派的精髓，所谓心外无物，心外无理。内心若是自由，即便身体为人所奴役，灵魂也是自由的。这样，城邦和城邦赖以存在各种法律即惯例统统被消解，在犬儒主义者看来，一个人的幸福只与自身的内心和美德有关。对于一个拥有道德自足的人而言，一切外物包括制度的存在和约束已毫无必要。美德和智慧不再需要知识来验证和定义，其本身就是正义和良善，就是城邦和法律，就是通关世界的资格和身份，就是天下大同的灵丹妙药和金钥匙，尽管这一个大同最终只能是虚无主义的幻想。

"犬儒学派"这个名字的由来有两种解释：（1）该学派创始人安提西尼曾经在一个称为"快犬"（Cynosarges）的运动场演讲，因此得名。（2）该学派的人生活简朴，像狗一样地存在，被当时其他学派的人称为"犬"（Cyno）。到现代，"犬儒主义"这一词在西方则带有贬义，意指对人类的不信任，对他人的痛苦无动于衷的态度和行为。

罗素认为柏拉图笔下的苏格拉底预示了斯多葛学派和犬儒学

派。斯多葛学派主张最高的善乃是德行，一个人不能够被外部的原因剥夺德行，这一学说已经隐含在苏格拉底声称他的法官不能损害他的那篇申辩之中了。犬儒学派鄙视世上的财货，这种鄙视表现在他们逃避文明的舒适生活上，苏格拉底能够赤着脚衣衫褴褛地生活，也是出于同样的观点。[①]

与伊壁鸠鲁学派比较而言，犬儒学派放弃得更弃绝，抛弃得更彻底。他们几乎把常人所认为的社会中的一切幸福生活状态全部抛弃，一切文化的礼俗和社会的习俗也成为他们唾弃的约束和禁锢。他们自愿过一种贫困的生活，使人联想到中世纪的托钵苦行僧。

于是希腊社会生活一切通常的差别都受到了犬儒主义者摧毁性的批判。相对于伊壁鸠鲁学说而言，犬儒学派的放弃是禁欲主义的（而非功利主义的和享乐主义的）和虚无主义的（即使是他倡导的平等，也是虚无主义的平等）。结果犬儒主义的政治理论是乌托邦的理论。

但是犬儒主义最重要的意义在于它孕育了斯多葛学派，它是后者得以产生的母体。斯多葛学派的创始人芝诺之所以脱离犬儒学派是因为犬儒学派的自然主义导向原始的生活，使得人们连体面都不顾了。但使得斯多葛学派真正脱离犬儒主义的是前者对科学研究的强调。

斯多葛学派（Stoicism）创始人为芝诺，这一学派开始于希腊，最后却得到了一些最优秀的罗马人的信奉。正如亚里士多德曾做过亚历山大的老师一样，芝诺也做过马其顿国王安提柯二世的老师。因此，希腊化时期的君主国王多多少少都受到希腊理性哲学的熏陶，即美好和谐的统治应当建立在法律和美德而非强力和压制

---

① ［英］罗素：《西方哲学史》（上卷），何兆武、李约瑟译，商务印书馆 1963 年版，第 128 页。

之上。

　　于是希腊化时代便产生了一种神化国王的理论，国王是一种有生命的法律，亦即统治整个世界的法律及正当原则的一种人格化形式。这种神性使得那种未获上帝保佑而觊觎王位的可耻篡夺者蒙遭灾难。国王的权威得到了道德上和宗教上的认可，因此，早期的君主制与专制并非一回事。[①] 这也是日后法国大革命中被推上断头台的女作家斯塔尔夫人的一句惊世骇俗的名言：自由是古老的，而专制则是现代的。这里的专制指的是欧洲中世纪之后日渐崛起的民族国家的国王专制。罗马皇帝马可·奥勒留（公元121—180年，《马上沉思录》的作者）就属于最后的伟大的斯多葛主义者，正是他对"人间之城"（the earth city）的厌恶，而最终为教会的成长和壮大留下空间。

　　于是在犬儒主义完全否定解构城邦政治后，斯多葛学派紧接着肯定和建构了一个新形势的天下政治，它并为这种政治提供了一种新的世界国家理念和普世法律理念：即对自然或本性的同一与完美或对一种真正的道德秩序保有一种宗教上的信奉。按照本性生活意味着顺从上帝的意志，同一切善的力量合作，对一种有助于正义的超人力量的依附感，以及因信奉世界的善与合理性而达至的宁静心境。世界国家的宪法是正当理性或自然法：即有关何谓正义正当的普世标准，它的各项原则是不可改变的，它对所有人（无论统治者还是臣民）都具有约束力，因而它就是神法。法律是神和人一切行为的统治者，因而也是辨识正义和非正义的标准。每个人都要面对两部法律，即他自己所在城市的法律和世界之城的法律，以及习惯

----

① ［美］乔治·萨拜因：《政治学说史》（城邦与世界社会卷），邓正来译，上海人民出版社2015年版，第247—248页。

法和理性法。这里的世界之城即日后奥古斯丁上帝之城的源头。①

如果说理性法指导的世界之城类似于上帝之城，那么各个地方城市的习惯法又岂不类似于奥古斯丁的尘世之城。如此，则柏拉图的"理想国"与"法律国"也可以比作奥古斯丁的上帝之城与尘世之城。

亚历山大之后的罗马帝国更是创造了一种前所未有的世界性文化，这就为斯多葛学派这种世界性哲学的出场打下实践和历史的基础。"没有任何其他的希腊哲学体系像斯多葛主义那么适合于罗马人特别引以自豪的一些固有的美德，如自我控制、忠于职守和公共精神；也没有任何一种政治观念像斯多葛学派的'世界国家'那么适合于把某种程度的理想主义植入罗马征服这一十分卑鄙的勾当之中。"②

于是在斯多葛学派的理性法和世界城市的引导下，罗马帝国在先前的罗马城市法基础上逐步形成普世帝国的万民法（ius gentium）。英国普通法和英国商法的形成过程也与此类似。如果说斯多葛学派的理性法或自然法是一个哲学概念，那么万民法则属于一个法律概念。后者属于实践理性的或曰习惯的，前者则属于纯粹理性的或曰先验的。

斯多葛学派认为："哲学的最终目的在于它对人的道德状况的影响。但是没有知识，真正的道德是不可能的；有道德与有智慧被看作是同义的，而哲学虽然与德行的实践等同，但仍然被定义为'对人事和天命的认识'。当赫利留斯宣称知识是最高的善和生活的最终目的时，意味着后期的斯多葛学派从芝诺回到了亚

---

① 参阅［美］乔治·萨拜因：《政治学说史》（城邦与世界社会卷），邓正来译，上海人民出版社 2015 年版，第 249—253 页。

② ［美］乔治·萨拜因：《政治学说史》（城邦与世界社会卷），邓正来译，上海人民出版社 2015 年版，第 255 页。

里士多德。"①

　　总体而言，"与柏拉图和亚里士多德相对比，斯多葛学派被认为是经验主义者。安提西尼把实在仅仅归于个别的事物。芝诺由此断定，所有的知识都必须从对个别事物的感觉出发"②。

　　犬儒主义的偏激被斯多葛学派所抛弃，正如享乐主义的苛刻被伊壁鸠鲁学派所放弃是一个道理。享乐主义的极端是为快乐而快乐，尽情享受生活中的一切乐趣，所谓为快乐之目的而不择手段，甚至快乐本身即是善。这实际上已经违背了祖师苏格拉底对智慧的尊崇，对美德的向往，以及对自由和良善的坚守。最后脱离了美德、智慧和良善作根基的享乐主义必然要走向悲观主义，自杀也就成为享乐主义的一个归宿。

　　斯多葛学派相对于犬儒学派的进步在于，前者认为后者虽然放弃和摆脱了所谓希腊人与野蛮人之间存在的一种不可逾越的鸿沟界限，但又重新以智者和愚者之间的一种分野来替换了前一种界限，而摆脱这后一种对人类"不平等"的分类就由斯多葛学派（尤其是后期的斯多葛学派）来完成了。如后期的斯多葛学派认为"比较崇高和比较富有公德心的抱负和激情在道义上是站得住的，但他否认智力者应当力图完全弃绝感情。他提出为公众服务、人道、同情和仁慈等理想以取代。甚至比这更加重要的是，他放弃了智者的理想社会和日常社会关系之间的对立。理性是所有人的法律，而不仅仅是智者的法律"③。

　　正是斯多葛学派倡导的这一人道主义（humanitas，拉丁语，相

---

① ［德］E. 策勒尔：《古希腊哲学史纲》，翁绍军译，山东人民出版社 2007 年版，第223 页。
② ［德］E. 策勒尔：《古希腊哲学史纲》，翁绍军译，山东人民出版社 2007 年版，第225 页。
③ ［美］乔治·萨拜因：《政治学说史》（上册），盛葵阳、崔妙因译，商务印书馆1986 年版，第 191—192 页。

当于英语中的 humanity）对理想法律、自然法规则以及后世的罗马民法起到了积极有益的影响。这一人道主义自然法观念"使人们对风俗习惯进行有见识的批判；它有助于消除法律的宗教的和理解的性质；它倾向于促进法律面前人人平等；它强调意图的因素；并使没有道理的严酷性得以缓和，简言之，它在罗马法学家的面前提出了一个使他们的职业成为一种诚实公正的行业（ars boni et aequi）的理想"①。

是的，人人平等是古今中外哲人之梦想，如柏拉图讲，国王祖先都曾是奴隶。对他人的压迫和奴役本质都是对自我的压迫和奴役。唯有爱方能救赎世界。只不过，不同的哲学家基于各自所处的时空背景对其所谓的自由人的界定有所不同。一般而言，越是城邦的上升期，阶级壁垒就越加分明，越是城邦的衰败期，四海一家天下大同的理念就越浓厚。这似乎又是一个悖论。

归纳斯多葛学派对于后世欧洲政治哲学理路以及自由主义的影响，可以参照萨拜因的总结，从中不难体会斯多葛学派在西方政治思想中的历史地位和影响西方自由主义的渊源体系：

> 斯多葛主义承认城邦的破坏已是既成事实，承认人们不可能再坚持以自己为中心的地方主义、它那在公民和异邦人之间的规定的严格区分以及只限于给那些实际上分享统治权的人们以公民权等做法，因此它勇敢地担起这样一项任务：重新解释政治理想以适合于这个伟大国家的需要。它概括地提出了一个世界范围的人类集团的概念，这个集团用广泛到足以把他们全都包括进去的一种正义的纽带结合到一起。它还提出这样一个想法，即尽管人们在种

---

① ［美］乔治·萨拜因：《政治学说史》（上册），盛葵阳、崔妙因译，商务印书馆 1986 年版，第 196 页。

族、地位和财富方面有所不同，但他们生来是平等的。它坚持认为，即使是一个伟大的国家，那它仍然和城市一样，是一个伦理的联盟，应当从道义上要求自己的臣民忠实于它，而不是仅仅依靠统治的力量强迫他们服从。这些有关人的关系应当是怎样的见解，不管过去受到政治实践多少冲击，从此以后是永远也不能从欧洲各族人民的政治理想中完全抹杀掉的。①

相比于斯多葛学派，伊壁鸠鲁主义的宗旨则是在一个政治压力遥远但邪恶、社会压力切近而醒醒的世界里寻求一种放松。伊壁鸠鲁学派在某种程度上承认世界的现实，但厌恶这世界对私人存在的侵扰。伊壁鸠鲁学派和怀疑论在伦理学上是否定性的，认为个人利益或个人的经验或感受就是人的本性或世界的本源。虽然在希腊化时期具有一定的影响力，但最终并不能如斯多葛学派一样对当时的人们产生更多的影响。

伊壁鸠鲁学派（Epicurism）某种意义上是现代经验主义的先驱，伊壁鸠鲁（约公元前341—前270年）本人教导说：我们所有的知识，都来源于使用感官所得到的诸种感觉，正是各种感觉，引出一般的概念，让我们做出各种判断。

伊壁鸠鲁学派的逻辑学和知识论强调感觉感性轻视理性判断："如果不相信感觉，就根本不会有知识。错觉不是来自感官，而是出于判断，那就是对感觉或对象的影像做了错误的解释，或者错误地混淆了对象。"② 因此，只有自我感觉的幸福才是永恒的，除此

① ［美］乔治·萨拜因：《政治学说史》（上册），盛葵阳、崔妙因译，商务印书馆1986年版，第197页。
② ［美］梯利：《西方哲学史》（增补修订版）［美］伍德增补，葛力译，商务印书馆1995年版，第104页。

之外，一切的所谓固有道德美德和价值规范都不存在。"即善（利益）是一种私人享有的感受；而且各种社会安排也只有在被视作确使这种私利（私性之善）得到尽可能最大程度之实现的手段的时候才是正当的。"①

与犬儒学派一样，伊壁鸠鲁学派强调个人的自足，认为除非迫不得已，否则尽量远离政治。从无聊乏味的政治生活中抽身隐退，投入到志趣相投的朋友圈子里方是真正的幸福和快乐。伊壁鸠鲁学派中最强有力的思想就是对人本身自足的强调，即世上从来没有神仙鬼怪，也没有什么救世主，个人的幸福全靠个人来创造。即便有神，神与人也不过是平起平坐，互不干预，真假善恶美丑全在乎自己而非由神来决定。多少有一点我命由我不由天的唯物主义和英雄主义气质。从这个角度看，伊壁鸠鲁学派当是近代启蒙的无神论最直接的古代精神和思想源泉之一。

伊壁鸠鲁主义在精英和有文化的人群中赢得了追随者，18世纪具有唯物论倾向的思想家，如大卫·休谟、托马斯·杰斐逊都宣称自己属于伊壁鸠鲁学派，而斯多葛学派却吸引了更多的人。

伊壁鸠鲁学派的伦理学有这样一些要点："人的本性是趋向快乐。任何快乐本身都是好的，每一种痛苦都是坏的。但是，我们要慎重地选择快乐。（因此）选择明智生活的快乐，是聪明智慧的职责。满足欲望和没有欲望，可以使人快乐。要免除烦恼和恐惧，必须了解事物的原因，知道应该追求和避免什么快乐，换言之，就是要谨慎。"而伊壁鸠鲁学派的政治学要点："社会生活以利己的原则为基础，单个的人为了自卫而结成集团（契约）。没有绝对的正义：所谓天赋人权是人们因其有用而同意遵守的行为规范。一切法和制度，只要能使个人安宁，即有用处，就是合理的。人们共同生活于

---

① ［美］乔治·萨拜因：《政治学说史》（城邦与世界社会卷），邓正来译，上海人民出版社 2015 年版，第 226 页。

社会中，依赖经验发现某些规范是必要的，这些规范乃成为人所公认的法。我们正直，因为正直对自己有利。不正直本身不是坏事，但是，落入法网，担心惩罚，惶恐终日，才是坏事。参与公共生活无助于幸福，所以聪明人尽量避免。"①

伊壁鸠鲁的哲学主要通过他唯一的著名弟子——罗马诗人卢克莱修（公元前99—前55年）的诗篇为世人所知。而卢克莱修也是一直到文艺复兴时期才被后人所发现。人们之所以在文艺复兴时期发现了卢克莱修的诗篇，是因为人们发现他的观点是"用来表现一种要求从恐惧的压迫之下解放出来的福音的"②。

伊壁鸠鲁学派与犬儒学派首先是消极的和否定的。他们对城邦的否定态度不过是由于了解到这样的事实才产生的，即城邦的管理机构并不像人们所设想的那样重要，任何一个城市的生活在很大程度上并非城市本身所能控制，以及最有才能的政治家也不可能指望在这方面会有多大作为。

所以这两种学派统而言之是"一种失败主义的态度、一种幻灭的情绪、一种退出尘世去建立隐居生活的意愿，在这种隐居生活中，公共利益只占有很小的或甚至是消极的地位；公共事业会变得无关紧要或甚至被看成是一种实际的灾祸"③。

比较伊壁鸠鲁学派与犬儒学派，可以看出前者的哲学基础是一种唯物主义的体系。它要使它的信徒产生一种个人自足的状态。为此，它教导人们美好的生活在于享乐；不过它对享乐的解释是消极的。真正的幸福在于避免一切痛苦、烦恼和忧虑。他的幸福学说来

---

① ［美］梯利：《西方哲学史》（增补修订版）［美］伍德增补，葛力译，商务印书馆1995年版，第108—109页。
② ［英］罗素：《西方哲学史》（上卷），何兆武、李约瑟译，商务印书馆1963年版，第319页。
③ ［美］乔治·萨拜因：《政治学说史》（上册），盛葵阳、崔妙因译，商务印书馆1986年版，第167页。

自个人的快乐，而这一个体感觉的快乐就要求聪明人从毫无益处的公共生活的牵累中隐退。而这是否是后世边沁"功利主义"的思想渊源呢？因为在伊壁鸠鲁学派看来，一切社会安排是否正当是根据个体的利益感受来判断的，社会安排只不过是保证使私人利益最大限度地得以实现的手段。

于是按照伊壁鸠鲁学派的逻辑推理，所谓国家的存在，其唯一的意义即在于保护个体利益不受他人的非正义侵犯和掠夺。而这一保护正是基于每个个体相互之间基于这一共识基础上的默契所可能达至的契约。"法律和政府的存在是为了共同的安全，他们之所以有效，完全是因为法律的惩罚使得非正义的行为无利可图。明智的人将公正行事，因为非正义行为取得的利益是不值得去冒被拘留和受惩罚的风险的。道德和是否有利是完全一致的。"①

这其实也是近代自由主义政治学尤其是关于"契约论"以及国家作为"守夜人"角色的最初思想来源。萨拜因就认为："霍布斯的政治哲学——在其以唯物主义作基础的方面，在把人类的一切动机归结为追求自身利益方面以及在国家的建立是出于安全的需要方面——和伊壁鸠鲁学说极其相似。"②

而这显然是柏拉图在《理想国》中极力批判的观点，即将道德正义与功利主义勾连在一起，而在根本上否认了人对正义和美德本身的爱和追求。③ 伊壁鸠鲁学派认为："人类的一切文化都来自人的智慧而无任何其他智慧的介入。生物本身纯粹是由物质因素产生的。人类没有天生的过群居生活的倾向，除了不息地追求个人的幸

---

① ［美］乔治·萨拜因：《政治学说史》（上册），盛葵阳、崔妙因译，商务印书馆1986年版，第 171 页。

② ［美］乔治·萨拜因：《政治学说史》（上册），盛葵阳、崔妙因译，商务印书馆1986年版，第 172—173 页。

③ 参阅 ［古希腊］柏拉图：《理想国》，郭斌和、张竹明译，商务印书馆 2017 年版，第二卷。

福之外再没有其他的冲动。"① 而这又与亚里士多德的政治学理论根基截然不同。

总之，伊壁鸠鲁学说是一种逃避现实的哲学。后世的人们片面地指责伊壁鸠鲁学说为肉欲主义是没有什么道理和根据的。伊壁鸠鲁学说是一种消极的和没有生机的唯美主义，它没有能力去影响或希望去影响人类事物的进程。对于个别的个体人而言，伊壁鸠鲁学说可以起到某种安慰剂的作用，但对于当时的政治思想的发展却无甚裨益。

早在古希腊时期，斯多葛学派的思想某种程度上已经为基督教准备了思想条件。该学派认为"有德的生活乃是一种灵魂对上帝的关系，而不是公民对国家的关系"②。

宗教的本质特征，在于对神的信仰。神学是"关于神的理论或论述"（奥古斯丁语）。希腊神话与宗教是希腊哲学诞生的温床，但希腊人的神学却是哲学的产儿，是希腊人的理性思维对传统神话宗教的改造和提炼。一神观念或理性神观念的出现为希腊理性神学的诞生奠定了基石。③

也因此，希腊理性神学是希腊古典时代哲学的一项副产品。按照罗素的说法，天主教会有 3 个来源：它的圣教历史（即圣经中所记述的历史）是犹太的，它的神学是希腊的，它的政府和教会法，至少间接地是罗马的。④

---

① ［美］乔治·萨拜因：《政治学说史》（城邦与世界社会卷），邓正来译，上海人民出版社 2015 年版，第 228 页。
② ［英］罗素：《西方哲学史》（上卷之绪论），何兆武、李约瑟译，商务印书馆 1963 年版，第 14 页。
③ 王晓朝：《宗教学基础十五讲》，北京大学出版社 2003 年版，第 84 页。
④ 参阅 ［英］罗素：《西方哲学史》（上卷），何兆武、李约瑟译，商务印书馆 1963 年版，第 19 页。

正如罗素认为的："在思想的领域内，清醒的文明大体上与科学是同义语。但是毫不掺杂其他事物的科学，是不能使人满足的；人也需要有热情，艺术与宗教。科学可以给知识确定一个界限，但是不能给想象确定一个界限。在希腊哲学家之中，正像在后世哲学家中一样，有些哲学家基本上是科学的，也有些哲学家基本上是宗教的；后者大都直接或间接地受到巴库斯宗教的影响。这特别适用于柏拉图，并且通过他而适用于后来终于体现为基督教神学的那些发展。"①

按照罗斑的说法："因亚历山大的成功而被希腊化的东方，对希腊产生了新的影响。古代学说的复兴由此得到一种这些学说原来未有的色彩。在柏罗丁及其学派，神秘的非理性主义成为使自己与绝对实在结合在一起的方法。从东方供给它的神话的表现以及纯粹实用或纯粹魔术的实践混乱的一堆中，希腊的天才曾引申出科学与哲学的理性作品。到它衰落时，依旧是东方思想那种跳跃不定的火焰点燃了它最后的光辉。这些光辉是一种新思想的曙光，但这种思想属于历史的另一阶段——它已经不是希腊思想了。"②

策勒尔则认为：在希腊化时期和罗马帝国时期，当时不但东方希腊化了，而且希腊世界也在很大程度上东方化了。于是曾被怀疑主义削弱了的哲学思辨的力量，在新毕达哥拉斯主义、希腊-犹太哲学和新柏拉图主义中，表明自己不再强大到足以阻遏此时正全力冲进哲学的宗教神秘主义的洪流。③

就这样，希腊化时期以后的中古"哲学被僵化为经院主义，这

① ［英］罗素：《西方哲学史》（上卷），何兆武、李约瑟译，商务印书馆1963年版，第39—40页。
② ［法］莱昂·罗斑：《希腊思想和科学精神的起源》，陈修斋译，段德智修订，广西师范大学出版社2003年版，第5—6页。
③ ［德］E.策勒尔：《古希腊哲学史纲》，翁绍军译，山东人民出版社2007年版，第333页。

种经院主义的特点在于它不再寻求以经验的研究和独立的理性思考去代替神话时代的思想，而把自己的任务看作是用种种理由去支持传统宗教，并把它表述成理智上可理解的东西。在这里，知识被恍惚神迷状态下的启示所代替。在希腊哲学施行了这种自我阉割之后，它精疲力竭地倒入宗教的怀抱"①。

---

① ［德］E. 策勒尔:《古希腊哲学史纲》，翁绍军译，山东人民出版社 2007 年版，第 334 页。

罗马法、封建法与普通法：
天理、国法与人情

罗马帝国虽然灭亡，但其法律的精神却得以保存和发扬光大。于是，神学主义的教会自然法替代了自然主义的万民自然法。因此，某种程度上，教会法是希腊的美德哲学、罗马的正义法律和奥古斯丁的永恒神法的三位一体，或者换言之，教会法在肉体上是犹太的，在精神上是希腊的，而在实践上则属于罗马的。

这样，教会承担起昔日帝国的荣光，开始了与南下封建蛮族的合作与斗争。于是，拉丁罗马的教会法与神圣罗马的封建法、罗马共和与帝国时代的罗马法与英伦岛屿的普通法，以及封建法与普通法之间展开了相互之间的竞争。然而，竞争不仅没有使得各方几败俱伤，反而使得它们各自蓬勃生长。正是这几种法律之间的相互竞争，而非某一种法律的唯我独尊或定于一尊，成为中世纪欧洲最为显著的特征。竞争不仅造成了帝国灭亡后欧洲日益分裂为南欧、西欧、北欧、中欧和东欧等几个显著的差异化地区，产生了欧洲近代民族国家的不同类型，而且最为重要的是奠定了日后欧洲近现代自由主义的根基和走向。

帝国灭亡后，西部欧洲中世纪的宏观历史，换言之，其前期的一条最明显主线即是教皇教会和由南下蛮族组成的德意志封建领主联合国皇帝之间的斗争，双方彼此各有所需，相互交换利益。

公元 800 年，教皇利奥三世为查理曼加冕使后者为罗马皇帝是这一时期的标志性事件。814 年查理曼大帝死后，帝国一分为三，东法兰克即今日德国的雏形；中法兰克即意大利的雏形；而西法兰克即法国的雏形。三个王国维持均衡，谁也不敢自称罗马皇帝，皇帝的称号被空置在教会手中。961 年教皇请求东法兰克国王奥托一世出兵亚平宁半岛，东法兰克王国开始吞并中法兰克和部分西法兰克领土，三个王国的平衡被打破，教皇占据下风。962 年，教皇被迫为奥托一世加冕罗马皇帝称号。奥托一世也成为日后德意志的初代君主。

这之后，教皇开始奋起反击，欧洲中世纪的历史进入了第二阶段，史称"教皇革命"。1077 年帝国皇帝亨利四世被迫在卡诺莎城堡向教皇悔罪。正如日后阿克顿所认为的：倘若两大体系有一方很快取得了绝对胜利，那么整个欧洲也许会陷入拜占庭式或俄国式的专制统治之下。因为斗争双方皆欲获得绝对的权力，因此他们在斗争的过程当中，也便把拉拢人民作为斗争的手段。①

伯尔曼指出整个欧洲从 1075 年至 1122 年半个世纪的内战，其实质正是格列高利七世发动的教皇革命。"教皇革命把罗马教廷从屈服于皇帝、国王、封建领主的附庸地位中解放出来，并建立了以罗马教廷为首的僧侣等级制度，包括建立了一套等级化的教会专门法庭以解决纠纷并贯彻教皇的立法。"②

教皇革命造成了教会法与世俗法之间的二元并立格局。正是这种二元并立带来的权力均衡和制约初步奠定了日后资本主义法律思想中所谓"法治"观念的基础。

但教皇和教会毕竟手中没有军队，很难抵得住帝国皇帝的咄咄逼人。1155 年，被称为"巴巴罗萨"的德意志霍亨斯道芬王朝的腓特烈一世国王打进意大利，迫使教皇再次加冕，史称"神圣罗马帝国"。③ 皇帝和教皇之间的权力拉锯战进入白热化阶段。

---

① ［英］约翰·阿克顿：《自由与权力》，侯健、范亚锋译，商务印书馆 2001 年版，第 61 页。

② ［美］哈罗德·J. 伯尔曼：《法律与革命》（第二卷），袁瑜琤、苗文龙译，法律出版社 2008 年版，第 4 页。

③ 对此，西法兰克王国当然不满，对东法兰克王国妄称罗马皇帝耿耿于怀。日后法国的启蒙思想大家伏尔泰便恨恨地说：神圣罗马帝国既不神圣，也无罗马，更非帝国。从 1157 年起，帝国被称为神圣罗马帝国，帝国极盛时期的疆域包括近代的德意志、奥地利、意大利北部和中部、捷克、斯洛伐克、法国东部、荷兰、比利时、卢森堡和瑞士。13 世纪末，神圣罗马帝国境内出现许多独立的封建领主，皇帝对其直辖领地外的封建诸侯没有管辖权。1356 年，查理四世颁布金玺诏书，确认皇帝须由七大选帝侯推选。13 世纪下半叶后，由于勃艮第和意大利脱离帝国，其领土主要限于德语地区。从 15 世纪初起，帝国各地开始割据，皇位均由奥地利哈布斯堡家族占据。1474 年起，帝国被称为德意志民族神圣罗马帝国，已成为徒具虚名（接下页）

　　意大利思想家拉吉罗因此指出：先是教皇反对国王的国家至上思想，后是国王反对教皇的精神至上思想，正是两大权力体系之间的这种冲突，有效地防止了个人遭受完全奴役的危险。如果不是教会与国家的长期竞争，西方人民必然和东方一样要陷入一种停滞不进的政教合一的神权政体。教皇认为各国国王争取本国民族教堂的控制权就是对国民的奴役；反之亦然，国王们认为若是本国的民族教堂受制于教皇的管制，则同样是奴役。因此，教会和国家是两个独立自主的机构，是两个分离而独立的国家，教皇和国王则分别是两个机构和国家的最高统治者，双方各拥有一半的自由，也各掩藏着一半的奴役。[①]

　　正是在这场教皇和皇帝争夺权力的拉锯战中，西部欧洲的封建分封制得以发展起来。因为皇帝若是没有分封诸侯的支持，就难以对抗教皇；而教皇要想对抗皇帝也必须讨好各个王国的分封诸侯和贵族们。马丁路德的宗教改革就是因为得到帝国境内各家诸侯和选帝侯的支持才最终得以成功的。

　　阿克顿讲，正是封建体系和教会体系长达400多年的冲突为日后西欧地区市民自由兴起奠定了成长的空间。自由虽然不是世俗统

（接上页）的政治组合。1618 年，时神圣罗马帝国境内有 390 个公国、侯国、宗教贵族领地、自由邦、自由城市、骑士领地等。对于哈布斯堡奥地利在帝国内部重振皇权政策的反感，以及因为宗教改革造成的占诸侯大多数的新教诸侯对天主教皇帝的敌视，最终引发了三十年战争。三十年战争使得日耳曼的经济倒退了近 200 年，犹如回到了农奴制的封建时代；又因为《威斯特伐利亚和约》，神圣罗马帝国国内的诸侯可享有自主权。这使得皇权进一步被削弱，帝国境内的诸侯各自为政，他们的领地有如一个个独立的王国。这便是欧洲民族主义的兴起对奄奄一息的帝国所造成的最后一击。1806 年，法兰西帝国皇帝拿破仑迫使"神圣罗马帝国"的末代皇帝弗朗茨二世解散帝国，神圣罗马帝国正式灭亡。1871 年，普鲁士统一德意志，宣告德意志第一帝国的结束。

① 参见［意］圭多·德·拉吉罗著：《欧洲自由主义史》，［英］R. G. 科林伍德英译（1927 年版），杨军译，张晓辉校，吉林人民出版社 2001 年版，第 18 页。

治和宗教权力所追求的目的，但却是他们号召人民站在自己一边的手段。[1] 正如"君权神授"一样，既可以被教皇利用来驯服罗马皇帝，也可以被国王利用来反抗教皇。[2]

最终，在教皇被皇帝逼迫节节败退的时候，欧洲的中世纪进入了收尾阶段，这一阶段主要以帝国境内国王和分封的土地老贵族以及城市中日渐崛起的资产阶级新贵族之间的相互斗争为特征。

就国王和贵族之间的斗争对近代自由主义的推动，拉吉罗的总结可谓一语中的："如果不存在某特权阶层（指封建制度下的领主贵族，引注）的有效抵制，君主制唯一的成果，只能是把人民变为奴隶；如果没有君主专制同样的努力，特权体制不论扩展到何种程度，永远不能跨越特权与自由一词本义之间的鸿沟——这样的自由，便是使特权越来越普及，直至使特权自行废止的程度。"[3]

孟德斯鸠则认为，因为君主政体里的君主是一切政治的和民事的权力源泉，而贵族则是附属于君主的自然的居中的或是缓冲的执行权力。所以君主政体的基本准则就是：没有君主就没有贵族，没有贵族就没有君主。没有贵族的君主国，要么君主将成为暴君，要么人民起而推翻王权实行平民（暴民）政治。[4]

《大宪章》之后的英国，先是国王和封建贵族瓜分权力而联合

---

[1] 参见［英］约翰·阿克顿：《自由与权力》，侯健、范亚锋译，商务印书馆 2001 年版，第 60 页。

[2] 如路德派和英国国教徒都将"君权神授"当作天经地义的官方哲学。同理，"君权神授"既可以被国王用来神化君权以此镇压反抗王权的贵族和臣民，如孟德斯鸠引述英国斯图亚特王朝信奉天主教为国教的查理一世国王的箴言：没有主教就没有君主，没有十字架就没有王冠。（《论法的精神》（上册），商务印书馆 1959 年版，第 18 页）当然，"君权神授"也可以被贵族改组为"君主立宪"或"民权神授"来反抗国王。凡是伸张君权的都是中古，西方当然还有教权；而凡是伸张民权的都是近代。这一点，无论西东，概莫能外。

[3] ［意］圭多·德·拉吉罗著：《欧洲自由主义史》，［英］R. G. 科林伍德英译（1927年版），杨军译，张晓辉校，吉林人民出版社 2001 年版，第 3 页。

[4] 参阅［法］孟德斯鸠：《论法的精神》（上册），张雁深译，商务印书馆 1959 年版，第 18 页。

压迫自由民与其他农奴租佃户，以及日后逐渐从后者分化出来的工商业者等城市居民。随着后者力量的壮大，国王重新结盟，转而对抗旧的封建土地贵族。

正如罗素所言："在阿尔卑斯山以北，一直到十五世纪向来能够和中央政权分庭抗礼的封建贵族，首先丧失了政治上的重要地位。后来又失掉了经济地位。国王联合豪商（即新兴的城市工商业贵族——引者注）顶替了他们，这两种人在不同国家按不同比例分享权力。豪商有并入贵族阶级的趋势。"①

最终，随着新兴贵族的羽翼丰满以及国王王权专制的恣意，双方开始了较量。英国革命的爆发将英国从中世纪推进了近代。美国革命和法国大革命的爆发则将近乎整个欧洲和北美推进了近代的民主政治时代。

---

① ［英］罗素：《西方哲学史》（下卷），马元德译，商务印书馆 1976 年版，第 3 页。

第一章　西塞罗的自然法观念：
理性之永恒和神圣

　　斯多葛学派之后，出现两种截然不同的人类思维和认识的路径："一条路线继续因斯多葛主义对初期的罗马法学的影响而已经显示出的那个方向；它具有把自然法嵌入罗马法的哲学结构的效果。另一条路线不得不同如下思想的宗教含义打交道，即法律和政府都出自神意指导人类生活的计划。"① 这样古典政治哲学开始退场，而法律主义和神学主义开始登场。

　　于是就出现了罗马时代的政治实践和古代希腊的政治理论和政治哲学的巨大分野。换言之，罗马时代没有出现什么所谓宏大的——如柏拉图和亚里士多德等——政治哲学的体系性论述，他拥有或接续的只是（也只能是）对古代希腊政治哲学思想的实践。

　　罗马留给后世最为丰厚的思想遗产在于它的法学思想和实践，而这种"重法主义——这种学说假定国家是法律的产物，人们不应根据社会学的事实或伦理的善行而应根据法律的权限和权利加以讨论——在希腊人的思想中几乎是不存在的；（然而）从罗马时期到现在，它（重法主义）一直是政治理论的固有部分。国家同宗教制度的关系以及政治哲学同神学的关系几乎始终不是希腊人要考虑的

---

① ［美］乔治·萨拜因：《政治学说史》（上册），盛葵阳、崔妙因译，商务印书馆1986 年版，第 200 页。

问题，但他们提出了重要的问题并给整个中世纪直至现代对每个问题的讨论着上了颜色"①。

按照萨拜因的观点，在法学和神学这两种路径的分野中，西塞罗（公元前106—前43年）更多地可以划入前者，而塞涅卡（公元前4—65年）则归属于后者。

西塞罗的政治思想虽然不具有原创意义，但他编撰的《论共和国》和《论法律》承前启后影响巨大，西塞罗政治思想中蕴含着斯多葛学派的美德和大同，他期望以希腊的理性哲学来高扬罗马共和的政治实践，奈何他所处的罗马共和末期这一时代已经无法落实他高贵的理想。西塞罗为了心中的理想，一度向屋大维示好，与安东尼委曲求全，但最终罗马共和终究落花流水飘零而逝。

西塞罗的《论共和国》反复强调自然法的神圣性："事实上，有一种真正的法律——即正确的理性——与自然相适应，它适用于所有的人并且是不变而永恒的。通过它的命令，这一法律号召人们履行自己的义务；通过它的禁令，它使人们不去做不正当的事情。它的命令和禁令永远在影响着善良的人们，但是对坏人却不起作用。用人类的立法来抵消这一法律的做法在道义上绝不是正当的，限制这一法律的作用在任何时候都是不能容许的，而要想完全消灭它则是不可能的。无论是元老院还是人民都不能解除我们遵守这一法律的义务，它也无须塞克斯图特·埃利乌斯来加以阐述和解释。它不会在罗马立一项规则，而在雅典立另一项规则，也不会在今天是一种规则，而明天又是另一种规则。有的将是一种法律，永恒不变的法律，任何时期任何民族都必须遵守的法律，而且看来人类也只有一个共同的主人和统治者，这就是上帝，他是这一法律的起草

① ［美］乔治·萨拜因：《政治学说史》（上册），盛葵阳、崔妙因译，商务印书馆1986年版，第200—201页。

人、解释者和监护人。不服从它的人们就是放弃了他的较好的自我，而由于否定一个人的真正本质，他将因此而受到最严厉的惩罚，尽管他已经逃脱了人们称之为处罚的一切其他后果。"[1]

西塞罗对自然法的宣示，其实正是对于斯多葛学派的继承和重新阐释，成为联结希腊化时期哲学思想与后来罗马法学思想的一条不可或缺的媒介纽带。正如萨拜因认为的："在政治思想上，西塞罗的真正重要性在于他介绍了斯多葛派的自然法学说，这一学说从他的时代直至十九世纪传遍了西欧。"[2]

由于西塞罗对于斯多葛学派中的自然神性中平等观念的传布，罗马时代对于公民的政治生态观念上要进步于亚里士多德时代关于公民的认识。按照亚里士多德的认识逻辑，只有同等的人们之间才可以谈论同等的公民权利，而由于人们之间并不是平等的，所以公民权是有局限性的，只限于古代当时雅典城邦的奴隶主阶层。而西塞罗则运用自然法观念推论出所有人都要服从上帝的律法，因此，在上帝面前，大家就都是平等的公民。

于是，亚里士多德意义下的"会说话的，活的工具而已"的奴隶到了西塞罗那里就成了"一个终生受雇于人的雇佣劳动者"。近代德国伟大的古典启蒙思想家康德认为"一个人必须作为目的而不能作为手段加以对待"，就此而言，影响康德的更多是西塞罗以及西塞罗背后的斯多葛学派，而非柏拉图或亚里士多德。

西塞罗继承和发展了斯多葛学派的自然法思想，正是这一思想发展成为日后罗马法和教会法的灵魂。自然法的核心在于上帝的神旨和人类的理性是这个世界和社会运转的最大原则和法则。凡是违

---

① ［美］乔治·萨拜因：《政治学说史》（上册），盛葵阳、崔妙因译，商务印书馆1986年版，第204—205页。

② ［美］乔治·萨拜因：《政治学说史》（上册），盛葵阳、崔妙因译，商务印书馆1986年版，第204页。

背上帝旨意和人类理性的国家法律都不能被称作法律。故此，正当的法律就是神意和理性的体现，它超越时空，符合自然或本性。它的本质在于命令人们去行善而禁止人们去作恶。人们生下来虽然在具象上各不相同，在财物的占有上各有不等，但在理性和尊严上却生而平等。

于是，在西塞罗这里，国家（res populi 或 res publica，拉丁语，类似古代英语 commonwealth）就成了一个道德的集合体与载体，是共同拥有该国家及其法律的人组成的一个群体。一个国家除非依赖、承认并兑现有关把公民凝聚在一切的相互义务和对权利的相互承认那种意识，否则是不可能长久存在的。西塞罗反对伊壁鸠鲁论者和怀疑论者，认为国家是一种内在的善。除非国家是一个为了伦理目的的共同体，除非国家是被道德的纽带联系起来的，否则就像奥古斯丁在后来所说的那样，国家只是一个"大规模的江洋大盗"而已。①

于是西塞罗的观念产生了三个后果：第一，由于国家和它的法律是人民的共同财产，因此它的权威来自人民的集体力量。第二，正当而合法地行使的政治权力才真正是人民的共同的权力。第三，国家本身和它的法律永远服从上帝的法律，或道德的或自然的法律——即超越人的选择和人的制度的更高一级的正义统治。强力乃是国家本性的一种附带因素，唯有强力被用来实现正当和正义诸原则时，强力才被证明是正当的。②

这样，国家、法律、人民、权威、正当、合法、上帝、道德等之间的相互关系——如国家和法律的权威来自人民；只有正当与合

---

① 参见［美］乔治·萨拜因：《政治学说史》（城邦与世界社会卷），邓正来译，上海人民出版社 2015 年版，第 274 页。
② 参见［美］乔治·萨拜因：《政治学说史》（城邦与世界社会卷），邓正来译，上海人民出版社 2015 年版，第 275 页。

法地行使权力才能保证国家和法律的权威；国家和成文法律都要服从上帝的自然律法，因为符合自然的才是符合公正的——自西塞罗起一直影响到今天，成为西方政治哲学的常识性知识。

西塞罗之后的罗马法学家更是直接继承和发展了这一自然法的神圣不可侵犯性，成文法必须符合自然法所依据的公道和正义，否则成文法的存在就失去了依据。如查士丁尼皇帝敕令编纂的《学说汇纂》中，罗马的大法学家乌尔比安引用凯尔苏斯的话：正义是使每个人取得他的权利的一个固定的而永恒的力量。法律的箴言是这样：过诚实的生活，不伤害任何人，给予每个人他应有的东西。法学是有关人的和神的事物的学问，是有关正义和非正义的学问。①

这样，罗马的法学家其实正是借助于西塞罗发扬了斯多葛学派的精神。领袖的权威来自人民，是人民通过法律把属于自己的权力授予了他。人民之所以服从执政官，是因为执政官服从法律。于是法律就成为一种"非人格的理性"，服从法律的就是服从了理性，而服从于哪怕是最仁慈的主人在道德上也是堕落的。因为没有奴隶就没有主人，只要有主人就必有奴隶。专制的暴政虽然可能成功，但再开明的专制也包含奴役。依法统治虽然可能导致失败，但唯有如此，人们才能感受到自由。正如西塞罗所说：我们是法律的仆人，以便我们可以获得自由。又说：法官是言说的法律，而法律是沉默的法官。

西塞罗认为所有人类生灵都应具有理性，这一点是类的共同点所决定的，如他认为的："没有一物与他物的相像，与其对应物的酷似，有如我们所有人相互间那么相像。因此，无论我们会怎样界定人，一个定义就足以运用于全体。这就充分证明，人与人之间没

---

① 转引自［美］乔治·萨拜因：《政治学说史》（城邦与世界社会卷），邓正来译，上海人民出版社 2015 年版，第 280 页。

有类的差别；因为如果有，一个定义就不能用于所有的人；而理性，唯一使我们超越野兽并使我们能够推断、证明和反证、讨论和解决问题并获得结论的理性，对我们肯定是共同的，并且尽管人的所学有不同，但至少在具有学习能力这点上没有区别。"①

"凡是正确和光荣的东西都应当因其正确和光荣而渴求，认为任何东西如果不是其本身值得赞美就不能算作善，或至少是，除非因其自身而应当得到赞美之外，任何东西都不能视为大善。"② 基于此，西塞罗不认同伊壁鸠鲁学派以自我放纵、追求快乐为宗旨的人生哲学，这其实也是对功利主义的批判。

西塞罗肯定法律对社会生活的规范作用，但并不完全取决于甚至是依赖于此，因为在他看来，单靠法律（尤其是具有惩罚威慑作用的人定法）来倡导正义只能使得正义日趋低迷，并暗中猥亵了人的尊严。"如果只是刑罚，只是对惩罚的恐惧，而不是邪恶本身，才使得人们躲避不道德的生活和犯罪的话，那么就没有人可以称之为不公正的人。那些并非由于美德的影响，而是出于一些功利和收益的考虑而成为善者的人，就只不过是胆小鬼，而非好人。因为对那些除了害怕证人和法官外无所畏惧的人来说，如果无人知晓，他又会走上什么极端呢？"③

我们追求自身温和、自制、谦恭、自尊与贞洁的美德并不是为了博得好的名誉或为了传为美谈，因为如果那样，则我们就是在沽名钓誉，在为虚伪的名声而生活。"说到底，如果追求美德是为了

---

① ［古罗马］西塞罗：《国家篇 法律篇》，沈叔平、苏力译，商务印书馆 1999 年版，第 157 页。
② ［古罗马］西塞罗：《国家篇 法律篇》，沈叔平、苏力译，商务印书馆 1999 年版，第 160 页。
③ ［古罗马］西塞罗：《国家篇 法律篇》，沈叔平、苏力译，商务印书馆 1999 年版，第 162 页。

其他利益，就必然存在比美德更好的东西。"① 而这就不仅否定了理性本身，也降低了人之为人的尊严。

所以，西塞罗认为："当灵魂获得对美德的了解和洞察时，灵魂就放弃了对肉体的屈从和放纵，就会拒绝放纵，而认为那无非是羞耻的标志，就挣脱了对于死亡和痛苦的恐惧。此时，灵魂与肉身就成为彼此接纳的朋友，并认为所有那些和他本性相同的人就是他自己。当灵魂以众神和纯洁之宗教为崇拜对象时，眼和心的视力都更加锐利，因此眼睛和心灵都可以选择善而屏弃恶，这是一种被称之为审慎的美德。人若具备此种美德，夫复何求啊！"②

西塞罗的《法律篇》共有三卷。第一卷谈自然法，第二卷谈宗教法，第三卷谈官职。其实第二和第三卷也是关于公法的论述，其核心是关于权力的使用和分配。

西塞罗在其《法律篇》的第一卷中关于法律的定义。他指出："法律是根植于自然的、指挥应然行为并禁止相反行为的最高理性。这一理性，当它在人类的意识中牢固确定并完全展开后，就是法律。"又说："人们之所以诉讼正是因为对法律的无知而不是有知。"③

西塞罗在这里其实已经对自然法和人定法有了很清晰的辨别，法律首先是根植于自然的，并且一切的应然行为要受自然的指导和

---

① [古罗马] 西塞罗：《国家篇 法律篇》，沈叔平、苏力译，商务印书馆 1999 年版，第 168 页。
② [古罗马] 西塞罗：《国家篇 法律篇》，沈叔平、苏力译，商务印书馆 1999 年版，第 172 页。
③ [古罗马] 西塞罗：《国家篇 法律篇》，沈叔平、苏力译，商务印书馆 1999 年版，第 151 页。关于这一句话的翻译，读者也可参考王焕生的译本："法律乃是自然中固有的最高理性，它允许做应该做的事情，禁止相反的行为。当这种理性确立于人的心智并得到实现，便是法律。"参见 [古罗马] 西塞罗：《论共和国论法律》，王焕生译，中国政法大学出版社 1997 年版，第 189 页（转引自何勤华主编：《西方法律思想史》，复旦大学出版社 2005 年版，第 19 页）。

约束，只有当人类的意识与这一最高理性相符合一致的时候，法律才是正义的法律。也因此，"正义的来源就应在法律中发现，因为法律是第一自然力；它是聪明人的理智和理性，是衡量正义和非正义的标准"。"没有什么比完全理解我们为正义而生以及理解权利不基于人们的看法而基于大自然更有价值。"①

并且人是神所造万物当中唯一拥有理性和思想的种类，人类理性的成长与完善就是智慧。人神共有的理性即为正确的理性，"正确的理性也就是法，分享法的也一定分享正义，而所有分享这些的都应视为同一共同体的成员"。正如同真理和谬误一样，合乎逻辑和不合乎逻辑的事物是由它们自身判断的，而不是由其他事物判断的，因此，在生活行为中坚定、持续地运用理性，这就是美德，而前后不一致，这就是邪恶，这些都是由其自身的性质（判断的）。②

这里，西塞罗把理性、美德、真理、智慧、法和正义在某种程度上连在了一起。这一思维首先大力彰显了人的主体性地位，其次，又大力彰显了正义之于社会（共同体）生活的重要性。西塞罗还认为正义具有某种程度上的普世性。"正义只有一个。它对所有的人类社会都有约束力，并且它是基于一个大写的法，这个法是运用于指令和禁令的正确理性。无论谁，不了解这个大写的法——无论这个法律是否以文字形式记录在什么地方——就是没有正义。"③

也正是在这个角度上，我们认为西塞罗的法律观念其实包含着这样的逻辑：成文法要服从自然法，而功利主义要服从正义观念，

① ［古罗马］西塞罗：《国家篇 法律篇》，沈叔平、苏力译，商务印书馆1999年版，第152、156页。也正是从这一角度出发，西塞罗指出，"人服刑并非是由于法院的决定，而是复仇女神折磨和追逐着有罪者。"（见该书第162页）
② ［古罗马］西塞罗：《国家篇 法律篇》，沈叔平、苏力译，商务印书馆1999年版，第154、165页。
③ ［古罗马］西塞罗：《国家篇 法律篇》，沈叔平、苏力译，商务印书馆1999年版，第163页。

因为功利主义是个体的，而正义观念是普世的。这与苏格拉底在反对智者派的诡辩中奋起将"功利"与"正义"相分离的观念是一脉相承的。

所以，西塞罗最后的结论就是："应当为了正义和一切光荣事物的本身而追求正义和所有光荣的事物。"[①] 这其实也就是为了正义本身而追求和培育正义，推而广之，即为了公平与其他一切美德本身而不是这之外的其他收益而追求公平与美德。

西塞罗所谓的"为了正义本身而正义"，即是日后塞涅卡所谓的"为了美德本身而美德"，所谓"正义与美德本身是对正义和美德最好的回报"。也因此，"法律应成为恶的改造者和善的促进者，（而）智慧是所有善事之母"。[②]

西塞罗有一句名言：无疑，没有什么比清醒地认识到我们是为正义而生更能让我们变得高尚，法律并非由意志，而是由自然创制出来的。他为此用更为通俗的话解释说：如果说我们不可能拥有平等的财富，也不可能拥有同样的智力水平，那么同一个国家的所有市民至少应当拥有平等的法律权利。[③]

在《法律篇》第二卷，西塞罗还是强调自然法则的重要性。他认为："那些最有智慧的人一直都有这种看法，即法律并非人的思想的产物，也不是各民族的任何立法，而是一些永恒的东西，以其在指令和禁令中的智慧统治整个宇宙。"[④] 基于此，西塞罗认为，

---

① ［古罗马］西塞罗：《国家篇 法律篇》，沈叔平、苏力译，商务印书馆1999年版，第166页。

② ［古罗马］西塞罗：《国家篇 法律篇》，沈叔平、苏力译，商务印书馆1999年版，第172页。

③ 转引自：［美］赞恩：《法律的故事》，于庆生译，中国法制出版社2011年版，第190页。

④ ［古罗马］西塞罗：《国家篇 法律篇》，沈叔平、苏力译，商务印书馆1999年版，第179页。

法律是一种理性对于正直的要求，理性对于不妄行权力的禁令。而这一理性本身是不局限于并早于某一个民族或国家的存在而存在，它存在于自然和宇宙之中，存在于神的心灵之中，而且就连神的心灵本身也要受理性的约束。"它督促人们正确行为而不枉为，这理性并非由于形成文字才第一次成为法律，而是理性一存在就成了法律。它是与神的心灵同时出现的。因此，运用于指令和禁令的真正且首要的法律就是至高无上的朱庇特的正确理性。"①

在这一逻辑推理基础上，西塞罗的认识论必然带有一些不可知论和对人类自身理性的有限性的思维上来。就如他认为的"没有人应当愚蠢而骄傲地认为，他有理性和智力，而天上和宇宙中却没有，或认为那些为人的智力的最高推理力量几乎无法理解的事物完全没有理性的指导。由于所有拥有理性的事物都高于那些没有理性的，而且既然任何事物高于宇宙的大自然这样一种说法是一种亵渎，我们就必须承认理性是大自然所固有的。"②

西塞罗在第二卷中还列举了他关于宗教祭祀的种种法则，之后又谈论了关于战争的法律观念。

《法律篇》第三卷主要探讨公共权力、政府官员与法律相互之间的关系。西塞罗认为，国家的法律需要有合格的官员去执行，权力的行使要合乎自然的理性而不得滥用。西塞罗认为："官吏的职能是治理，并发布正义、有益并且符合法律的指令。由于法律治理着官吏，因此官吏治理着人民，（因此）官吏是会说话的法律，而法律是沉默的官员。"③ 法律不仅高于人民，而且高于官吏，所谓

---

① ［古罗马］西塞罗：《国家篇 法律篇》，沈叔平、苏力译，商务印书馆1999年版，第180页。

② ［古罗马］西塞罗：《国家篇 法律篇》，沈叔平、苏力译，商务印书馆1999年版，第184页。

③ ［古罗马］西塞罗：《国家篇 法律篇》，沈叔平、苏力译，商务印书馆1999年版，第214—215页。

法律是最高的权威，人人只能是法律的仆人。我们愿意做法律的仆人，是因为唯有如此，我们才能获得自由。

西塞罗强调官吏、吏治以及权力的合理安排的重要性，因为"没有他们的深谋远虑，国家便不可能存在，事实上，一个共和国的全部特点都是由其对官吏的安排所决定的"。同时，官吏的权力必须有界限，并且民众的服从是在法律的范围内服从，二者都必须以法律的规范为指依。"必须告诉官吏他们的管理权限，必须告知公民在什么程度上他们有义务服从惯例。"①

西塞罗因此指出：

指令应当是正义的，公民应尽责地并毫无怨言地服从他们。对于战地统帅发布的命令不得上诉。除过主要执政官员，还应有次要官吏，此外还应有市政官。监察官规范人民的道德；他们不允许任何有不诚实行为的人留在元老院。他们的数量为两人，任职五年。其他官吏任职一年。监察官职永远不得空缺。司法管理者被称为大法官，他决定或指示民事案件的判决，他是市民法的监护人。应当有两位拥有王权的官吏，他们不隶属于任何人，民族安全是他们的最高法律。不得有人再次担任同一职务，除了间隔十年之后。但是，当重大战争或内战发生时，如果元老院做出决定，一个人将在不超过六个月的时间内掌握通常属于两位执政的权力（即独裁官）。元老院由曾担任过官吏的人组成。元老这一登记不应有任何耻辱，应当成为其他公民的榜样。元老不出席元老会议应有原因或应受谴责。元老轮流作长度适中的发言，元老应熟悉公共事务。由平

① [古罗马] 西塞罗：《国家篇 法律篇》，沈叔平、苏力译，商务印书馆 1999 年版，第 215 页。

民选举的、保护平民不遭受暴力的十位官吏是平民的保民官［这里显然有梭伦立法的影子，保民官存在的意义在于他首先在法律上不受执政官的驱使和命令；其次，保民官还负有支持其他人——公民个人和官吏——不服从执政官（即弹劾执政官）引者注］。不得提出个人例外的法律。其刑罚是死刑或剥夺公民权的案件只能在最高集会上由监察官从公民之中吸收的人来进行审判①。无论在候选期间、任期内或卸任后，任何官吏都不得给予或接受礼物。监察官负责法律的正式文本。官吏离职时，他们应将其公职行为交给监察官裁断，但不得因此获得起诉豁免。②

自马其顿的王亚历山大征服雅典之后，虽然亚历山大大帝英勇无比，其文治武功更是亘古未有能出其右者，但马其顿帝国的东征却深深伤害了雅典的政治传统。雅典的城邦政治犹如被去了势，有形而无核。但正是这一最为值得缅怀的希腊精神（即城邦政治）却靠着文明自身的优势，被保存和吸收了下来，而且成为亡国后的雅典人维系精神世界的纽带。"生活于希腊化的城邦之中，有一部希腊宪法——公民大会、委员会、法院等，一应俱全——是在那些幅员数百万平方英里的王国里保有归属感的唯一途径。"③

于是，伴随着希腊城邦政治的终结，以雅典为代表的希腊人成为精神漂泊的一个民族，"到了公元前第二世纪，希腊人不再以城邦的名字称呼自己，开始改称'希腊人'，别人也如此称呼他们。

---

① 这一点同样有梭伦立法中的陪审团的影子——引者注。
② ［古罗马］西塞罗：《国家篇 法律篇》，沈叔平、苏力译，商务印书馆1999年版，第216—220页。
③ ［美］约翰·麦克里兰：《西方政治思想史》，彭淮栋译，海南出版社2003年版，第101页。

一个无处是家处处家的族类。"①

亚历山大短暂的一生和其无边的疆土很快就让位于后来的罗马战神及罗马帝国。凡是希腊帝国曾征服过的疆域，凡接受了希腊语言和哲学的国度，如今在罗马的治下，又都不得已接受了罗马的法律。然而，当时的罗马法还不是真正意义上的法治精神下的法治，它是一种全然靠着罗马的意志并为罗马领袖们的情绪而左右的合理统治工具。因为帝国罗马的政体总体而言属于世袭贵族制，尽管它依然沿袭着一个共和国时代看似共和体制的外衣——元老院。

> 罗马变成帝国之后，罗马法仍然被视为一个意大利城邦的法律，只是应用于整个世界而已。历来论者已不厌其烦指出，罗马是以一个城市共和国征服世界，而这是一个在政治建制与政治程序上都十分保守的城市共和国。相较于希腊人不时重新思考其政府，罗马人在种种文化压力之下，对策是不变应万变。罗马人不耽于思考，实践上遂有相当余裕在政府程序上做些变革，并且在治理其所征服的民族的问题上因时制宜。不过，罗马人已不再是一个自由共和国的公民，而是皇帝的臣民了，只是其政治观念保持不变。共和国极盛时期，罗马人视共和国的胜利为他们的胜利，以其法律为他们的法律。当罗马人是有意义的。罗马的人民与元老院有同样的权利认为这个城市是他们的城市。扩张与帝国改变了一切。②

---

① [美] 约翰·麦克里兰：《西方政治思想史》，彭淮栋译，海南出版社 2003 年版，第 101 页。
② [美] 约翰·麦克里兰：《西方政治思想史》，彭淮栋译，海南出版社 2003 年版，第 106—107 页。

　　罗马由一个动荡不安的自由共和国逐渐蜕变为一个纷争残暴的军事专制帝国，在帝国的环境下，哲学和科学被挤压到角落之中，因为专制的暴君和独裁的领袖害怕真理，因此，也就连带憎恶起了德行和才能。不论是认为政治远离了人，还是人远离了政治，反正一部分原来对研究有着浓厚兴趣的知识人无论是被迫还是投机纷纷转向那些可以发财致富的行当以及伺候君主的高官行列当中。哲学和科学的春天刚刚拉开序幕，就被迫匆匆谢幕了。法学的研究空气同样难逃这样的遭遇和厄运。

　　当法律像在东方一样，是与宗教相联系在一起时，法律的解释权就成为祭司暴君制的一个最强有力的支柱。在希腊，它们构成为每个城市由其立法者所制订的法典的一部分；它们是和已经确立了的体制和政府的精神相联系在一起的。他们没有经历什么变化。行政官往往滥用法律；特别不正义的情况是屡见不鲜的；但是法律的弊病却从未导致一种经常性的和老谋深算的掠夺体系。在罗马，除了习惯的传统而外，人们长期就不知道有别的权威；在那里，审判官每年都要宣布，在他们任职期间，他们所据之以判决争端的都是些什么原则；罗马最早的成文法乃是由十人会议所编纂的一部希腊法律汇编，而十人会议关心着保留自己的权力更有甚于要以提出一套良好的立法来尊重法律；在罗马，自从那个时代以后，法律就被元老院为一方和以人民为另一方双方交替所独断，各种法律迅速地彼此相继，不断地被推翻或被肯定，被新的安排所缓解或者加重；不久，法律的繁多性、复杂性及其模糊性和语言变化的必然结果，就使得对法律的研究和理解成了另外一门科学。元老院利用人民对古老制度的尊敬，很快地就感到了解释法律的特权与新法律的制订权几乎是相等的；于是他们就自行充当了法学专家。他们的权力超过了元老院本身的权力，而那在皇帝的统治之下就更加增长了；因为立法越发古怪和越发不确定，它也就越发加大。①

梁治平认为连接古代希腊与古代罗马之间的心灵桥梁正是斯多葛学派。没有斯多葛学派，就很难想象罗马法的灵魂会是什么样子；没有斯多葛学派，也很难想象风靡后世欧洲的自然法和教会法会是什么个样子：

> 传入罗马且经过罗马人滤过的斯多葛哲学实际分作两支，一支通过受其影响的众多法律家的实践渗入到制度里面，另一支则经由一些哲学家如西塞罗、塞涅卡、皇帝奥勒留等传诸后世。二者之中，哪一种对于人类影响最大，这是不能够武断的事情。读《沉思录》而能够超凡脱俗的注定是极少数人，芸芸众生总是处在具体的社会环境之下且受其支配。价值须有制度作依托方可以实现，精神具体化为典章才能够变成支配民众的有形力量。希腊哲学恒久的生命力并不只体现在后世的哲学家身上，也表现在具体如罗马法这样的制度里面。历史上自然法观念风靡于罗马，像纯是一场哲学的征服，只是我们不要忘记，那已经是经过几代人淡化的"哲学"。黑格尔在提到罗马法学家的"哲学"的时候，完全是一种不屑的神情。但正是那些不合格的"业余哲学家"，赋予了"哲学"另一种力量。罗马法在历史上无可置疑的权威性，乃是包括自然法观念

---

① ［法］孔多塞：《人类精神进步史表纲要》，何兆武译，三联书店1998年版，第66—67页。

在内的许多原则得以对整个欧洲发生广泛影响的根据。其结果，"罗马法就成为欧洲文化史上最伟大的精神力量之一"。（萨拜因语）没有斯多葛派哲学的传入罗马，罗马法的面貌就会是另一种样子，同样确定的是，没有经过罗马法律学滤过且凭借了罗马法流传于后世的自然法观念，现代人的生活也一定不是今天这种样子。①

换言之，希伯来人的天才之处在于在上帝的启示下思考生活的正确性；希腊人的天才之处在于思考所有科学的性质，以及他对民主政府的偏好；而罗马人的天才之处在于其政府和法律的创立。②

---

① 　参阅梁治平：《罗马法律中的希腊哲学》，《读书》1992 年第 6 期，第 84—85 页。
② 　［美］赞恩：《法律的故事》，于庆生译，中国法制出版社 2011 年版，第 106 页。

第二章　罗马法中的希腊哲学：
法律即善良与公平之艺术

　　罗马法中的希腊哲学首先表现在自然法观念的源头在于希腊哲学，或者确切地说是源于斯多葛派。罗马人所谓的自然法，其实只是一个希腊哲学术语的拉丁译名。从希腊哲学中的自然法观念生发出罗马法，罗马法又靠借着世界性帝国的传播与影响而得以影响世界。这其实也是一次文化史上的巨大变迁、移植和潜移默化。"自然法观念的引进，不但为罗马法的技术改造提供了一种合法依据，而且是将一种新的道德精神，注入罗马法律学之中，从而为全部的罗马法律制度，重新奠定了道德基础。在开始的很长一段时间里面，'自然法'实际被等同于'万民法'。"① 二者主要的区别就在于万民法的实践可以匹配奴隶制度的社会，换言之，自然法是具有哲学气质的抽象理论，而万民法则是落地的实践具象。

　　在"自然法"和"万民法"被古罗马的法学家乌尔比安严格区分开来之前，自然法的概念使人们对风俗习惯进行有见识的批判，而之后，则可能意味着一种对法律更为深入的伦理批判。正如我们在前文中所探讨的那样，罗马时代的整体精神风貌是实践的而非精神的，尤其相对于古代希腊而言。换言之，经过罗马人接受的

---

① 参阅梁治平：《罗马法律中的希腊哲学》，《读书》1992 年第 6 期，第 83 页。

希腊哲学，哲学里思辨的味道几近褪去，存留的无非是希腊哲学家不屑讨论的道德与说教。然而，这正投了罗马人的胃口，他们是务实的，而罗马的法学家更是第一等的稳健的务实派，因为这样一个他们为之骄傲的伟大的帝国迫切需要的正是治国之术的政治和法律制度，而不是形而上学的理论体系。这样，"罗马法学家确实把'自然法'想象为一个完美的法律典范，但他们并不打算用它一举取代所有现行的制度。自然法固然是现存法律的基础，然而其职能，乃是补救性的而非革命性的或无政府状态的（于是罗马法学家的传统是稳健的务实家而非激进的革命家）"①。

希腊哲学恒久的生命力并不只体现在后世的哲学家身上，也表现在具体如罗马法这样的制度里面。罗马法在历史上无可置疑的权威性，乃是包括自然法观念在内的许多原则得以对整个欧洲发生广泛影响的根据。罗马法就成为欧洲文化史上最伟大的精神力量之一，然而若是没有斯多葛派哲学传入罗马，罗马法的面貌就会是另一种样子。同样确定的是，若是没有经过罗马法律学滤过且凭借了罗马法流传于后世的自然法观念，现代人的生活也一定不是今天这种样子。②

正如梅因讲，如果自然法没有成为古代世界中一种普遍的信念，就很难说思想的历史，因此也就是人类的历史，究竟会朝哪一个方向发展了。罗马自然法对人类文明的最大贡献，就在于它把个人从古代社会的权威中解放出来。③

德国法学家耶林讲"罗马曾三次征服世界：第一次以武力；第

---

① 参阅梁治平：《罗马法律中的希腊哲学》，《读书》1992 年第 6 期，第 83、84 页。
② 梁治平：《罗马法律中的希腊哲学》，《读书》1992 年第 6 期，第 85 页。
③ ［英］梅因：《古代法》，转引自辛辉、荣丽双主编：《法律的精神》，中国法制出版社 2016 年版，第 370 页。

二次以宗教；第三次则以法律。而这第三次征服也许是其中最为平和、最为持久的一次"。莫理斯也认为"他们用武力征服全世界并没有像用他们那种伟大法学之不朽的力量那样来得大。"① "罗马帝国灭亡后，蛮族入侵者不能适用罗马法，也不能理解他所适用的情况，文明之光从此黯淡下来，直到野蛮的习俗缓慢地被吸纳进复兴的罗马法当中。作为成文法，罗马法重新回到了欧洲，并为意大利、法国和西班牙，最后是德国提供了一种共同法（a common law）"② 据此有学者认为，古代罗马留给西方文明的两大遗产，一为文化和宗教瑰宝的《圣经》文本；一为奠定西方法学思想之历史基石的罗马法。

罗马的历史大致可以划分为三个时期。第一个时期即王政时期，约公元前 753—前 509 年；第二个时期即罗马共和时期，约公元前 509—前 31 年；最后一个时期为罗马帝国时期，约公元前 31—476 年。罗马真正的伟大和发达正是在其共和时期。

汉斯·朱利斯·伍尔夫在其《罗马法的历史性概述》一书中则认为："在我们的文明史中，罗马法占据着一个独一无二的地位。它从最初一种狭小和简陋的农村共同体的法律，发展成为一种强大的城邦国家的法律，接着，在其发展的过程中，又成为一种帝国的法律。而这个帝国统治着几乎为当时人们所知道的整个文明世界。"③

---

① ［美］莫理斯：《法律发达史》，王学文译，姚秀兰点校，中国政法大学出版社 2003 年版，第 114 页。

② ［美］赞恩：《法律的故事》，于庆生译，中国法制出版社 2011 年版，第 147 页。

③ Hans Julius Wolff, *Roman Law, An Historical Introduction*, University of Oklahoma Press, Norman, 1951, p. 3. 转引自何勤华主编：《西方法律思想史》，复旦大学出版社 2005 年版，第 16 页。

《罗马十二铜表法》（公元前 451 年，*Lex Duodecim Tabularum*）的制定可以说是罗马共和时期法理学一大杰作。据莫理斯认为，这一立法是受到希腊的梭伦立法的影响。十二铜表法确切地说并不是一部完整的法典，更多地类似今天所谓的法律格言的集成而足以支持并供给后世发展之用的法律原则而已。罗马当时的很多诉讼案件就是依据十二铜表法的精神进行的判决。而裁判官也在其就职告示里竞相展示他们对法律（在其前人的前例基础上）的更加理性和合理化的思考成果。

"十二铜表法被认为是后世一切罗马法的根据……罗马民法就是罗马最高文化的表现。他是罗马共和国对世界文化最大的贡献。他和希腊的科学艺术以及犹太的一神教鼎足而三成为领导并永远地领导人类最高的文化。"[①]

当恺撒最终征服了高卢，吞并了埃及后，罗马帝国形成了，罗马成为西方世界的首都，不仅是政治中心，更是经济和商业贸易中心。没有这个世界中心的帝国史，就不会有日后罗马法在西方世界的传播史和影响史，这一点是毋庸置疑的。

程序完备的罗马法庭以及由法学家和辩护士组成的律师职业，是罗马法律不同于或进步于希腊法的最为显著的两个特征，也是罗马法成为现代法创立之先河的两个最为主要的特征。在罗马，除了尚武的军人外，辩护士被认为是通往荣誉和高位的最佳通道。当时的法学家和辩护士已经把法律当作是一门追求善良和公平的艺术。如果说公平是正义的核心，而善良则是道德的核心。公平不一定构成正义，但正义一定包含公平；同理，善良不一定形成道德，但道德一定不能没有善良。

"希腊人一直将正义与正确混为一谈，这是所有形而上学的法

---

① ［美］莫理斯：《法律发达史》，王学文译，姚秀兰点校，中国政法大学出版社 2003 年版，第 128、135 页。

律模式的通病。从根本上讲，正义与实际规则的对错无关，它是通过在公共效用的一般观念中发现的正当性来确定的。如果规则能够一视同仁地适用于所有人，一般而言人们就会对其正义感到满意。因为人类正义要求同样的规则适用于处于类似情况下的所有人。正如罗马的经验所证明，法律规则迟早要对广泛传播的正确性观念（即善良和公平）做出回应，尤其是，规则必须与公共效用的通常公认的观念相一致。因为正如贺拉斯所言，效用可以说就是法律与公平之母，法律是因对不正义恐惧而制定的。"①

  如果说希腊的法律是形而上的模式，那么罗马的法律则兼顾了形而上和形而下的平衡。这里的形而上显然指正义，而形而下则指正确。罗马法学家深知一个时空坐标下正确的东西不一定就是正义的，而是这个时空坐标下最靠近正义的公平和善良。因此，这个正确的东西就是一个普遍适用的一般规则，他们解决特定案件的方法就是比照与这个案件相类似的前例所适用的一般规则来类推。对这个类推过程，包括对一般规则的说明和阐释便成为罗马法学家的法学汇编。

  罗马民法又有"市民法"（Jus Civile）和"万民法"（Jus Gentium）之分②，罗马的"市民法"很大程度上就是由博学的法学家的解释构成的。如果说希伯来人的理念是赋予外邦人以国内法

---

① ［美］赞恩：《法律的故事》，于庆生译，中国法制出版社2011年版，第162页。

② Jus Civile, Jus Gentium，又写作 Ius Civile, Ius Gentium。在何勤华主编的《西方法律思想史》一书对这样几个词语做了区分：Lex 和 ius，前者指古罗马国王制定的法律，以及共和国时期贫民会议通过的法律；后者一方面表示法律，另一方面在更多的场合又表示权利。而 ius 这一用法其实来源于拉丁词 iustitia（意谓"正义"）。此外古代罗马在法律术语上还留下很多对后世产生深远影响的词汇：如诉（actio），法律行为（actus, juridicii），衡平（aequitas），遗产（bonorum），契约（compactum），所有权（dominatus, dominium），民法（jus civile），法学（jurisprudentia），私法（jus privatum），特留份（portio legitima）等。参阅何勤华主编：《西方法律思想史》，复旦大学出版社2005年版，第25、28页。法学者丁耘的解释似乎更加清晰：ius 指自然形成的礼法、习俗，而 Lex 则指专人制定、由世俗权力机构认可、颁布的律条。前者出于人及其氏族的自然本性，其历史远于文字，因此是不成文的；后者起初以发生的原初文本——《十二铜表法》就是 Lex 的最好例子。法律体系是在实践（接下页）

的权益，那么罗马人就更进一步，他们指出对外邦人适用的规则也必须是普遍适用的，这就是"万民法"的核心含义。

公元 216 年的罗马皇帝卡拉卡拉发表敕示，"准许全体在罗马帝国统治下的自由人民享有罗马市民的特权。其效果之一就是把《万民法》正式归并于《市民法》中使其成为一种伟大的普通法制"。[①]两套法律体系合二为一，变成罗马法系，适用于整个罗马帝国的世界体系。当然在罗马的共和国时期，罗马私法要成为一种世界性体系还有很长的路要走。

不论"市民法"还是"万民法"，或者是合并后的罗马民法都是一个法律意义上的概念，而没有特殊的哲学含义。而与此对应的自然法（Ius naturale）则是一个哲学用语。民法的采用和实施为自然法在实质上的公正提供了某种保证，而自然法又为理性的规则提供了一个与实践接触的契合点。罗马民法是罗马共和国的大法学家所完成并由各裁判官锻炼出来的。于是这些大法学家的注释和"裁判官告示"也就具有同等权威。盖尤斯（Gaius）、帕比尼安（Papinian）、保罗（Paul）、乌尔比安（Ulpian）和莫德斯汀（Modestinus）为罗马时代最著名的五位法学注释家。

（接上页）者对原初 Lex 的不断阐释中逐步形成的。同样，在 ius 背景上制定的 Lex 实际上也是一种阐释。如果说对 Lex 的应用是司法阐释的话，那么制定 Lex 的阐释则是政治性的，法律制定者（legislator）对 Lex 来说是立法者，对 ius 来说则是阐释者。每个民族的律条体系（Lex）之上，都有其赖以确立的整个礼法秩序（ius）作为其正当性源泉。因此，ius 同时也就是"正当"或"正义"一词的正式拉丁名称。在英文里，具有正当之意的是 right 而非 law，是以有严谨的学者将 ius natural（自然法或自然正当）翻译为 natural right 而非 natural law。现代政治法学中日益重要的"正当性"与"合法性"对峙问题，实际上便源于 ius 与 lex 的关系。参见：丁耘：《罗马法何以可能？》，《读书》2003 年第 12 期，第 56—57 页。《法律的故事》一书的作者则认为"在罗马法中，出现了 jus（一般意义上的法）和 lex（取决于法令的法律）的区分。"［美］赞恩：《法律的故事》，于庆生译，中国法制出版社 2011 年版，第 163 页。

① ［美］莫理斯：《法律发达史》，王学文译，姚秀兰点校，中国政法大学出版社 2003 年版，第 137 页。

公元 426 年，瓦伦提尼安三世（Valentinian Ⅲ）规定只有上述五位注释家的作品才可以在法院引用。公元 438 年狄奥多西二世（Theodosian Ⅱ）颁布谕令把所有的法律条文系统化为成文法典，史称狄奥多西法典。纪元 529 年，东罗马皇帝查士丁尼整理颁布查士丁尼法典（Code of the Emperor Justinian），正是因为查士丁尼法典，东罗马在后世的文明史上留下了最为重要的一笔。查士丁尼法典包括《法典》（Code）、《学说汇纂》（Digest or Pandects）、《法学阶梯》（Institutes）及《新律》（Novellae）。

罗马十二铜表法在施行大约 980 年（即公元前 451—529 年）后被查士丁尼法典所收集和整理并被永远铭记。到这个时候，才能说罗马民法达到了最为完善的地步。莫理斯这样评论这一过程：

> 在此一千年的时期中，罗马最有构造能力的人物，罗马帝国最伟大的建设者以及法理学的空前伟大的构成者，得到了梭伦法的重大帮助，并且受到腓列基、罗得和迦太基的援助，把一种很简陋的自然法则演进为一种任何民族的天才家所未曾发现过的法制。他比其他任何的法制也不知要优美得多少，就是英国的普通法也不能例外，这是为一般公正法学者所不能否认的。①

因此，查士丁尼的伟大并不在于他的武功，尽管他收复了很多被蛮族人占领的罗马失地，而在于他对罗马民法典的编制。罗马之所以能够长久统治如此众多的国家以及能够使不同民族融合于一体，其秘诀就在于罗马法律之公正无私，而不是由于罗马武力之强悍兴盛。莫里斯在 1909 年更是认为：

---

① ［美］莫理斯：《法律发达史》，王学文译，姚秀兰点校，中国政法大学出版社 2003 年版，第 143 页。

罗马（帝国时期）社会制度之与我们（美国）今日之所有的相同实远胜于我们制度之类似二百年以前的英国制度。国家由自由民组成。没有等级区分，没有显贵称号，没有特权贵族，没有世袭族籍，也没有品位区别，只有像我们一样暂时的官职任期。人人在法律上是平等。土地所有权是绝对的，正和我们现在的一样。土地可以当作商品。夫妻对于他们的财产是一种实际的合伙。已婚妇女可以完全自由处理其个人之特有财产。往来交际在罗马各处是极端自由的……我们现代的一切工作都不过是从事于罗马制度的恢复罢了。[①]

罗马法学体系在实践中已经清晰地表现出了合理化的司法程序：由原告即诉讼当事人诉讼案件，裁判官传唤被告出庭；被告若难以否认原告的权利，则将被判败诉，反之则需要答辩；但是如果被告提出了他自身对原告权利诉求的抵消性权利，那么被告的答辩就被成为抗辩（an exception）。这些实践正是日后英国答辩制度的前身和源头。这样，"希腊法关于原告必须获得他所主张的赔偿的原始制度被废除了，如果关于损害赔偿存在争议，则由法官加以确定"[②]。

罗马法一直被认为是适用于市民之间的私法部门，而罗马法的卓越之处也在于调整个人之间权利和义务的私法体系。在公法领域，由于罗马共和国在向帝国转型的过程中并没有形成一种所谓以一般市民权和联邦政府为基础的联邦政体的罗马制度，就像希腊一样，从行省征收岁赋的

---

① ［美］莫理斯：《法律发达史》，王学文译，姚秀兰点校，中国政法大学出版社 2003 年版，第 149、150 页。
② ［美］赞恩：《法律的故事》，于庆生译，中国法制出版社 2011 年版，第 164 页。

城邦概念注定罗马人无法为更为辽阔的疆域发展出新的制度形式。最终作为元首奥古斯都的皇帝成为庞大行政体系中的最高行政和立法权力，民族感和爱国情感始终没能培养出来，这最终终结了罗马法在实践中可能出现的公法创新。①

人是相似的，生下来就对自由拥有同等的权利，这本是一个极其一般而且同时又是极其简单的道理。但是，罗马和希腊的最精明最博学的天才，从未达到这样的思想境界。他们试图以种种办法证明，奴隶制度是合乎自然的，并且将永远存在下去。……只是耶稣基督降世以后，他才教导人们说：人类的所有成员生下来都是一样的，都是平等的。②

中世纪的黑暗时代确切地是指在西罗马帝国灭亡之后的公元6世纪一直到罗马西欧地区在11世纪开始的文化小复兴之前的这500年左右。之所以说黑暗，是因为这一地区在先后受到来自北方的蛮族和来自东方的异教徒的残酷蹂躏后，原先的古希腊和古罗马文明不仅停滞不前，而且近乎可以说遭受到灭顶之灾。因此这一时期的哲学和科学完全畏缩为神学的奴仆，换言之，古代哲学、政治、法学都被一扫而光，被合并到神学当中。

---

① ［美］赞恩：《法律的故事》，于庆生译，中国法制出版社 2011 年版，第 179 页。
② ［英］罗素：《西方哲学史》（上卷），何兆武、李约瑟译，商务印书馆 1963 年版，第 531—532 页。

第三章　古代共和国的是是非非：
　　　　城邦与公民之间的张力

纵观人类文明史，少数人发现的事实真相乃至真理最初总不能为多数人认可，而少数人的坚持则必然要冒被多数人视为"异类"乃至"异端"的风险；然而，一旦多数人认识和认可了少数人发现和宣称的真理，则此时的真理便已走下神坛而变身为"常识"。于是，再有一批少数人再次披荆斩棘，继续前行去发现和探索未被多数人认识的下一个真理。

如此循环往复，便推动着人类文明日拱一卒，负重前行。因此，判断一个国家和社会是否真正自由，最可靠的检验试金石便是看少数人的自由权益究竟享有多少安全，究竟是否能得到保障。

雅典的伟大在于其民主制度，在于以民主制度来使得贵族和平民两个阶级分享政治权力；而雅典民主制度的缺陷则表现在其对于"多数票决"的民主制度缺乏制约，因为脱离开自由、正义和法律平等的民主政治根本就是暴力政治。"全体人民（公民）的统治，也就是人数最多和势力最大的阶级的统治，有着同纯粹君主制一样的邪恶。因而基于同样的理由，需要有自我制约的保障制度，并且应当实行永久的法治，以防止舆论的专横革命。"①

共和制的罗马同样如此，贵族和平民之间无休无止的较量始终无法完满解决。贵族认为自己才是王政时代国王的精神后裔，原先国王的权力只有他们才可享用，即只有贵族才是真正的罗马人；而平民一方自然是心不甘情不愿。虽然一度平民被承认有平等的政治权利，但是贵族和平民之间的阶级冲突始终没有能处理好。这种阶级冲突在雅典那里延续了大约一代人之久，而在罗马竟然持续了两个世纪。冲突自然引发战争，先是内战，内战不能解决冲突便对外侵略。

说"共和的罗马成也战争，败也战争"虽不科学，但必有一定道理。因为战争，共和国摇身变成帝国，而帝国的支柱军团将领无疑成为破坏元老院共和政体的不安分因素，将领们为染指权力，必定要靠自己的军队，而依靠军队必然会给军人乃至平民或贫民分配自由和权益。一个在海外经常胜利的民族，统治者在国内不大容易盛气凌人。这些端缘于共和罗马的"不自由，毋宁死"；其次，因为罗马由一个城市共和国扩大而为一个世界帝国，罗马城之外的意大利诸民族便开始越来越关心获取罗马人的公民权，因为拥有罗马公民权某种程度上便意味着拥有代表世界主权的权利，一个人不是罗马公民就什么都不是，而拥有罗马公民权就等于拥有一切。此即罗马城外或蔓延至意大利区域的"不自由，毋宁死"。罗马城若不舍得给予外族和外地此一珍贵的公民权益，则必然要退回到孤独的罗马城池，若给予，则普天之下皆为罗马人，尽管罗马公民的身份依然有用，但其所包含的"特权"和"荣耀"已被大大稀释，如此一来，则共和的原则就不啻为纸上谈兵，空有理想，因为实践中无法行得通、落得实。因此罗马共和的公民权利成为罗马荣耀和衰

---

① ［英］约翰·阿克顿：《自由与权力》，侯健、范亚锋译，商务印书馆 2001 年版，第 40 页。

败的一把双刃剑，成由它，败亦由它。[1]

与雅典一样，罗马可能也认识到无论贵族和平民任何一方对权力的垄断都会产生对城邦不利的因素，然而，双方都无法从理论上解决这一阶级冲突的难题，而只能采用"你进我退，你退我进"的拉锯战，这一点在古代罗马尤甚。格拉古兄弟领导的平民革命便是罗马共和国历史上一段悲怆奏鸣曲。在元老院眼中，格拉古兄弟背叛阶级、野心勃勃、十恶不赦；而在平民眼中，二人则是底层情怀、冰清玉洁、心底无私。同日后的恺撒相比，格拉古兄弟的失败无非是手中没有对抗元老院的军队而已。不同的是，雅典在伯里克利之后的民主政治直接导致了衰败和灭亡，而罗马则最终由恺撒的军人（平民）政治而终结了元老院的贵族共和制度，渐次走向了帝国时代。

在与平民分享权力、财富和土地的时候，贵族集团如果不妥协不退让势必引发新的内讧，但如果一味退让，由于平民绝对的数量优势，将退无可退。所以战争掠夺的财富虽然可以解决一时的矛盾和冲突，但并不能解决人们内心对财富和权益无止境的渴望和欲望。最终，只有军方的独裁出场才能平定双方的野心和欲望。这也是罗马帝国奥古斯都的独裁元首制必然替代共和制而登场的原因。

在戴克里先之前，罗马帝国保留着共和的形式。但是就像保民官胜利之后人民的意志一样，皇帝的意志不受任何控制。[2] 不过按照阿克顿的观点，"对于自由的事业，罗马帝国却比罗马共和国做

---

[1] 孟德斯鸠甚至直截了当总结说：引发罗马灾难并把人民的骚动变成内战的，完全是由于共和国的庞大。参阅［法］孟德斯鸠：《罗马盛衰原因论》，婉玲译，商务印书馆1962年版，第51页。这也是美利坚合众国独立后在费城制宪会议中反复争议的宪法所要确立的共和制国家政体，不论是联邦党抑或是主张"州权"的反联邦党，最终都以"自治"为支撑的原因。

[2] ［英］约翰·阿克顿：《自由与权力》，侯健、范亚锋译，商务印书馆2001年版，第42页。

出了更大的贡献"①。

这正如同日后法国大革命当中于 1805 年推翻共和国的拿破仑一世和 1859 年处于权力巅峰时的拿破仑三世受到广大民众欢迎是一个道理，因为穷人获得了他们在共和国时期无望获得的东西，富人的日子也比"三巨头"时期好过。罗马公民权扩展至各个行省的人民。罗马最为耀眼的民法体系都是帝国的产物。奴隶制的矛盾和冲突得到了缓解。确立了宗教宽容的制度，开启了国际法的先河，完善了财产法体系。②

因此，罗马共和时代包括之前的古代雅典城邦民主时代虽然可以算得上人类文明史上的古典黄金时代，一切似乎都完美得不可挑剔，却缺少了现代民主共和制中最为灵魂的东西即在法律面前平等的自由和权利。换言之，在古典的古代世界中，尤其与东方的专制王朝相比，它令人羡慕地提供了公民权这一特权保护，但在人权方面却极其残忍和粗暴，奴隶、罪犯、奴仆、债务人、妇女甚至是未成年人遭受任意的残暴对待。

古代雅典共和制和罗马共和制自由的缺陷主要表现在：它是权力的自由而不是权利的自由；它是国家和城邦的特权而不是个体和私人的特权；它是道德和宗教的合一，也是道德和政治的无别；它只关注整体的物质功利和实效而根本忽视个体的精神权益和福祉；政治的立法者同时也是宗教的首领和道德的权威；公民相对于城邦和国家就如奴隶相对于贵族和主人；如果公民是乘客而城邦是轮船的话，那么乘客的存在是为了轮船而不是反之。换言之，城邦和国家是个人和公民存在的目的，而后者仅仅是手段。真实的个体是为

---

① ［英］约翰·阿克顿：《自由与权力》，侯健、范亚锋译，商务印书馆 2001 年版，第 42 页。

② ［英］约翰·阿克顿：《自由与权力》，侯健、范亚锋译，商务印书馆 2001 年版，第 42 页。

抽象的城邦而存在的。①

古代希腊和古代罗马是西方文明的一个源头：希腊的自由民主和科学以及罗马的政治法律和共和等。日后的文艺复兴追溯的正是这种古代的思想而非古代的制度。然而他们的制度无论怎样好，也终究是古代的。这种古代制度本质上是统治的制度，而不是自由的制度；只是城邦和国家的制度而非个体和公民的制度。

譬如苏格拉底这位异教徒②虽然在对知识的思考辩论以及对认知的逻辑和进路中已经达到了今人都难以超越的地步，虽然他公开声称他必须服从神而不是雅典多数人的意志，但依然没有认识到世俗法和人定法之上的自然法和神法；柏拉图和亚里士多德的《法律篇》以及《政治学》，即便今世之政治思想大家都很难望其项背，然而，他们思想中聚焦的仍然只是现世与现实的城邦的统治或是聪明的治理，而并不能将个人的自由追求和权益保障注入政治的德行要素里面。

譬如柏拉图和亚里士多德都意识到君主制容易僵化为专制或僭主制；贵族制容易蜕变为寡头制；而民主制则容易变形为多数暴政制。他们几乎都有这样的共识：即人民虽然有统治的权利，但是却没有单独统治的能力。他们为此设想过混合体制，但也仅仅停留在思想的想象或者是沙盘的推演当中，在古代的现实生活中从来也没有实现过。

这就如同近代宪政是限制君权的产物，柏拉图时代的先哲也设想过限制民主（多数暴政）的制度设计。所不同的是，前者限制君

---

① 可参阅［英］约翰·阿克顿：《自由史论》，胡传胜、陈刚、李滨等译，译林出版社2012年版，第22—23页。
② 按照日后基督教中心主义的逻辑思维，凡是基督教在罗马获得合法性之前的所有其他信仰者皆为异教徒，当然反过来也是如此，耶稣的门徒在罗马刚刚传道尤其受到迫害的时候也被称为异教徒和无神论者。

权是以自由的名义，维护的是多数人的权益；而后者限制民主则是以统治和稳定的名义，维护的是少数人的权益。罗马共和国的末期，与恺撒针锋相对寸步不让的古代共和主义旗手小加图，便是反对民主（多数暴政）的急先锋。

然而，不论是柏拉图等先哲的理论设计抑或是小加图不屈不挠的身体力行，最终都不能如愿。其根本症结依然如此，在个人的自由和权益不能经由中世纪的自然法和神法催生出之前；在先哲们认识不到在最高的政治目标之上应当有一个更高的道德目标之前；在不知政治权力有限，且更不清楚以分权和制衡等限制手段来制约独断专行之专制政府和独裁权力之前，这种理想终究只能停留在理想的层面。

某种程度上，正如孔子"克己复礼"之说是对西周复古的理想，孔子大同世界的理想国也无非是对尧舜周公等圣贤的"哲学王"之治而已；而柏拉图生活的雅典时代，民主制度已经千疮百孔，日薄西山。他的理想国同样是对他之前雅典黄金时代的复古。

柏拉图从未注意到商业在改善人类命运中的巨大作用，在他眼中，商业和贸易都是罪恶。亚里士多德亦曾公开指出：那种让人们按其意愿自由生活的政府是世上最为恶劣的政府。他还认为，为了奴役邻国人民而发动袭击战争没有什么不好。柏拉图更是公然鼓吹废除家庭和抛弃婴儿。这一切都需要中世纪哲学中神的智慧的救赎，需要近代哲学中教育人民珍视自由和承担自由责任之理念的出场。

阿克顿据此认为："一个高尚的灵魂，宁愿自己的祖国贫弱和微不足道但自由，也不愿她强大富足却遭受奴役。宁可做阿尔比斯山间一个疆域狭小、对外界毫无影响的共和国的公民，也不愿做一个雄霸半个亚欧的强大独裁国家的臣民。"①

当然，就古代希腊和罗马后世遗产的另一面，阿克顿认为近代以来种种违背自由主义的诸如乌托邦主义、功利主义、专制与权威的混淆以及无法无天与自由的混淆等亦可追溯到古代希腊和罗马。

譬如早期的智者诡辩派西诺普的第欧根尼便是乌托邦思想的源头。伊壁鸠鲁则某种程度上是现实主义和功利主义的鼻祖。毕达哥拉斯的政治理论某种程度亦是精英主义的寡头制。普罗塔哥拉虽然举起了民主的旗帜，站在了多数的一边，但终究在革命的洪流中与贵族精英主义同归于尽。

然而，古代希腊还是为中世纪自然神法与最高正义的出场埋下了伏笔：赫拉克利特看到了精英和民众的相辅相成，看到了既存秩序的长处和缺陷，看到了斗争和改变才是维持生命的源泉和主宰，看到一切变化无常背后的至高无上的理性。一个人永远不能两次踏入同一条河流，据此法律的维护并不仅仅依靠所谓政治的权威，若是违背了那至高无上的理性，所有的权威都会无能为力。

斯多葛学派更是认识到：几乎没有什么东西可以保证一国法律的英明和公正，一个民族全体一致的意志和民众的同意皆容易出错。检验良好统治的办法，是看它是否符合可追溯至一个更高立法者的原则。一切人间权力都应归因于它，并为它而牺牲一切尘世功利之法。

据此可以推论一个重大的问题在于：不是政府规定什么，而是应当规定什么。因为凡是有悖于人类良知的任何命令都是无效的。因此在上帝面前，一切人皆生而平等，无希腊人与野蛮人之分，无富人与穷人之分，亦无主子和奴仆之分。尘世的权威虽然可以左右我们的行为，但只有上帝的福音才可以掌握我们的灵魂。因此，我

---

① ［英］约翰·阿克顿：《自由与权力》，侯健、范亚锋译，商务印书馆 2001 年版，第 49 页。

们希望别人如何对我们，我们就当如何对待别人。宁可受苦，不行不义。真正的自由在于服从自己的内心、灵魂和上帝。也因此，无论征服还是购买，都不能使一个人成为另一个人的财产。[1]

哲学学说造就了自然法高于成文法，实际上这也正是日后美国思想家梭罗所谓的"公民的不服从"（civil disobedience）理论的源头。这些思想在西塞罗、塞涅卡和斐洛的著作中都得到了淋漓尽致的展现。"也只有在自然法之中，我们才能看到所谓人之不可让与[2]之权利的依据。这种称谓是因为他们在乎一切人为法之上。"[3]

然而，古代希腊和罗马的古典著作无论多么灿烂辉煌，有三样东西自始至终没有其中出现——代议制政府、奴隶解放和良知自由。[4]

代议制政府的关键是人民的选举，人民的意志通过选举出的代表来展现。托克维尔讲，使美国的民主制度昌盛的，并不是被选举出来的行政和立法官员。美国的民主制度之所以能够繁荣昌盛，是因为这些官员是通过选举产生的。[5]

代议制政府的核心是有限政府，因为只是代表议政，而不是人民议政。代议制政府的暗示是其权力的界限只在于世俗事务，她不可以随意干预人们的良知自由，因为后者只属于神和上帝。而且即便是对世俗事务的干预，政府的权力也不可违背人们信仰的自然正

---

① 参阅［英］约翰·阿克顿：《自由与权力》，侯健、范亚锋译，商务印书馆2001年版，第50—51页。

② 不可让渡，或不可剥夺——引者注。

③ ［美］莫理斯：《法律发达史》，王学文译，姚秀兰点校，中国政法大学出版社2003年版，第11页。

④ ［英］约翰·阿克顿：《自由与权力》，侯健、范亚锋译，商务印书馆2001年版，第52页。

⑤ ［美］托克维尔：《论美国的民主》（下卷），董果良译，商务印书馆1988年版，第633页。

义。正如西人所言：恺撒的当归恺撒，上帝的当归上帝。

萨拜因认为，我们今日所谓公民和国家的概念在古代希腊的政治概念中是不存在的。雅典城邦哲学家从没有想到现代政治哲学中国家和公民之间的紧张和权衡：既要给国家以权力使得其有效，又要保障公民足够的自由不受侵犯。雅典城邦哲学家认为所谓正当（right）或正义（justice）就是建构或组织公民的某种共同生活，而法律的目的就是确定每个人在城邦的整个生活中应有的地位、职位和作用。公民享有各种权利，但这些权利并不是私人人格的特性；这些权利从属于他所任的职位。公民也承担各种义务，但这些义务并不是国家强加于他的；这些义务源自他实现自己的种种潜能的需要。希腊人颇为幸运地没有受到这样两种幻觉的影响：一是幻想他享有一种为所欲为的固有权利，另一种是自命他担当的义务乃是"源自上帝的严峻意旨"[1]。

伯尔曼指出，整个欧洲从 1075 年至 1122 年半个世纪的内战，其实质正是格列高利七世发动的教皇革命。"教皇革命把罗马教廷从屈服于皇帝、国王、封建领主的附庸地位中解放出来，并建立了以罗马教廷为首的僧侣等级制度，包括建立了一套等级化的教会专门法庭以解决纠纷并贯彻教皇的立法。"[2]

世俗法的发展同样如此，由于封建法、地方庄园法、各种商法、城市法以及普通法等的相互竞争，法制的发展也逐渐朝着普遍化、客观化、权利互惠和自由民等平级人士（peers or equals）参与裁判的过程。这一发展强化了法制而淡化了人治，强化了平等而弱

---

① ［美］乔治·萨拜因：《政治学说史》（城邦与世界社会卷），邓正来译，上海人民出版社 2015 年版，第 58—59 页。
② ［美］哈罗德·J. 伯尔曼：《法律与革命》（第二卷），袁瑜珺、苗文龙译，法律出版社 2008 年版，第 4 页。

化了差异。不同地区封建庄园法律的地区性差异逐步减少，各个阶层从骑士到国王都要服从某些共同的法律规则。这些都为日后资本主义公法的到来和出现奠定了学说观念和实践基础。在公法正式登场之前，欧洲世俗法中对欧洲文明推动最为显眼和耀眼的是城市法和普通法①的发展。

梁治平在对伯尔曼《法律与革命》一书的书评中写道：城市法乃是城市共同体的法律制度，它具有明显的后世的宪法特征。城市法律是根据成文的特许状建立起来的。这些特许状既包含有政府组织的原则，又有关于市民权利和特权的规定，可以认为是"最早的近代成文宪法"。相对而言，世俗法内最引人注目的发展是在王室法方面。这方面首先表现在国王本身受法律约束，倘若国王的命令是非法的，在某种情形之下，其臣民甚至有权利不服从这种命令。这一信念不仅植根于神学信条（世界本身即服从于法）之中，而且植根于社会结构（宗教权威和世俗权威的二元性以及世俗权威彼此共存的多元性）和社会关系（比如封臣"反抗"其领主的权利和农民根据庄园习惯而保有权利）之中。②

意大利思想家拉吉罗也这样认为：先是教皇反对国王的国家至上思想，后是国王反对教皇的精神至上思想，正是两大权力体系之间的这种冲突，有效地防止了个人遭受完全奴役的危险。如果不是教会与国家的长期竞争，西方人民必然和东方一样要陷入一种停滞

---

① 英国普通法（Common Law）实在属于一种美丽的误译，按照其内涵应该翻译为"共同法"或"王室法"，因为它不同于分散全国各地各行其是的地方法和封建庄园法，是由王室主持的法庭统一裁决，因此，相对而言更能持守公平的水准。与成文法相对应，普通法属于"不成文法"；与制定法对应，它是"习惯法"；与大陆法（罗马法）对应，它是英国法；与教会法对应，它是世俗法。普通法是整个西方法律史上的异类，它的基础是判例法，也就是说它的法律主体是由以往的审判结果构成的，这和欧洲中世纪大多数地区通行的罗马法形成鲜明对比。

② 参见梁治平：《公法与公法文化》，《读书》1994 年第 9 期。

不进的政教合一的神权政体。教皇认为各国国王争取本国民族教堂的控制权就是对国民的奴役；反之亦然，国王们认为若是本国的民族教堂受制于教皇的管制，则同样是奴役。因此，教会和国家是两个独立自主的机构，是两个分离而独立的国家，教皇和国王则分别是两个机构和国家的最高统治者，双方各拥有一半的自由，也各掩藏着一半的奴役。[①]

"正是在封建社会里，自由化整为零，并且（不妨说）分化为无数特殊的形态，而每一种形态的都覆以同时起隐蔽和保护作用的外壳。这外壳的名字便叫作特权。自由得以存在的唯一方式，是国家的力量削弱到仅仅成为一种外在的形式。当缺乏较高层次的公共防护力量的时候，个人就不得不试图以自己的力量保护自己，不得不遵循至为密切的亲属关系彼此联合起来，以便提供最低限度的安全，这对发展他们的创造性来说是必不可少的。封建贵族、城乡社区、商业行会，都是特权团体；在每一个封建内部，每个人都是自由的。"[②]

在这种封建等级制度的中世纪时代并不存在近现代所谓的公共权利或政治自由，那个时代的自由都是建构于"财产、契约、继承和家庭"等关系之上的所谓私人权利或公民自由。所谓"自由的法律来源也正在于此：一部分内在于有关财产和家庭的明确定位；另一部分则产生于契约或赠予"[③]。

换言之，西方中世纪是私人权利和公民自由占统治地位的时

---

① 参见［意］圭多·德·拉吉罗著：《欧洲自由主义史》，［英］R. G. 科林伍德英译（1927年版），杨军译，张晓辉校，吉林人民出版社2001年版，第18页。
② ［意］圭多·德·拉吉罗著：《欧洲自由主义史》，［英］R. G. 科林伍德英译（1927年版），杨军译，张晓辉校，吉林人民出版社2001年版，第1页。
③ ［意］圭多·德·拉吉罗著：《欧洲自由主义史》，［英］R. G. 科林伍德英译（1927年版），杨军译，张晓辉校，吉林人民出版社2001年版，第2页。

代，又或者可以这样说，中世纪是只有私人领域而无有公共领域的时代。这便与古代，尤其希腊城邦中只有公域而无私域打了个颠倒。不过这种私人权利与公民自由，或者所谓私域与近代以来的私域范畴下的个体自由与权利仍然完全不同，它不过是把 100 个人的一个大家庭（城邦）分成 10 个分别由 10 人组成的小家（庄园）而已。所以，严格意义上的以个体为根基的公域与私域范畴的"公私分明"只有等到近代自由主义兴起之后才能出现。

欧洲封建时代各分封地上的人们，除非关涉民族利益否则很难挺身而出，而这种所谓民族利益的攸关和我们中国所谓天下兴亡之情境类似，此时的奋起抗争便是作为肩负起匹夫有责的公共政治权利和道德自由责任。这便有些类似 2000 年中国农业社会下形成的小农利益模式——人们只操心几亩薄地的收成和老婆孩子热炕头的家庭生活而对所谓国家之兴亡漠不关心，因为国家或者说王权的兴亡与自身的利益关联不大。

从另外一个角度来说，西方中世纪的政治自由观念之所以不同于近现代的公共自由，是因为前者的自由并非像后者一样建基于天赋人权的人之为人的神圣之人性观念之上，中世纪的政治自由仅仅是王权与贵族和人民之间签署的一纸世俗协议，"它可以像财产一样买进卖出"①，所以政治自由在中世纪之所以可以忽略并非它没有，或者说并非人们不知晓这一概念，实在是这种政治自由被世俗的财产买卖和契约交换给踩在脚下而已。这正如圣经旧约里说的亚伯拉罕的儿子以撒的长子以扫为了喝一口红豆汤竟然将自己的长子

---

① ［意］圭多·德·拉吉罗著：《欧洲自由主义史》，［英］R. G. 科林伍德英译（1927年版），杨军译，张晓辉校，吉林人民出版社 2001 年版，第 2 页。

名分权利出卖给了弟弟雅各。①

中世纪的政治自由是形而下的可以当作财产一样来买进卖出的交易契约。这一方面是由于中世纪的西方有神权政治的干预，在欧洲大陆表现得尤为明显，以至于迟迟不能形成所谓的近现代民族国家。西方近代史所谓"三十年战争"最终造就欧陆民族国家的成型和出场的说法亦是一个明证。而没有民族国家，近现代所谓的政治自由当然就很难有施展的舞台，这是其一；第二个原因则在于中世纪的封建制度所形成封建特权自由，或者说是私人权利自由，是建基于君主和贵族的封建契约之上的。

而在这种契约下，"君主权力的最初来源，与其他领主贵族的权力并无不同，两者的权力同样由财产得来；在财产当中就包含所谓政治主权，也是天经地义的事情。于是，他们之间的关系，就是主权者与主权者的关系，或者更准确地说，是私人与私人的关系，是自由人与自由人的关系。这种权利方面最初的平等，产生出中世纪时期封建君主得以组织起来的关系，同时，在其中已经包含着未来矛盾冲突的种子，双方不久便开始为维持和发展各自的权力而斗争；贵族致力于加强其特权体制，君主则致力于摧毁贵族的特权，并将臣民沦于臣服的最低极限"②。

就国王和贵族之间的斗争对近代自由主义的推动，拉吉罗的总结可谓一语中的：如果不存在某特权阶层（指封建制度下的领主贵

---

① 犹太文化中长子的地位十分重要，可以得双倍的产业，可以代表全家做族长，因为长子是父亲年壮的时候生出来的，上帝特别应允长子的福分。圣经的这个故事放在这里有恰到好处的隐喻，因为以扫为了形而下的一点吃喝而舍弃了自己形而上的并且是上帝应允的长子权，这不就是为了皮囊而舍弃了灵魂吗！以扫把上帝先天给他的恩典轻易地卖掉了，而雅各则抓住机会，用物质来换取恩典，当然这又是圣经的隐喻，即雅各追求灵魂和心灵的富足要甚于对身体和物质的看重。

② ［意］圭多·德·拉吉罗著：《欧洲自由主义史》，［英］R. G. 科林伍德英译（1927年版），杨军译，张晓辉校，吉林人民出版社2001年版，第3页。

族——引者注）的有效抵制，君主制唯一的成果，只能是把人民变为奴隶；如果没有君主专制同样的努力，特权体制不论扩展到何种程度，永远不能跨越特权与自由一词本义之间的鸿沟——这样的自由，便是使特权越来越普及，直至使特权自行废止的程度。①

孟德斯鸠则认为：因为君主政体里的君主是一切政治的和民事的权力源泉，而贵族则是附属于君主的自然的居中的或是缓冲的执行权力。所以君主政体的基本准则就是：没有君主就没有贵族，没有贵族就没有君主。没有贵族的君主国，要么君主将成为暴君，要么人民起而推翻王权实行平民（暴民）政治。②

---

① 参阅 ［意］圭多·德·拉吉罗著：《欧洲自由主义史》，［英］R. G. 科林伍德英译（1927 年版），杨军译，张晓辉校，吉林人民出版社 2001 年版，第 3 页。
② 参阅 ［法］孟德斯鸠：《论法的精神》（上册），张雁深译，商务印书馆 1959 年版，第 18 页。

第四章　法国和英国的封建分封制：
离心和向心

　　中世纪法兰克的分封制度已经将封建制度发展到极端了，在他们的统治下，土地成为万物的尺度和主人。这种分封土地的制度实际上是效仿古代罗马人的办法，即国王向跟随作战的武士授予土地作为战争的回报和奖赏。

　　中央把土地作为"采邑"封给大封建主，大封建主再把它封给自己的臣下，层层分封，层层结成主从关系，形成阶梯似的等级制，这是西欧封建土地所有制的基本特征。封主有责任保护封臣，封臣必须忠于封主。日耳曼蛮族部落中的"酋长、长老和人民"天然转化为封建体系中的"国王、贵族和人民"。各个独立而封闭的部落封建庄园内自成一体，领主与封臣根据相互之间达成的私人契约来规定每一块采邑所缴纳的租赋，与他人无关。各个王国或采邑的事务属于国王和领主的私人事务，亦与他人无关。

　　英格兰的分封制则与法兰克有所不同。从欧洲大陆开进英格兰的诺曼底公爵诺曼·威廉随之将这种分封建制带到了海岛之上，部分改造了盎格鲁·撒克逊时期的习惯法和自由制度。而且这种分封与效忠和欧陆更有不同，各级封臣除了效忠自己的直接封主，还都要效忠于国王。即所谓附庸的附庸也要宣誓效忠国王。在军事服役上的效忠更是由国王所垄断，即各级封臣在军事服役上只忠诚于国王而并不效忠于自己直接的领主。不过这种土地分封的契约不同于近现代社会的非人格化的商业契约，"土地的受封者在人格上变成了封主的臣属，必须效忠、服务，甚至为主人而献身。反之，封主对封臣肩负保护其司法权益的义务"。①

正是这种欧陆和英伦的封建制度的不同造成了在英国日渐崛起的中央王权集中制，而在欧陆神圣罗马帝国灭亡后的阿尔卑斯山以北广大地区造成了众多分崩离析各自为政的日耳曼邦国。简言之，封建主义在英伦带来了向心，而在欧陆造成了离心，封建中古后期的法兰克的波旁王朝虽然也后来居上，但其中央集权制的黄金时期仍然晚于英格兰的都铎王朝。

当然英格兰封建制度的特殊性在于其虽然向心，但又不至于完全如后来的波旁王朝那样集权，这正是由于征服者威廉的诺曼民族和原有的被征服的盎格鲁·撒克逊民族两种传统文化之间的冲突与平衡，分裂与融合所造成的。②

于是封君封臣，大领主和小领主以及被束缚和捆绑在采邑领地上的农奴们便构成了以契约为特征的封建等级制。这种等级制度下的封建自由是同一平等集团和平等身份内部的自由和权利，换言之，自由仅是平等者或相同阶级与阶层之间的平等自由，不平等者或不平等阶层和集团之间不可能拥有平等的自由，有的只能是暴力和冲突。所有人的平等保护不仅在实践中不存在，即便在理论上也不可能存在。这便是中世纪封建自由和契约自由中显明为特权自由的最为根本的特征。

---

① 钱乘旦、许洁明：《英国通史》，上海社会科学院出版社 2002 年版，第 40 页。
② 参见［比］R. C. 范·卡内冈：《英国普通法的诞生》，李红梅译，商务印书馆 2017年版，第 24—31 页。

中世纪中后期，西欧各封建王国国内存在王权与贵族的斗争，国外存在王权与教权之间的斗争。这三种势力中，任何两种势力的结合都基本上可以压服第三种势力。可以说，没有这种斗争，英格兰的《大宪章》就很难出笼。

而且教权和王权的斗争也在各个王国形成不同的政党，比如圭尔夫派的教皇党和吉伯林派的保皇党等。① 日后宗教改革使得基督教二次分裂时，欧洲各个王国内的阶级斗争大体上也是如此。凡是在国内出现利益冲突的阶级，其所信仰的不同教派之间亦是水火不容。比如保皇党（托利党）信仰天主教，而议会党（辉格党）则信仰新教。

诺曼征服后的英国王室正是借助于普通法和平等人士参与裁决的陪审团制度，逐步战胜了封建庄园法庭，从而为日后的中央统一王国奠定了基础。诺曼征服英格兰"不仅剥夺和消灭了原先的盎格鲁·撒克逊旧贵族的统治，更为重要的是带来了一个分裂的社会，一个由法国人和英国人共处的社会。在这里，居主导地位的少数人引进了与占多数之本地民众颇为不同的价值、规则和语言"②。

如果说教权和王权的拉锯战为日后欧陆近代宪政时代的到来做了历史性铺垫，那么也可以说盎格鲁的英格兰旧贵族和诺曼的法国新贵族的对抗为日后英伦制约王权的宪政观念埋下伏笔。实际上1215年的《大宪章》便是这一对抗和冲突最为直接的宪政后果。

---

① 中世纪末期导致意大利分裂并引发内战给意大利带来巨大灾难的两个党派。当然意大利的圭尔夫派与吉伯林派又传承自当年日耳曼德意志（神圣罗马帝国）的维尔福派（Welfe）与魏布林根派（Waiblingen）。一般认为圭尔夫派支持教皇，而吉伯林派则支持世俗皇权。现实当中尤其中世纪末期随着世俗力量的扩大，教权和俗权争权夺利势如水火互不相容，成为整个欧洲中世纪后期乃至近代现代全部战争和灾难的一个死结。

② ［比］R. C. 范·卡内冈：《英国普通法的诞生》，李红梅译，商务印书馆2017年版，第24页。

　　自诺曼征服以至英国内战的将近 600 年间的历史，除过教会和贵族联合对抗国王，以及国王和贵族联合对抗教皇和教会之外，就是国王和贵族之间的利益之争，在国王和贵族的斗争中，双方竞相收买地位低下的臣民阶层以及日渐崛起的城市商业阶层。"国王为了赢得不是自己直接陪臣的中下级贵族的支持，则越来越多地以臣民的法律保护人自居，直到最后把这项法律保护扩大到所有的自由民。"① 这也即普通法（王室法）声称的保护"每一个人都有权获得本地与其地位同等者的裁决"②。

　　最终，随着新兴贵族的羽翼丰满以及国王王权专制的恣意，双方开始了较量。英国革命的爆发将英国从中世纪推进了近代。美国革命和法国大革命的爆发则将近乎整个欧洲和北美推进了近代的民主政治时代。抛开法国革命不说，英国革命是围绕国王的征税所爆发的王权和新贵之间的力量博弈，一个世纪后的美国革命同样如此，不过时空改换为殖民地和母国的力量博弈而已。

　　换言之，封建中古时期的英国更多的是王权的集中，地方的特权和豁免相对较少。它不同于欧陆的分封建制，在那里，主权被层层分割，层层分封的地方封臣和领主享有更多的来自王室的特权和豁免权。一旦国王孱弱无能，被分封的大小领主们便会率领自己的附庸而各自宣布独立。于是，整个阿尔卑斯山以北的欧陆邦国林立，加洛林王朝瓦解后的法国和斯陶芬王朝崩溃后的德国便是如此，这与中国秦朝始皇帝统一之前的春秋战国好有一比，列国并存，百里为王。

　　德意志在中古时代的封建主义要比意大利、高卢和西班牙更强烈，尤其是德意志的东部和北部，因为其南部和西部都不同程度地

① 刘为：《为什么是英国：有限政府的起源》，浙江大学出版社 2019 年版，第 66 页。
② ［比］R. C. 范·卡内冈：《英国普通法的诞生》，李红梅译，商务印书馆 2017 年版，第 40 页。

有罗马化的影响。再加上意大利、高卢和西班牙地区都不同程度地
受着民族主义的影响，而民族主义在当时的德意志是不存在的。尽
管查理曼帝国的正统封号移居到法兰克王国（即日后的神圣罗马帝
国，德意志帝国），但帝国的皇帝却对其封土内的 1000 多个小的封
邑诸侯无权干涉。因此，当时德意志成为欧洲封建制度最完全的典
型（即分封土地的形式贯彻得最为彻底的一个地区）。路德的宗教
改革更是进一步增加了各路诸侯与帝国皇权的对峙，使得德意志帝
国的中央政权名存实亡。

　　路德改革虽然延缓了封建主义的衰亡，但后来的文艺复兴以及
美洲的发现一直到美国独立战争的胜利，终于成为德意志封建主义
走向摧枯拉朽的不可抵抗力量。而最终埋葬了德意志封建主义制度
的则是意大利科西嘉岛上的征服者拿破仑·波拿巴。"封建制度原
是在流血和屠杀中创始的，可是他似乎也是在流血和屠杀中消灭
的。他的建立是和源自意大利的法律以自由精神相违背的，而他的
命运也是给一个意大利人推翻了的。"①

　　拿破仑的穷兵黩武违反了人类的自由与人道，但他征服的火焰
和刀剑所指之处却涤荡和摧毁了欧洲野蛮的封建制度。正如条顿人
以武力摧毁了罗马帝国，而拿破仑则同样以武力摧毁了野蛮的封建
主义。如果说查理曼大帝中兴了罗马帝国昔日的荣光，那么拿破仑
则最终以中兴罗马法而复活了罗马帝国的精神内核。拿破仑法典的
颁布和推广是这位伟大的英雄最值得彪炳史册的光辉。

　　拿破仑法典改变了之前法国土地上封建林立的庄园法庭和法典
制度，使得法国最终有了一套统一的法典制度。"除了英国和合众
国（指美国）之外，当时的拿破仑法典在统治着整个文明世界。换
言之，即经过罗马帝国灭亡到法国大革命的一千三百多年的竞争以

---

① ［美］莫理斯：《法律发达史》，王学文译，姚秀兰点校，中国政法大学出版社 2003
　　年版，第 183 页。

后，罗马法再次得到胜利，而野蛮民族的后裔也毫无顾忌地采用了罗马的法律。……在欧洲历史上，'自由'与'罗马法'是同一意义的，正如'封建主义'与'专制主义'的意义相同一样。"①

相对而言，英国的封建与欧陆有所不同，所谓的封建仅限于土地保有和财税体制的分封，在政治、司法和军事层面倒不如说正好走向了封建的反面。

这也是英伦和欧陆尤以法国从中古进入近代的一个悖论——在前者，由于国王的保护，工商业新贵和城市中产阶级迅速崛起，但反过来他们很快就在议会中从国王手里获得新的自由和权利，因为此时的国王背后没有了旧的土地贵族的支持；旧贵族此时已经从先前在分封建制庄园里的主权主人身份转变为国王的行政代理人或司法代理人等官僚阶层，不过是国王的仆人而已。

而在法国，因为旧的土地贵族的存在，他们和国王联手对抗则镇压新崛起的富人豪商，不仅如此，"就连新贵也可以用金钱来购买贵族和议员的头衔，一旦他们用金钱使得自己挤进到特权的行列，他们反过来就极力维护这种他们先前恨之入骨的特权制度，转而反对任何改革以便一本万利地收回其所支付的代价。极有启迪警觉的伟大启蒙运动并不足以清除这般贵族官僚的昏顽，到头来只有让大革命去做无情的清算了"②。而那些没能挤入贵族行列的豪商们便只有联合社会的最底层了。所以欧洲进入近代的过程相对艰难，手段也相对血腥，千回百转，回旋反复，步履维艰。法国大革命当是一个明证。

英国的国王虽然爱护和保护新贵，却很快被新贵所"背叛"，从而失去了自己的特权；欧陆的国王虽然没有如此护佑新兴的贵

---

① ［美］莫理斯：《法律发达史》，王学文译，姚秀兰点校，中国政法大学出版社2003年版，第199—200页。
② 王亚楠：《中国官僚政治研究》，中国社会科学出版社1981年版，第12页。

族，但王权的江山却比英伦多延续了一个世纪之久。但从另外一个角度出发来思考却又未必就是悖论。尽管查理一世丢了脑袋，但1689 年的光荣革命毕竟保留先祖留下的王位；而对岸的法兰西路易十六除了被推上断头台之外，其子孙后代也历尽劫波终至于将王位丢掉。

这与英伦和普通法（王室法）和欧陆的罗马法在两地从中古迈进近代所扮演的悖论作用十分相似——英国的普通法本是办了加强王权的角色，但最终却成了保护个人自由和权利以对抗王权的屏障；中古时代的罗马法处处体现是保护人民的自由和私权，但最终在近代转型的当口却并没有承担起保护民众自由和权利的宪政角色。

诺曼征服英格兰"不仅剥夺和消灭了原先的盎格鲁·撒克逊旧贵族的统治，更为重要的是带来了一个分裂的社会，一个由法国人和英国人共处的社会。在这里，居主导地位的少数人引进了与占多数之本地民众颇为不同的价值、规则和语言"①。

正如制度经济学家约翰·康芒斯认为的："现代财产概念有两个来源：一个是王室的特权；另一个是传统的习惯法。特权起源于军事征服，而习惯法则起源于人民的习惯和信仰。但是这些是由国王的司法代理人对这些习惯和信仰加以解释，并由国王的行政代理人来执行的。这时的财产权和统治权还没有分离出来，二者合二为一都是对物和人的支配，都是占有权而不是财产权，威廉国王既是地主又是国王"。②

---

① ［比］R. C. 范·卡内冈：《英国普通法的诞生》，李红梅译，商务印书馆 2017 年版，第 24 页。

② ［美］约翰·R. 康芒斯：《资本主义的法律基础》，寿勉成、方廷钰、张林译，商务印书馆 2011 年版，第 272 页。

就英国的历史而言可以这样说，若是没有君主和贵族之间的这种斗争，英格兰的《大宪章》就很难出笼。

1215 年，英国约翰王与他的男爵大臣们以及大主教等签署的《大宪章》是封建自由的标志性文件。《大宪章》是英国探索代议制的起点，更是现代法治的原点。王振民认为《大宪章》是法治之法、共和之法、自由之法、民族之法、代议之法，更是现代法治之母。它是法治之法，倡导了王在法下、司法独立、程序正义的法治原则；它是共和之法，体现了最高行政权力与社会精英阶层之间的妥协与合作，把古典政治哲学家的想象逐步变为现实；它是自由之法，给城市和社会保留了充分的自治空间，使市民阶层和商业活动免受恣意戕害；它是民族之法，堪称盎格鲁-诺曼集团政治实践的独特瑰宝，但影响早已突破英格兰的地理边界，走向欧洲大陆，走向全球；它是代议之法，为意见上达提供了制度渠道，创设了代表大众的政治机关。①

《大宪章》的英文版本中，Free 出现 18 次；Freedom 出现 2 次；Liberties 出现 11 次；Right 出现 4 次；Rights 出现 6 次；Privilege 和 immunity 没有出现。

"国王可以像出卖或分赠他所拥有的土地那样，出卖其特惠权和特权。每种特权在授予之后，就等于承认受惠者可以运用国王的特权。甚至贸易垄断的特许也属于特惠权或特许权。"②

对于"光荣革命"前的特许权，康芒斯引用 18 世纪英国法学家威廉·布莱克斯通的话说：特许权和自由权是作为同义词使用的，他们的定义就是臣民所持有的一种王室特惠权，或国王的部分

---

① 王振民、屠凯：《大宪章的现代法政价值》，收录于《大宪章》，陈国华译，商务印书馆 2016 年版，第 59 页。
② ［美］约翰·R. 康芒斯：《资本主义的法律基础》，寿勉成译，商务印书馆 2011 年版，第 63—64 页。

特权。……所以"自由权"是王室的特惠和权利，在性质上都是独占性的；为臣民所持有而作为不含有独占意义的自由是不同的一种自由，他不来自特权，而来自习惯法。①

虽然有《大宪章》的护佑，但随着日后英国王权专制的强化，英国包括贵族在内的自由民并没有取得将王室特许财产的允诺进一步提升为占有财产的所有权。这一时期的统治权力和自由权利都以暴力为基础和后盾。但是双方之间的斗争却为财产权从统治权中独立出来埋下自由的种子。

康芒斯指出：国王在经济特免权方面的两个主要方式，即授予土地和其他特许权和自由，日后即为排他性市场和公司组织的特许权。国王保持和试图保持在自己手中的经济特权即对税权和通货的控制。每一项授予都带有经他同意的统治权力和特免权。这种允诺的权力是指国王的法院和行政官吏可以在必要的时候把其他人从这块土地和这个市场上赶出去，从而使被授予者享有规定地租和价格的经济权力。特免权是指国王的法院和行政官吏允诺在被授予者使用那种权力时不进行干涉。被分封的贵族和国王一样，在他的地产上就既是地主又是立法、行政和审判长的联合体。②

日后的英格兰"国王为了赢得不是自己直接陪臣的中下级贵族的支持，则越来越多地以臣民的法律保护人自居，直到最后把这项法律保护扩大到所有的自由民"③。国王的法官对习惯法不断的解释和修正，就逐渐形成所谓普通法或王室法，即在整个王国通用的法。这也即普通法（王室法）声称的保护"每一个人都有权获得

---

① 参见［美］约翰·R. 康芒斯：《资本主义的法律基础》，寿勉成译，商务印书馆2011年版，第64页。
② 参见［美］约翰·R. 康芒斯：《资本主义的法律基础》，寿勉成译，商务印书馆2011年版，第274—277页。
③ 刘为：《为什么是英国：有限政府的起源》，浙江大学出版社2019年版，第66页。

本地与其地位同等者的裁决"①。

正是封建体系和教会体系长达 400 多年的冲突为日后西欧地区市民自由兴起奠定了成长的空间。自由虽然不是世俗统治和宗教权力所追求的目的，但却是他们号召人民站在自己一边的手段。②

《大宪章》之后的英国，先是国王和封建贵族瓜分权力而联合压迫自由民与其他农奴租佃户，以及日后逐渐从后者分化出来的工商业者等城市居民。随着后者力量的壮大，国王重新结盟，转而对抗旧的封建土地贵族。

如罗素所言："在阿尔卑斯山以北，一直到十五世纪向来能够和中央政权分庭抗礼的封建贵族，首先丧失了政治上的重要地位。后来又失掉了经济地位。国王联合豪商（即新兴的城市工商业贵族——引者注）顶替了他们，这两种人在不同国家按不同比例分享权力。豪商有并入贵族阶级的趋势。"③

最终，随着新兴贵族的羽翼丰满以及国王王权专制的恣意，双方开始了较量。英国革命的爆发将英国从中世纪推进了近代。美国革命和法国大革命的爆发则将近乎整个欧洲和北美推进了近代的民主政治时代。

综上，封建中古时代的自由有两个层面上的含义，其一为特许和垄断独占下的不平等的特权自由，《大宪章》里的自由就属于此种特权自由；其二为习惯法和普通法下同一阶级各成员间平等关系下的法律自由。前一种特权自由，发展到斯图亚特王朝专制时期必然成为一种落后的阻碍生产力发展的腐败的官僚特权；

---

① ［比］R. C. 范·卡内冈：《英国普通法的诞生》，李红梅译，商务印书馆 2017 年版，第 40 页。

② 参见［英］约翰·阿克顿：《自由与权力》，侯健、范亚锋译，商务印书馆 2001 年版，第 60 页。

③ ［英］罗素：《西方哲学史》（下卷），马元德译，商务印书馆 1976 年版，第 3 页。

反之，后一种平等关系下的法律自由也就天然蕴含了近代所谓神圣不可侵犯的生命、自由和财产权利。就此而论，我们当下所反对的腐败特权就对应了都铎王朝和斯图亚特王朝君主专制时期的官僚特权。

因此，所谓中古时代的特权首先是身份等级制的特权，是上级对下级的恩赐和特惠。特权享有随着等级的变化而变化，没有平等的身份和等级，就没有平等的特权和自由。单就英国而言，国王是特权的总头目，是一切特权和权力的源泉。其次，中古时代的特权，无论是王国层面特许的，还是教会层面特许的，大多集中于以对土地等有形物质财富的占有和使用为标志的经济管制和政治统治方面的特权，即具象如使用价值上的特权而非抽象如交换价值上的特权，因为这一时期的产权制度还没有正式形成。第三，中古时代特权的客体就是对世俗财产的占有，因为对财产的占有就意味着对统治权力的占有，财产权和统治权二者合二为一。

等到国王的王权被新兴的资产阶级推翻在地，特权的源头也就由国王的世俗性源头转向了自然法的神圣性源头。自然神法、社会契约以及理性主义在启蒙主义运动的舞台上相继登场为埋葬封建主义和迎来资本主义扮演了先进的批判武器。美国宪法之父亚历山大·汉密尔顿讲得好：人类的神圣权利，不是从古老的羊皮纸和发霉的档案中翻出来的。它们就像阳光一样，是神亲自写进人性的，而且永远无法抹去。启蒙思想以"天赋人权"的自然法作为对抗王权的盾牌，这恐怕也是宗教神学在路德改宗衰落下行过程中对专制王权的一个反扑吧——路德在诸侯王权的支持下将教权扑倒在地，而教权则在忍辱负重两三个世纪后联合新贵豪商重将王权也扑倒在地。

综上，封建自由和基督教的自由时代，所谓的特权更多是身份等级制的特权，特权享有随着等级的变化而变化，没有平等的身份和等级，就没有平等的特权和自由；第二，中古时代的特权，无论是王国层面赋予的，还是教会层间赋予的，大多集中于物质、财富和权力、统治方面的特权。换言之，是具象方面的而非抽象方面的特权。

第五章 英国的例外：普通法与 罗马法的竞争

11世纪之前的中世纪，也即教会与帝国管辖权之争爆发之前，皇帝对教皇的控制总体上要强于教皇对皇帝的控制。11世纪教会开始反击，由此拉开了教皇与世俗权力的争夺。一直到1300年左右，这一时期即便双方出现争执，基本总是以教会占据主动而结束。之后教皇被囚阿维农的事件彻底扭转了双方争执的局面，以国王为代表的世俗权力占据了上风。于是一边是教会、牧师的精神王国，一边是国王、封臣的世俗王国。在后者的王国里，对现代政治自由主义最有影响的莫过于封建法庭制度了。

学者刘为认为普通法在英国历史上的法治成型扮演了重要的作用。与当时英国封建时代各行其是的地方法和庄园法等对应，普通法（Common Law）最好译为国家通用法或王室法。另外与成文法相对应，它是"不成文法"；与制定法对应，它是"习惯法"；与大陆法（罗马法）对应，它是英国法；与教会法对应，它是世俗法。普通法是整个西方法律史上的异类，它的基础是判例法，也就是说它的法律主体是由以往的审判结果构成的，这和欧洲中世纪大多数地区通行的罗马法适成对照。①

---

① 刘为：《为什么是英国：有限政府的起源》，浙江大学出版社2019年版，第61页。

普通法对罪与非罪的判定不是依据成文法条，而是依据此前由习惯习俗裁定的类同判例；而且罪与非罪的裁决由陪审团而非法官裁定。诺曼征服后的英国在法律上的一个变化，即王室法逐步统一了之前各个部落用于裁定判例所依据的千差万别的习惯和习俗，而且由于基督教在英国的传播，教会法也成为通用的国家法或王室法在裁定判例时必不可少的一个参考标准。

从威廉开始的王室正是借助于普通法和陪审团逐步打压了山头林立的封建贵族的封建法庭，从而为日后成长起来的强大中央王国奠定了基础。"而国王为了赢得不是自己直接陪臣的中下级贵族的支持，则越来越多地以臣民的法律保护人自居，直到最后把这项法律保护扩大到所有的自由民。"①

相比欧洲作为上诉庭的王室法庭，英国的王室法庭甘愿自降身份为初审法庭。于是很多自由民更多舍弃封建法庭而选择王室法庭，王室法庭由于不涉及和自由民的利益纠葛相对公正。尽管选择王室法庭要花钱购买国王签发的许可令状（Writ），但为了享受公正裁决，多数人愿意花这笔钱。虽然贵族们在 1258 年的《牛津条约》当中做出反抗，迫使国王对签发许可状做出限制。但总的说来封建法庭的式微是不可逆转的。

就是这样，自诺曼征服以至英国内战的将近 600 年间的历史，除过教会和贵族联合对抗国王，以及国王和贵族联合对抗教皇和教会之外，就是国王和贵族之间的利益之争，在国王和贵族的斗争中，双方竞相收买地位低下的臣民阶层以及日渐崛起的城市商业阶层。应该说王室最终战胜了贵族，王室法庭最终战胜了封建庄园法庭，普通法便成为英国法乃至英国文明不同于大陆法和大陆文明的关键因素。但物极必反，在斯图亚特王朝王室王权如日中天的时

---

① 刘为：《为什么是英国：有限政府的起源》，浙江大学出版社 2019 年版，第 66 页。

候，新兴的日渐成长壮大的资产阶级转而成为压弯王室王权背上的最后一根稻草。

英王亨利二世（1154—1189 年在位）时期，定期的巡回法庭把判案的准则统一起来，地方法庭日益失去了它们的重要性，因此我们可以说早在 12 世纪末，一种全国统一的共同法（普通法）就形成了。普通法是欧洲的第一个国家法，它使得各地的判案互相参照、互相交流，大量的案例被有意识地搜集起来加以研究比较，并由此产生了专业化的律师阶层——英语中的"律师"（Lawyer）就是"专吃法律饭的人"，这是欧洲的第一种"白领"。法官也由于长年累月处理法律事务而渐渐从行政官吏当中分离出来，并且由于法律工作者需要专门训练，法官也多从律师中产生，英美法系中这两类人角色可以互换，就是来自这个传统。

普通法加速了封建制的衰亡，稳固了王权，帮助英国达成欧洲第一个中央集权的现代政体，使得英国成为欧洲唯一的司法至上的国家。按照梅特兰的说法：英国法没有被罗马法吞并这件事有得有失。我们失去的是法律层面的。假如我们的律师多懂得一点罗马法——特别是罗马土地法——那我们的法律就不会像现在那样成为一座缺乏原则的迷宫；但我们得到的却是宪法和政治层面的：罗马法到处都导致专制主义，英国（如果实行罗马法的话）也不会例外。这听上去像个悖论：一个由中央集权造成，同时又加强了中央集权的法律体系最终却走到了专制主义的对立面，成为保护个人权利对抗王权的根本屏障。[1]

不成文法似乎更强调程序正义，所谓正义必须以看得见的方式来实现。梅兰特讲，只要法律是不成文的，他就必须被戏剧化和表

---

[1]　刘为：《为什么是英国：有限政府的起源》，浙江大学出版社 2019 年版，第 68 页。

演，正义必须呈现生动形象的外表，否则人们就看不见他。① 正是基于此，美国权利法案的大多数规定都是程序性条款，这一事实绝不是毫无意义的。正是程序决定了公正之法治和恣意之人治之间的本质区别。

英国中世纪庄园生活中的封建法庭：

中世纪英国的封建庄园里，自由民和农奴一生大量的时间要固着在庄园里，从事几乎同样的农业劳作。相比而言，农奴要遭受领主更多更重的压迫和剥削。农奴在家里饲养家禽要向领主进贡一只母鸡或些许鸡蛋；出售或与人交换自己喂养的马驹或牛犊要缴税；出嫁女儿也要向领主缴税；使用木材要缴纳林地税；男孩子要上学或接受神父的教诲也要向领主缴费；除非领主恩准，即颁布特许权，否则农奴必须去领主的磨坊磨面、用领主的面包炉烤面包，以此向领主缴纳磨坊捐和烤炉费；农奴不经许可，不可私自酿酒、不可私自在家里磨面、不可渔猎；还要像自由人一样缴纳地租和提供比自由民多得多的劳役。这些劳役包括为领主耕种土地、耙地除草、收割庄稼、照料牲畜、修缮房屋等等，而且领主的事务要放在首位，自己的事放在其次。"塔利税"（tallage）和"遗产税"（heriot）是农奴人身不自由和作为领主附庸最为明显的标志。塔利税按照土地和牲畜的数量以及估价来计算，是农奴人身低贱的标记。自由农民虽然也缴纳一小部分塔利税，但必须是为了共同体集体受益，否则自由民有权拒缴，因为自由附庸的所有物不是他们领主的财产。农奴活着的时候要终身缴纳地租和服劳役，死后也要被领主勒索，即为遗产税。根据惯例，所有人包括自由民和农奴，在

---

① 参见［英］梅兰特：《法律与革命》，转引自辛辉、荣丽双主编：《法律的精神》，中国法制出版社2016年版，第183页。

死后必须归还原本由领主为其提供的包括马匹、马具和武器等作战工具。有些自由民可以想方设法摆脱这项义务，但农奴却没那么幸运。遗产税通常是一头最好的家畜或物件。农奴必须负担为领主的运输劳役，为领主庄园里需要的一切物质运输提供人力和畜力。此外，农奴还有义务出席庄园法庭，爆发战争时还要服兵役。[①]

领主不可能亲力亲为来管理自己的庄园，于是他们雇用领薪的代理人来管理庄园。这些作为代理人的庄官靠着领主交代给他们的庄园土地清册或是货币租税清册以及劳役惯例簿进行管理。这些清册就是逐渐演化成的庄园惯例的一个内容。总管是领主庄园管理的总代理人，总管下面是管家与庄头。管家住在庄园的宅邸里，由领主负担其费用。管家当然也怀有私利，打着总管和领主的旗号盘剥农民，对此，当然领主也心知肚明。所以每年领主的查账员都要到庄园审查财务状况。与管家相对应的是庄头，庄头也属于农民或农奴中的一员。或者说管家代表的是总管和领主的意志，但具体的执行需要庄头的配合，因为他对庄园的一切至为熟悉，离开了庄头，管家无法管理整个庄园。庄头一般由庄园法庭选举或推荐产生，也有由领主强行挑选，也有农民初选后领主定夺的，也有完全由农民民主选举的，选举出的庄头要向领主或总管宣誓。庄头一职并非我们想象的官职，它实际上更多是一种义务。因此农民们尽可能地逃避出任庄头一职，因为其职务繁重，责任重大。若是由于失误致使领主蒙受损失，庄头要予以赔偿。所以有些人在被选中后宁愿出一笔钱来赎免这种义务。庄头除了负责庄园的一切经济事务，还要被迫出席庄园法庭之外的百户区法庭和巡回法庭。当然庄头在配合管家管理庄园的过程中也会心怀私心，收受贿赂，滋生偏袒。同管家一样，若是庄头违背了大多数农民的利益，他也会在庄园法庭遭受

---

① 参见［英］亨利·斯坦利·贝内特：《英国庄园生活：1150～1400 年农民生活状况研究》，龙秀清等译，上海人民出版社 2005 年版，第 77—129 页。

指控。虽然比管家的薪水要少，但领主也会支付庄头一些津贴，否则更没有人愿意承担这种为领主服务的义务。除了津贴，领主也会免除庄头的某些劳役和租金，有时也会获得某块地块的使用权，以及在领主的自营地上放牧自己的牲畜等。诸如此类，都是领主授予庄头的特权，此外，领主还允许庄头享有在庄园和领主的仆从一起就餐的权利，允许庄头在收获季节在庄园免费就餐。就像管家一样，庄头也要面对领主的查账员。①

中世纪的崇拜主要是集体崇拜，乡村教堂就显得特别重要。中世纪的教会在许多方面更像是一个教会军团，它与农民的关系绝不只是温情脉脉的关爱。当它的权利和特权受到侵犯时，它比任何世俗领主都吵得更凶，更迅速地诉诸武力。除了向领主承担遗产税，农奴还要向教会承担"什一税"和"死手捐"（mortuary）。向教会缴纳的什一税相当于向领主承担的地租和劳役，死手捐相当于遗产税，即在领主挑走最好的牲畜或物件后再由教会挑选的东西。中世纪绝大多数农民生活的世界极其有限，终其一生，也就在固着的庄园附近活动。中世纪的乡村教士普遍没受到多少教育，他们中很多和农民一样愚昧无知，而且 13 和 14 世纪很多教士本身来自农民阶层，之后才渐渐从商人阶层中遴选。虽然有很多教士本身并不能成为人们信服的对象，甚至还有一些犯下比俗界还要恶劣的罪行，但总体而言，教士仍然是广大乡村庄园里的向善力量的核心和反击邪恶与迷信的坚强战士。

在英格兰实现庄园化的地方，领主与农奴的关系逐渐形成了所谓的"庄园惯例"（custom of the Manor）。理论上说，领主的意志是压倒一切的。也就是在这个意义上，可以说严格地写在法律条文中的任何特权和消遣都是领主恩惠的结果。而实际上，领主所"允

---

① 参见 ［英］亨利·斯坦利·贝内特：《英国庄园生活：1150~1400 年农民生活状况研究》，龙秀清等译，上海人民出版社 2005 年版，第 130—165 页。

许"的更可能是他自己无力制止的事情。农民们出席庄园法庭所做出的一次次的判决（doom）是形成庄园惯例的决定性因素。虽然很多判例大多要维护领主的利益，但农民在解释问题时也会尽可能地做出对自己有利的判决。①

庄园法庭是由领主或其手下的某个官员主持召开的。庄园法庭的权力因庄园不同而大小不一，有的仅处理与农奴有关的经济事务，有的也处理与自由人有关的事务，而且也调查刑事指控，征收罚金和税款等问题，甚至处理一些本应由王室法庭解决的事务。因此从 12 世纪开始，领主的庄园法庭被国王逐步限制在王室特许权规定的范围之内。一般而言，王室会特许庄园法庭拥有两类司法权，一是庄园具体的民事司法管理事务权；二是涉及庄园的治安和刑事审判。即便如此，对刑事司法中的死刑也有严格的限制，比如在 13 世纪，王室规定领主在其庄园外缉捕、审判并绞死盗贼的权利仅限于那些"手中握有赃物的盗贼"以及"在自己庄园抓获的盗贼"。这实际上表明王室法庭开始了限制和规范庄园法庭的刑事权利，即必须人赃俱获，或者赃物在身，且必须有失主指控，并且必须有王室验尸官在场才可以绞死盗贼。除非国王特许领主任命自己的验尸官，否则庄园法庭的死刑必须得到王室的核准。王室验尸官的职责是监督王室的权利不受侵犯，重罪犯的财产不被庄园领主扣留，而是按时上缴王室。庄园法庭审判时，由农奴和自由民组成的陪审团要进行就职宣誓，要记住的是 12 和 13 世纪的陪审团要向全体出庭人汇报，而案件的最终判决也由全体出庭人做出。这就是英国普通法在中世纪早期形成的最为重要的特征之一，即人们有权利对与他们身份地位相当的同侪和邻居做出判决。除此之外，陪审团还开始逐渐形成了所谓调查陪审团，越来越多地被用于有待核证

---

① 参见［英］亨利·斯坦利·贝内特：《英国庄园生活：1150~1400 年农民生活状况研究》，龙秀清等译，上海人民出版社 2005 年版，第 78—79 页。

的事实做宣誓调查，以取代古老的誓证法（compurgation）和神判法（supernatural）。庄园法庭可能处理的事务包括：第一，正常庄园经济管理事务如劳役的管理和执行；各种侵权行为的处罚，如在公地过度放牧、砍伐林木等，或自己的牲畜到领主和邻居地块造成损害等；或农奴土地转让损害到领主的利益等；其他农奴子女的婚嫁、担任圣职等影响到领主和庄园的利益等；甚至违反道德如通奸或失去贞操都要被课以罚金，因为他们作为领主的财产而沦丧道德就使得领主的财产受到贬值。第二，有悖于法律和秩序的轻微冒犯行为，如使用暴力对付庄园的官员或邻居；偷窃邻居的财物；邻居之间的民事纠纷；毁约或不履行诺言和义务的行为；名誉毁谤以及人身伤害。第三，触及"违背国王和平"的严重违法行为。尽管庄园法庭的裁决缺陷很多，而且在执行判决时也极其无能，但要认识到它并不只是领主用来对农民进行惩罚和惩治的工具，它也是防止政策剧变的重要保证。再者，庄园法庭可以为因他人的伤害和过失而造成的受害人的损失提供既迅捷又经济的获得补偿的途径。王室的法庭距离遥远，但领主的法庭却一直向他敞开，而且判决是在宣布领主的裁决之前由其同侪做出的裁定。①

1350 年，英格兰有一半以上的人口是农奴，而到 1600 年，整个王国已无一个农奴。农奴获得自由的方式大约以下几种：第一，将为领主的劳役折算为货币地租；第二，逐步从领主那里争得一份解放令状，借以摆脱所谓婚姻捐与塔利税等；第三，离开庄园里属于他们的农奴巢穴，逃往一个前途未卜的城镇世界，在自治城镇内寻求庇护；最后，即冒险逃亡。奴役性的捐税与自由的观念势不两立，一旦领主接受货币地租取代劳役地租，通向自由的道路就会变得极为坦荡。除非有什么特别的原因，教会不可能否定农奴制，其

---

① 参见［英］亨利·斯坦利·贝内特：《英国庄园生活：1150~1400 年农民生活状况研究》，龙秀清等译，上海人民出版社 2005 年版，第 166—196 页。

承认农奴制是合理的而且必然的。但若解放某个农奴对自己有益，譬如可以借此收缴一笔自己迫切需要的钱财，教会和领主也会发表一番自由是上帝对人类的恩赐，恢复农奴的自由不仅体现了慈善和怜悯，更是上帝热切的盼望，是神人共愿等等套话。因此，与其说领主解放农奴是出于人道主义的动机，不若说是来自各方面的经济压力。王室的横征暴敛，贵族的奢侈生活等等都为农奴以货币换取自由开辟了道路。对于庄园里的农奴而言，外面的城镇像磁石一样吸引着他们前来投奔，因为城镇里面的生活既安全又令人向往，而且还拥有各种特权。很多的自治城镇也是在一些封建领主特许权允准下建立的。因为领主们发现随着自治市的发展，相应地来自集市、市场和摊位的收入自然地增多，而这足以补偿因失去昔日农奴劳役多带来的损失。自治城镇获得特权后，居于其中的市镇居民也自然获得特许权利。虽然城镇居民获得自由的道路也是经过漫长的斗争得来的，但相对于农奴，他们获得的特许状使他们免受领主的任意性命令和剥夺，劳役和捐税也都相对固定而且次数受到限制。比如，城镇土地保有权（burgage tenure）使得城镇市民死后对于自己的房屋像打理动产一样容易，而不需要缴纳遗产税或继承金（reliefs）[①]；第二，由于拥有自己的法庭，市民的案件可以由同城之人审理；第三，城镇自治市法庭征收的罚金数额有明确限额；第四，市民免缴通行税（toll），不仅限于在自治市市场免缴，在领主的所有土地上都免缴。于是，每一个拥有特许状和特权的城镇对于领主而言都是一种挑战：庄园里的农奴们会渴望逃离庄园而皈依城镇；为了让农奴继续留在庄园，就不得不尽量提高农奴的生活境

---

① 这里的继承金，在 1125 年约翰王与贵族们签署的大宪章中的第 2、3、43 条也出现过。即伯爵或男爵死后，其继承人只需按照原先既定的标准缴纳一笔继承金后即可继承原来的王室封地。大宪章之前的约翰王将此继承金提高了很多，引发男爵的普遍抗议。

况。很多情况下，13 世纪在自由城镇享受特许自由权的市民就是 12 世纪待在封建庄园里受奴役盘剥的农奴维兰们，说中世纪的市民们是乡巴佬出身也是这个意思。农奴在逃离庄园后，如果在某个拥有特许权的城镇或某个王室领地居住一年零一天，而且期间也未受到任何反对，或者说他们能够遵守城市的惯例，有时也要求他们能够参与市民的纳税和抽签等公共事务，那么在经过一番艰苦的讨价还价之后，他就会像城中的居民一样被接纳进入普通行会，这样他便在某种程度上获得了自由。但在有的特许城镇，除非农奴出示领主的许可证，方才被允许加入行会。中世纪的城镇需要的短工非常之多，而且行会的组织越完善，市民就越觉得从事城镇每日生活所必需的许多工作不符合他们自己的身份。而这恰恰是逃亡的农奴们的机会所在。相对于那些逃亡到业已存在的特许城镇中的农奴而言，那些有机会逃到因为国王新颁布特许状而建立的新城镇的农奴们更是令人羡慕不已，因为不像在老城镇中的苦苦奋斗和挣扎，他们在新的特许城镇很快就可以获得自由之身。庄园制走到尽头的日子也是农奴们获得解放和争得自由的日子。①

---

① 参见［英］亨利·斯坦利·贝内特：《英国庄园生活：1150～1400 年农民生活状况研究》，龙秀清等译，上海人民出版社 2005 年版，第 246—288 页。

教皇和皇帝的退场：
从"教随国定"到"政教分立"

罗素认为中古世界与古代世界相比，是具有不同形式的二元对立特征的，如僧侣和俗人、拉丁与条顿、天国和地上，灵魂与肉体等等。所有这一切都可以在教皇和皇帝的二元对立中表现出来。①

恩格斯在《社会主义从空想到科学的发展》一文中这样总结欧洲中世纪的宗教特征："封建制度的巨大的国际中心是罗马天主教会。它把整个封建的西欧（尽管有各种内部战争）联合为一个大的政治体系，同闹分裂的希腊正教徒和伊斯兰教的国家相对抗。它给封建制度绕上一圈神圣的灵光。它按照封建的方式建立了它自己的教阶制，最后，它自己还是最有势力的封建领主，拥有天主教世界的地产的整整三分之一。要在每个国家内从各个方面成功地进攻世俗的封建制度，就必须先摧毁它的这个神圣的中心组织。"②

因为灵魂在多大程度上高于肉体，那么教会的权力就在多大程度上高于和优越于皇权。肉体支配灵魂是不符合神的启示的，是违反一切秩序的，肉体应当受到灵魂的和理性的支配与指引，而不是相反。与肉体相对应的世俗权力充其量不过是实现人的灵魂靠近上帝的手段和工具，只有教会的精神权力才能左右基督信徒的生命和永恒，并且也才是人生之最高目的。

俄罗斯哲学家索罗维约夫于是认为："此种错误神权政治的实质就在于完全以世俗手段治理世界。（从而）使教会降低到国家的地步，使精神政权下降到世俗政权的地步，从而不仅歪曲了神权政治的真正性质，而且损害了罗马教廷的外部力量。……当它忘记自己的宗教性质，为了使世界服从自己而诉诸世俗政治手段——阴谋伎俩、外交手段和军事力量的时候，它也就因此而放弃了自己的宗教优越性，如果取得

① 参见［英］罗素：《西方哲学史》（上卷），何兆武、李约瑟译，商务印书馆1963年版，第377页。
② ［德］恩格斯：《社会主义从空想到科学的发展》，《马克思恩格斯选集》（第3卷），人民出版社1972年版，第390页。

成功，全部世俗力量都从属于它，那么也不是从属于作为最高精神权利的它，而是作为外部世俗偶然力量之一的它，这样，神权政治的全部内在宗教含义，它的'存在意义'，就已丧失殆尽了。"①

这样，由于对世俗权力的渴望和贪恋，教会日益从超度信徒灵魂的彼岸性机构转化为贪婪的权力欲恶性膨胀的世俗性结构，从培育美德的温室转化为滋生罪恶的渊薮，从灵与肉合而为一的道德与纯洁转化为灵肉二元撕裂的痛苦和尴尬。在中世纪后期，最能体现基督教会组织的腐败和黑暗的莫过于教会以出卖"赎罪券"来欺骗和愚昧人民，并借此觊觎对世界的控制和贪权恋利。

于是，教士们"创造了一大堆纯属宗教的义务和纯属想象的罪恶。这些义务要比自然的义务来得更强有力；而与此无关的、合法的、甚至是有德的行为，却比真正的罪行要受到更为严厉的谴责和处罚。然而，片刻的悔罪，被一个教士的赦免所认可之后，就向恶人打开了天堂；而向贪婪心献媚的捐献和向教会的虚骄谄媚的某些行为，就足以解脱充满了罪恶的一生。人们甚至走到了给免罪制定了一套价目表的地步。在这些罪行中就精心地包括有从最无辜的爱情软弱性和一些单纯的愿望，直到精致的享受和最堕落的骄奢淫逸。他们懂得几乎没有人能逃过这种检查；而这就构成教会最有出息的一宗生意。他们想象甚至在地狱里也有一定的期限，教士们是有权加以缩短的，甚至于还可以减免；于是他们就推销这种恩惠，首先是向活人，后来就向死者的亲友。他们出售天上一块土地，以换取地上同等的一块土地；而且他们还谦虚得并不要求换回来。"②

马丁·路德的宗教改革某种程度上也正是为解决尘世间信徒们

---

① ［俄］索罗维约夫：《俄罗斯与欧洲》，徐凤林译，河北教育出版社 2002 年版，第 73—74 页。
② ［法］孔多塞：《人类精神进步史表纲要》，何兆武、何冰译，三联书店 1998 年版，第 85 页。

的这一焦虑应运而生的。

不过，黑格尔思想的继承人和批判人马克思正是在对黑格尔的《法哲学》批判中，一针见血地点出路德宗教改革的历史局限性："他（路德）破除了对权威的信仰，却恢复了信仰的权威。他把僧侣变成了俗人，却又把俗人变成了僧侣。他把人从外在宗教解放出来，但又把宗教变成了人的内在世界。他把肉体从锁链中解放出来，但又给人的心灵套上了锁链。"[①]

然而，路德的伟大就在于不仅洞察教会控制的积弊，而且对于新兴的民族国家可能产生的对人的灵魂的控制性也事先有所察觉："人的制度，绝不能把它的权力扩张到天国和灵魂方面，它仅仅属于这个世界，属于人与人之间的外在关系。""灵魂并不在恺撒的权力之下，恺撒对于灵魂，既不能教训，也不能领导；既不能毁灭，也不能养活；既不能捆绑，也不能释放；既不能审判，也不能定罪。"路德思想的这一面在后来西方的政治变革中主要体现为政教分离制度和分权制衡制度。[②]

恩格斯曾把路德当众焚毁教谕的果敢行为与哥白尼的伟大著作相提并论，认为路德的宗教改革揭开了欧洲历史上第一次的资产阶级反封建的大起义；海涅认为路德的话——人们必须用《圣经》里的话或用理性的论据来反驳罗马教皇的权威和教义——意味着德国开始了一个新时代。

路德思想的一个方面，是发掘出基督教所包含的个人权利和平等自由等因素并加以发扬光大，导致在西欧的广大地区以信仰自由为代表的个人权利大大扩张。路德思想的另一个方面，则迎合了当时欧洲兴起的民族主义，使得新兴民族国家的权力大大增加。这两个方面的结果，都意味着教会作为一种统一的体制性力量急剧衰

---

① ［德］马克思：《〈黑格尔法哲学批判〉导言》，《马克思恩格斯选集》第 1 卷，人民出版社 1972 年版，第 9 页。

② 参见何光沪：《马丁·路德的遗产》，《读书》2003 年第 3 期。

落，意味着社会世俗化进程的开始。

在路德宗教改革出现保守萎靡后，加尔文宗教改革成为推动资产阶级进一步反封建的有力的精神武器。"当德国的路德教变成诸侯手中的驯服工具的时候，加尔文教在荷兰创立了共和国，并且在英国，特别是在苏格兰，创立了有力的共和主义政党。资产阶级的第二次大起义，在加尔文教中给自己找到了现成的理论。"①

"如果说路德派在德国得到了诸侯们的支持，安立甘派在英国得到了国王的支持，那么加尔文派则是在民众的支持下发展起来的；它是一个共和国的宗教，而不是一个封建领地或王国的宗教。从更为深远的意义上来说，加尔文不仅使新教成为一种信仰，而且也使它成为一种普遍的生活态度。就此而言，真正把新教的福音传播到整个世界的是加尔文教。如果说德国宗教改革的历史结果是导致了一种思想领域中的自由局面，英国宗教改革的历史结果是开创了一种政治领域中的自由前景，那么加尔文派的宗教改革（最初发源于瑞士）则成为促进资本主义经济发展的重要的因素。"②

---

① ［德］恩格斯：《社会主义从空想到科学的发展》，《马克思恩格斯选集》第3卷，人民出版社1972年版，第391页。

② 赵林：《西方宗教文化》，武汉大学出版社2005年版，第351、352页。加尔文的归正宗新教面对欧洲大陆上的天主教旧势力甚至包括路德教派的敌视，决心以暴力而非和平来对抗暴力，于是在尼德兰高举反对西班牙的天主教统治，为后来成立的荷兰共和国立下汗马功劳；在不列颠，加尔文的新教一则引爆了英格兰1640年资产阶级革命，还在苏格兰点燃了宗教改革的火种；在法国，也引发了天主教和新教（胡格诺派）之间的战争，虽然胡格诺后被杀害，但却争得新教徒在法国的信仰自由和宗教活动的合法性；美国的独立战争很大程度亦是信奉加尔文派的清教徒在新英格兰引发的。总的来说这一时期的宗教战争已经与民族国家的爱国热情交织在一起，有时候甚至很难分辨是哪一种力量发挥着更为关键的作用。如当时的尼德兰人凭借着新教从西班牙的天主教统治中获得独立，而不列颠的爱尔兰人则正是靠得天主教用以抵御近邻英格兰新教的侵袭。但总的来讲，荷兰、英国和法国以新教的传播和发展占据优势局面，而西班牙则由于天主教势力的根深蒂固而未能为新教的发展预备下足够的自由空间，历史也无情地证明，西班牙为此付出了在17世纪以后逐渐落后于欧洲大陆尤其是北部民族国家的代价。或许这是历史的偶然和必然交织作用着力的一个结果。到了17世纪中叶以后，无论欧洲北部和南部，都由于新兴的国家主义和科学理性的发展而使得宗教尤其在政治生活中的作用逐渐式微。

因此，综合归纳欧洲大陆的宗教改革，可以这样说："从宗教的角度来看，路德将神性与人性融为一体，使人类精神获得了尊严；安立甘宗将上帝与恺撒融为一体，使国家利益成为至高无上；加尔文宗将宗教生活与世俗生活融为一体，使日常工作具有了神圣性。从世俗的角度看，宗教改革导致了基督教世界的分裂，对于促进近代民族意识的觉醒和民族国家的形成均起了极其重要的促进作用。（欧洲大陆）在经历了100多年的宗教战争，尤其是德国三十年战争之后，'教随国定'的原则终于在1648年的《威斯特伐利亚条约》中得到普遍承认。并且将其适用范围从路德教扩大到其他新教教派（如加尔文教）。那个时代所形成的宗教格局以及与此相应的国际政治格局，一直到今天都没有什么实质性变化，天主教和新教的分水岭至今依然基本上以阿尔卑斯山为界。在世俗生活方面，新教信仰和新教伦理直接或间接地促进了资本主义经济、民主政治和思想自由的发展。"①

说马丁·路德以一人之力将世界从中古导入到近代似乎并无不可。马可·波罗和哥伦布开辟了新大陆，莎士比亚和米开朗琪罗创造了杰出的艺术。然而马丁·路德以及他所触发的宗教改革运动不仅在欧洲，也在北美和澳大利亚掀起了巨大的潮流——如果再谈到基督教新教运动的话，那么对世界其他地区也有深刻的触动。新教使西方世界内外无数的人塑成一种全新的生活方式，这种生活方式浸染了他们对待上帝、职业、政治、娱乐、家庭——几乎是人生各个方面的态度。它也对美国早期发展以及后来的对本国的定位、欧洲民主政体的出现，经济与宗教自由，起到重要作用。新教运动是把世界由中世纪推入现代社会的几个关键运动之一。②

---

① 赵林：《西方宗教文化》，武汉大学出版社2005年版，第366、367页。
② 参见［英］格拉汉姆·汤姆凌：《真理的教师：马丁·路德和他的世界》，张之璐译，北京大学出版社2004年版，第2—3页。

西方思想史学者赵林指出："许多历史学家都把西方近代的信仰自由、宽容精神、民主政治、经济发展、国家主义以及中产阶级的形成都归功于宗教改革。在西方近代史中，那些因宗教改革而改信了新教的国家（这些国家大多地处土地贫瘠、文化落后的北方），后来都成为发达的资本主义国家，其中最具有代表性的有英国、荷兰、德国和美国。在宗教改革以前，欧洲的基本格局是南方富庶开化而北方贫穷鄙陋；宗教改革以后，双方力量对比发生了根本性的逆转，到了 18 世纪，则成为北方发达繁盛而南方落后衰颓。"①

正如文德尔班所言："文艺复兴时代哲学史恰如其分地分为两个时期：人文主义时期和自然科学时期。可以把 1600 年作为两者之间的界限。第一个时期用真正的希腊思想传统取代了中世纪的传统。第二个时期包括逐步取得独立的近代自然科学研究的初期，并包括随之而来的十七世纪的伟大的形而上学体系。"②

文德尔班又说："中世纪的科学文化，由于普遍使用了拉丁语，也是国际性的。就因为有了近代哲学，各特殊民族的特性才开始表现出决定性的影响。当中世纪的经院哲学在西班牙和葡萄牙顽固地独立地维护其传统的时候，意大利人、德国人、英国人和法国人就发动了首次的新科学运动；这次新科学运动在德国古典哲学时期达到了高峰。同这四民族比较，其他民族几乎全处在被动的地位，只在更近的时期，在瑞典人中才能看出某些独立性。"③

天命注定只有在德国的路德才能举起宗教改革这杆大旗，因为倘使路德成长在意大利，那么路德更可能做的是马基雅维利的工

① 赵林：《西方宗教文化》，武汉大学出版社 2005 年版，第 320、321 页。
② ［德］文德尔班：《哲学史教程》（下卷），罗达仁译，商务印书馆 1993 年版，第 472 页。
③ ［德］文德尔班：《哲学史教程》（上卷），罗达仁译，商务印书馆 1993 年版，第 16 页。

作，因为没有世俗的君主和政治的统一便无法展开宗教改革；而倘使路德成长在英格兰也可能籍籍无名，因为作为国王的亨利八世早已经完成了王权压过教皇的宗教改革；倘使路德成长在法兰西，则他还有可能作为虔诚的天主教徒与教皇站在一个队伍当中；是的，只有在德国，在神圣罗马帝国的大本营德意志，在昔日皇帝曾经压过教皇风头而今日面对教皇却无可奈何的德意志，路德才可以高举起宗教改革的大旗。

宗教改革最直接的受益者无疑是各国的君主和国王们。经过宗教改革的洗礼和陶冶，教皇并非上帝，教徒皆为牧师，以及信徒皆为祭司这些口号与信念深得人心，教皇权力至上以及教会壁垒森严的等级制度根基逐渐坍塌。"罗马教廷和罗马教会一统天下的局面被打破，单一教会已为日益增多的教派所取代。然而，教会是唯一天启真理的守护者观念依然存在，而且新教教会用《圣经》的唯一性和正确性取代了僧侣阶层的权威这个事实，也使得教会是唯一天启真理守护者的观念得到了进一步强化。在罗马教会统治遭到破坏的地方，维持信仰便成为世俗当局的责任，因为任何其他人都做不到这一点。当世俗统治者真诚地践履这项职责的时候，政府便担负起了裁定何谓宗教真理这项不可能完成的任务，而当世俗统治者不想真诚地践履这项职责的时候，政治家们就得到了无限的浑水摸鱼的机会。"①

正是由于宗教改革将罗马教皇和教廷掀翻在地，欧洲近代民族国家得以茁壮成长，君主专制制度也就有样学样地模仿之前的教皇专制制度生长起来。正如早年神圣罗马帝国的步步紧逼引发了教皇革命一样，教皇专制也必然引发宗教改革；同样地，一旦没有教皇和教廷的制约，君主专制也就肆无忌惮地成了 16 和 17 世纪欧洲大

---

① ［美］乔治·萨拜因：《政治学说史》（民族国家卷上），邓正来译，上海人民出版社 2015 年版，第 38 页。

地上民族国家最为显耀的形式和象征，而君主专制在达到其巅峰状态时，也将必然迎来不可阻挡的启蒙运动和各国资产阶级革命的浪潮。启蒙运动是思想的准备，其反对僵而不死的天主教，虽然更多是从反对罗马统一的天主教会转而反对各国内部的单一的天主教和主教们，但反对天主教不过是外在的形式，它瞄准的靶子更多是反对天主教背后的中央集权和君主专制。

历史就是如此地吊诡，又是如此地合理。当教皇革命成功后迎来中世纪最为繁荣和文明的时代，文艺复兴随即产生了，而文艺复兴本身随即就为推翻罗马教廷的一统天下做了思想准备。宗教改革为欧洲君主专制的形成和发展奠定了良好的基础，但随即人们在宗教改革中用来反对教皇教廷和神职教士的一切理由都又被移植过来用以反对专断的国王和贪婪的贵族。人们有反抗异教教皇的自由，也就自然有反抗异教国王的权利。启蒙运动便担负起反对王权的思想总准备，正如宗教改革的总任务是反对罗马教廷的专断是一个道理。

因此，正如宗教改革虽然摁下了教廷专制的葫芦，但随即浮起了国王专制的瓢，启蒙运动亦是如此。它一方面为新兴的资产阶级富商推翻国王专制酝酿了民权的旗帜，但另一方面，在双头权威（罗马教廷和世俗君主）被打翻在地而出现权力真空的时候，大规模的民众运动与和平秩序必然发生不可协调的冲突和矛盾，后者尤以法国大革命为标识。法国大革命就如潘多拉的魔盒被打开是一个道理，自此以来，世界进入了现代。

有一点我们必须记住：尽管路德强烈反对宗教强制，但他一点都无法想象宗教能够完全不要教会戒规和权威。他虽说勉强但却仍旧确切无疑地得出这样的结论，即异端邪说必须镇压。迟于他的加尔文亦是如此。如果说路德将强制的期望寄托在了世俗统治者身上，加尔文则是要力图按照圣经的约定建立一个神权政治的新教国

212

家。这既是激进的加尔文对保守的路德改革刚出狼穴又入虎口的强烈不满，又何尝不是加尔文本人一厢情愿的天国乌托邦呢！如果说教皇革命后的罗马教廷赞同的政教合一是以教皇和教会主导的教权领导世俗政权，而路德的宗教改革则是反其道，是以皇帝和王公贵族为代表的世俗政府主导的政教合一，而加尔文的激进改革则是将政教合一改成神权政治，即不是要国家摆脱牧师而是要牧师摆脱国家。加尔文与教皇不同的是，后者有壁垒森严的教会等级制度，而前者则倡导人人平等的信徒即祭司制度。①

　　于是宗教改革既有新教与天主教的冲突，又有新教内部各教派的冲突。在近代自由主义者如弥尔顿、洛克、卢梭、孟德斯鸠等近代社会自然法、信仰与良心自由、代议制与契约自由、社会公意以

---

① 路德虽然并不愿意看到世俗政府代替教皇和教会来做裁判异端的法官，但他必须镇压异端邪说的观点必然使得世俗政府本身成了宗教改革的代理人和裁断改革应当为何的有效仲裁者，因为权力的实施者同时必然就成为权力的定义者。路德虽然不认同国教，但国教却因他而得建。因此，路德坚持臣民对统治者负有消极服从的义务。他明确反对骚乱和暴力所引发的政治压力。他虽然认为世俗的统治者没有什么好东西，但又认为没有世俗统治者则是不可想象的。他甚至认为社会与民众的叛乱不过是上帝假借百姓扮演撒旦的角色，而又转手假借王公贵族扮演诸神之角色来平叛。因此，叛乱也好，平叛也罢，不过是上帝命定中的人类原罪以及为此而付出的惩罚代价而已。因此，某种程度上讲，路德仍然属于中世纪的虔诚的基督信徒，他虽然掀起了宗教革命，但他本人并没有找到进入近代世界的路径。与路德反其道的加尔文则认为在他的新教神权政治共和国内，教会要全面负起治理共和国的责任。加尔文的教会理论比民族主义天主教派所持有的理论更具有中世纪极端教会主义的精神。国教教徒之所以把加尔文教派和耶稣会视为同一种东西的两种称谓，原因即在此。二者都主张用世俗的权力去实施其关于何为正统做法和道德戒律的裁决。在实践中，加尔文教派的统治尽可能地把基督教传统的双剑都交由教会掌控，而且把对世俗当局的指导也授予牧师，而不是交给世俗统治者。其结果很可能是一种由圣徒实施的无法忍受的统治：在普遍监视的基础上对最为私性的事情进行细密的规制，同时在维护公共秩序（即控制个人道德）与保持纯粹教义和礼拜之间也只做了一种含混不清的界分。参阅［美］乔治·萨拜因：《政治学说史》（民族国家卷上），邓正来译，上海人民出版社2015年版，第44—48页。因此，路德的宗教改革是带有神秘主义和消极无为的命定，而加尔文的教派则是步调一致的严酷无情的积极行动。路德教导人服从世俗统治者，哪怕是消极服从，而加尔文则是召信徒纪律严明、崇道明德、服从教会、自我控制、自我治理。路德修文，而加尔文尚武。与路德一样，加尔文虽然认为信仰不可强迫，但他对共和国强制信奉国教却从未制止。

及三权分立等思想的熏陶下，英国出现宗教宽容政策，美国出现杜绝国教的政教分立。法国由于天主教的根深蒂固而出现血流成河的宗教战争，东法兰克的德意志则由于宗教战争而渐次分裂生成诸多新生民族国家。意大利、西班牙和葡萄牙等南欧地区则由于罗马教廷的深厚影响而无可奈何地选择和接受了天主教的意识形态。

综上，对启蒙运动、对民主和秩序、对自由和权威的辩证思考，对古代人和近代人自由的辨析，对"君权神授"转变为"君权民授""民权神授"后的多数民主和少数自由之间的沉思，对乌合之众的多数暴政与不可剥夺的少数神圣之特权的比对，以及对何谓宗教和信仰自由以及政教分立等等话题，也就成了近现代自由主义必须直面的议题。

因此，西方进入近代的一个标志就是教皇和皇帝的相继退场。先是文艺复兴和宗教改革逼迫教皇退场，随后的启蒙运动以及资产阶级革命又将皇帝和国王拉下了马。有退场的，就必然有出场的。退场和出场的一个标志即对特权的占有、拥有和解释。于是，中世纪的"政教合一"逐步过渡到近代的"教随国定"，然后又到"政教分离"或"政教分立"。而与此对应的特权流变则从教皇和皇帝的金字塔尖逐步扩大到土地贵族和商业新贵等上层或中层阶级，再经由革命扩大到全体市民，即由家族、等级、身份制转换为个人、契约、平权制；其次特权本身也由先前对土地、物质和财富的具象占有逐步过渡到对生命、自由和权利等的抽象拥有。

第一章　古代人的自由与近代人的自由：主权自由和个人自由

　　古代自由主义关注的是对城邦与国家的治理，对公共事务辩论与决策的参与，其根本建基于公民资格权利。而这种公民资格权显然是一种不平等的特权，她可能取决于门第出身、身份血统、土地财富等等。因此，古代人所谓的自由是对公共领域与公共生活参与的自由，而不是在所谓私人领域与私人生活上的受法律保护而免于公权力干扰的自由与权利。如贡斯当认为的古代人的自由在于：

　　　　参与集体决策的自由，而现代人的自由在于独立于政府的自由。换言之，在古代，个人在公共事务中几乎永远是主权者，但在私人关系中却是奴隶。作为公民，他可以决定战争与和平；作为个人，他所有的行动都受到限制、监视与压制；作为集体组织的成员，他可以对执政官或上司进行审问、解职、谴责、剥夺财产、流放或处以死刑；作为集体组织的臣民，他也可能被自己所属的整体的专断意志褫夺身份、剥夺特权、放逐乃至处死。与此相对比，在现代人中，个人在其私人生活中是独立的，但即使在最自由的国家中，他也仅仅在表面上是主权者。他的主权是有限的，而且常常几乎被中止。若说他在某些时候行使主权（在这些时候，也会被谨慎与障碍所包围），更经常地则是放弃主权。①

贡斯当又断言，即便是古代最为文明的雅典城邦体制中，个人隶属于社会整体的程度远远超过今天任何欧洲自由国家。② 古代自由人并不存在如现代自由人所看重的私人空间与私人领域。他们的自由与个人权利风马牛不相及。在古代的公共领域中无论多么富有权威的个人在其私人领域中都可能是毫无自主的奴隶。

> 我们今天视为弥足珍贵的个人选择自己宗教信仰的自由，在古代人看来简直是犯罪与亵渎。社会的权威机构干预那些在我们看来最为有益的领域，阻碍个人的意志。……在罗马，监察官监视着家庭生活。法律规制习俗，由于习俗涉及所有事务，因此，几乎没有哪一个领域不受法律的规制。③

与此对应，贡斯当认为的现代人的自由则是：

> 只受法律制约、而不因某个人或若干个人的专断意志受到某种方式的逮捕、拘禁、处死或虐待的权利，它是每个人表达意见、选择并从事某一职业、支配甚至滥用财产的权利，是不必经过许可、不必说明动机或事由而迁徙的

---

① ［法］邦雅曼·贡斯当：《古代人的自由与现代人的自由》，阎克文、刘满清译，冯克利校，商务印书馆 1999 年版，第 27 页。

② 参见 ［法］邦雅曼·贡斯当：《古代人的自由与现代人的自由》，阎克文、刘满清译，冯克利校，商务印书馆 1999 年版，第 32 页。

③ ［法］邦雅曼·贡斯当：《古代人的自由与现代人的自由》，阎克文、刘满清译，冯克利校，商务印书馆 1999 年版，第 27 页。

权利。它是每个人与其他个人结社的权利，结社的目的或许是讨论他们的利益，或许是信奉他们以及结社者偏爱的宗教，甚至或许仅仅是以一种最适合他们本性或幻想的方式消磨几天或几个小时。最后，它是每个人通过选举全部或部分官员，或通过当权者或多或少不得不留意的代议制、申诉、要求等方式，对政府的行政施加某些影响的权利。①

贡斯当的这段话清晰地点明了现代人真正的自由在于个人自由。而个人自由的保障在于政治自由，没有政治自由则很难有个人自由。而现代自由是根本不同于古代人的自由的。贡斯当对古代人的自由与现代人的自由这一区分其重要意义在于其阐明了这样一个对所有古典自由主义者都至关重要的事实中所起的作用：个人自由与大众民主只是偶然地而不是必然地联系在一起的。

因此，古代（自由）人是活在集体主义中的，而现代人是活在个人主义中的。造成这种区别的根源在于：古代城邦国家，尤其希腊和罗马，疆域狭小，战争因此成为获得安全、独立乃至生存本身不可避免的代价。而近现代以来，战争已经成为彻头彻尾的冲动，战争强力的成本可能要较和平的商业交易带来的利益要大得多。古代人对海洋探险所必备的工具譬如罗盘仪等知识的缺乏也是制约商业贸易的一个重要因素。因此，在古代商业利润是一种幸运的意外，而在今天，商业贸易的获利则是正常状态。另外，现代由于不存在奴隶制度，因而，所有的自由人必须从事支撑社会生活所必需

---

① ［法］邦雅曼·贡斯当：《古代人的自由与现代人的自由》，阎克文、刘满清译，冯克利校，商务印书馆1999年版，第26页。

的各种职业。①

　　古代人的自由与现代人的自由也就因此而不同了。在古代，即使最卑微的公民也有参与公共事务的权力，而现代自由人无论谁的个人影响都很难对政府与社会产生大的影响。受到人们赞美的古代贝壳放逐法在近代却成为任意而专制的象征。因为这种法律无疑是以牺牲个人自由来换取集体自由或集体的政治自由。古代自由人之所以除了参与政治无所事事，也是因为有广大的奴隶维持生产和生活必需的劳动。古代因为战争以及安全的需要，自由民大量的时间都花费在无休止地履行政治讨论和民主商议，而现代的自由民则把更多的时间花费在属于自己的思考、事业和商业经营当中，长时间参与政治只会引发困扰和疲惫。因为商业的互利，现代人最终被激发出对个人独立的喜爱。人们厌倦政府对他们生活的干预和管制。②

　　贡斯当也认为在所有古代世界中，只有雅典与现代国家最为近似。原因即在于雅典发达的商业贸易。雅典人甚至将他们的公民权利扩展到与他们有贸易业务往来的外邦人。在斯巴达，公民会为执政官的传唤而加快脚步，但在雅典，若是一个人被视为依附于执政官，那会令人感到绝望。③ 除雅典外，在所有地方，社会的管辖权都毫无限制。可以这样说，人人仅仅是机器。它的齿轮和传动装置由法律来规制。同样的服从情形亦可见于罗马共和国的黄金时代。在那里，个人以某种方式被国家吞没，公民被城邦所吞没。④

① 参阅 ［法］邦雅曼·贡斯当：《古代人的自由与现代人的自由》，阎克文、刘满清译，冯克利校，商务印书馆 1999 年版，第 28—30 页。
② 参阅 ［法］邦雅曼·贡斯当：《古代人的自由与现代人的自由》，阎克文、刘满清译，冯克利校，商务印书馆 1999 年版，第 30—31 页。
③ 参阅 ［法］邦雅曼·贡斯当：《古代人的自由与现代人的自由》，阎克文、刘满清译，冯克利校，商务印书馆 1999 年版，第 32 页。
④ 参阅 ［法］邦雅曼·贡斯当：《古代人的自由与现代人的自由》，阎克文、刘满清译，冯克利校，商务印书馆 1999 年版，第 28 页。

即使在伯里克利时代的雅典，人们依然认为雅典人不仅有权利更有义务参与城邦和联邦的公共事务，观望和冷漠则是对城邦最大的伤害。因此，雅典的黄金时代也只能是古代的黄金时代。在雅典个人隶属于城邦与社会的程度远远超过今天欧洲任何自由的国家。

古代的自由观念是"谁应该统治我？"而现代的自由观念则是"政府到底能管多少？"①古代的城邦集体主义自由观念自然产生这样的观念：爹亲娘亲不如城邦亲；②古代城邦文明虽然离开我们已经2000多年，但不能不说这种集体主义自由观念依然在某些国家存在。③而现代的主义观念则一定会把民族、国家、社会与家庭亲情划分出严格的界限，即便是在一个家庭里，父母与孩子们，尤其跨过小学阶段的青少年，都应该相互尊重各自的隐私。

贡斯当在反思法国大革命的消极作用时是这样小心谨慎地提及他所崇敬的卢梭：这位卓越的天才思想家把属于另一世纪的社会权力和集体性主权移植到现代。他尽管被纯真地对自由的爱所激励，却为多种类型的暴政提供了致命的借口。贡斯当认为不是卢梭而是继卢梭之后的马布利神父应当为法国大革命的错误负首要责任。正是马布利公然要求公民为了国家的主权而完全服从，要求个人为了民族的自由而被奴役。而卢梭和马布利等的错误在于误将社会机构的权威当作自由。他们为此谴责人们的独立性。不仅希望法律监视

---

① ［英］以赛亚·伯林：《自由论》，胡传胜译，译林出版社2003年版，第321页。
② 参阅［英］以赛亚·伯林：《自由论》，胡传胜译，译林出版社2003年版，第335页。
③ 陈乐民先生在其《欧洲文明十五讲》中说："……中国从来没有从自身发展成为近代的历史，中国的历史是古代的历史。用冯友兰先生的一句话，就是'中西之交，古今之异'。即在中国的文化和西方的文化相接触的时候，中国的文明代表的是'古代'而西方的文明代表的'近代'。这就有了文化冲突，促使中国不能不发生变化，这个变化的特征就是使得中国的旧文化失去了'自主性。'所谓没有'自主性'就是说，自从近代以来中国与西方接触100多年来，历史就决定了中国的文化不能不发生变化。

人们的行为，而且就连思想和意见也要在权力的监视和控制之下。没有任何避难可以逃脱权力的覆盖。他像憎恶自己的敌人一样憎恶个人自由。个人的任何自由都为权力所剥夺，或为国家所牺牲。任何事情、任何时间、任何地点都被赋予某种责任，就连爱情本身也不例外。因此，在古代，哪里有自由，哪里的人们便可以忍受艰辛。而在现代，哪里有艰辛（因为只有自由才是快乐的保障），哪里的人们就不得不忍受专制主义。①

马布利们虽然质朴，但不宽容。他们对抽象的集体的整全的人报以关爱，而对具体的单个的人的喜怒哀乐则视而不见。他们要求人们腔调一致，步调整齐划一，反对人们有不同意见，更见不得标新立异的独立思考。他们要的是集体意志，而非个人权利。

古代雅典的贝壳放逐法是为了保卫大众民主免于精英权力的侵蚀。然而，这在任何的现代国家大概都会被认为是不可接受的。因为，一则任何精英个体的影响很难撼动整个社会乃至国家，二则，现代法律赋予任何个体必须被社会所尊重的自由和权利。除非经过法律的正当程序审判，否则不可流放任何的公民，更不可强迫他离开自己的国家、社会和家庭。所有政治流放都是滥用政治权力。所有由议会以公共安全为由而宣布的流放，本身就是对公共安全的侵犯。而古代罗马的监察官制度同贝壳放逐法案如出一辙。不是贝壳放逐法保障了大众民主，而是人们对大众民主的钟爱使得精英权力宁愿自我流放。同理，不是监察官制度创造了良好的道德风尚，而是这些道德风尚的简朴构成了监察官制度的力量及有效性的渊源。②

---

① 参阅［法］邦雅曼·贡斯当：《古代人的自由与现代人的自由》，阎克文、刘满清译，冯克利校，商务印书馆1999年版，第34—37页。

② 参阅［法］邦雅曼·贡斯当：《古代人的自由与现代人的自由》，阎克文、刘满清译，冯克利校，商务印书馆1999年版，第39页。

古代人只有政治自由而没有个人自由，前者是目的也是手段；现代人的自由则是以个人自由为目的，而政治自由是保障个人自由的手段。因此任何人绝不能要求现代人牺牲个人自由和个人独立来实现政治自由。然而，这并不代表我们可以放弃政治自由，因为不经过政治自由这个管道，我们将无法抵达个人自由。

古代人民的自由是直接参与政治，其采用的形式为广场式的直接民主；而现代自由则意味着古代意义上的公民资格权逐步淡化，人们行使主权的参政议政更多是依靠选举代表的间接代议制进行。正是代议制使得我们既享有了古代的政治自由，而又享有了现代的个人自由和独立空间。

商业贸易的发达和财产流通的收益推动了我们从古代的民主制进化到现代的代议制。大多数的人们不去直接参与政治治理，而是选出自己的代表来管理国家。这样，就可以腾出大量的时间和精力来全力发展商业和贸易，从而更多地为自身带来幸福和快乐。与此同时，商业和贸易本身使得原先仅仅具有使用价值的财产具有了交换价值。货币出现不仅加速了商业的流通，而且改变了财产的存在形式，从而有效制约了权力的压迫。这样，个人的存在不再像古代那样更多地依赖于政治，人们争相逃避权力而服务于财富。

贡斯当引用西艾耶士的说法"穷人自己照料自己；而富人则靠雇佣管家"，来形象地描述了古代民主制和现代代议制的不同本质。因此，代议制的本质是雇佣政府为自己管理国家，既然是雇佣，人们当然有权监督和罢免政府。比较而言，古代自由的危险在于人们忽略乃至放弃个人自由和个人享受的价值；而现代自由的危险在于人们可能过分沉湎于个人的独立、自由和享受当中，而忽略乃至放弃分享政治权力的权利。①就此而言，权利即义务。因之，所谓公正即严于律己，自己要尽到义务；而不是要别人尽义务而自己背弃义务。

---

① 参阅 ［法］邦雅曼·贡斯当：《古代人的自由与现代人的自由》，阎克文、刘满清译，冯克利校，商务印书馆1999年版，第44页。

第二章　近代自由主义法学的古典源头：民主和自由的局限

按照《法律发达史》的作者，美国联邦法院的法官莫理斯的观点，世界上第一部具有成文体裁的，并且对于西方世界具有重要影响的国内自然法法典当属摩西法了。换言之，摩西法是西方自然法的奠基。摩西法的背景是古代以色列人逃出为奴之地——埃及后，经由其首领摩西所制定和颁布的传说故事。当然据圣经的记载，则是摩西从西奈山上领受的万能之上帝——耶和华的十大训诫，所以据此也称之为神法（Law of God）或默示法（Law of Revelation）。后世由于宗教改革的原因又改称之为自然法（或道德法），二者的表述虽有不同，但实质上并无甚区别。犹太法传到罗马，并通过《圣经》和中世纪神职法官对西方现代法产生了重大影响。

各条均几乎可以说是为着人类社会组织的世俗事务，如最接近于后世诉讼程序法的第九条，"不可做假见证陷害邻人"。而第八条"不可偷盗"以及第十条"不可贪恋人的房屋；也不可贪恋人的妻子、仆婢、牛驴，并他一切所有的"。某种程度可作为后世私有财产法的最初形塑。①

---

① 摩西十诫中对私有财产的保护，后来在柏拉图那里也点得很清楚，有人据此认为柏拉图是受到了摩西法的影响。如柏拉图在其《法律篇》中曾清楚地指出："没有哪个人可以夺取或拿走别人的财产，也不可以没有征得邻居的允许而使用他的任何东西。蔑视这项原则一直是（现在仍旧是并且将来永远是）刚才提到的一切邪恶的根源。"（参见［古希腊］柏拉图：《法律篇》，张智仁、何勤华译，上海人民出版社2001年版，第319页）

第五、六、七条："当孝敬父母，使你的日子在耶和华——你上帝所赐你的土地上得以长久。""不可杀人。""不可奸淫。"实际上是后世国内法中一切关于家庭与私人生活关系方面规范的原初模型，而第六条的"不可杀人"则尤其表明了人类社会组织生活的最高和最神圣的规范与敬畏，并成为至今人类生活的一个共识性道德基础与准则，后世的法律只是逐步增加对于故意杀人罪的刑罚而已。① 不可杀人这条戒律还影响到日后西方人中虔诚派基督信徒的反战观念以及拒绝服兵役的抵抗。

正如莫里斯所言："十诫虽然有时被认为道德法则，而仅能拘束我们的良心方面，然而却是我们所谓一切国内法的基础。"② 就连第四条关于安息日的规定，几乎是一直沿袭到今天而且在全世界都通行的休息日。③

除十诫外，摩西法制还出台了很多为后世所认可、沿袭并加以改造的法律规范。如关于惩罚暴行的条例（The Law Concerning Violence）中规定："打人以至于打死的，必要把他治死。""拐带人

---

① 若是由于过失或意外而杀人，则凶手可以逃往某个城市寻求教众的庇护。他可以在这儿生活，一直到该城的主教逝世。在此期间，他必须待在庇护城里，如果出城，则可能被杀。主教逝世后，杀人者可以返回故乡，但主教逝世的事必须被周知。这种规定发展成为今日刑法中的时效法则（statute of limitations）。雨果在小说《巴黎圣母院》中描述的吉卜赛姑娘爱丝梅拉达在绞刑架上被卡西莫多救回到世俗力量不可涉足的圣母院庇护场。当然圣母院作为天主教堂的庇护特权又是中世纪教权和皇权争夺世俗权威和金钱财富的斗争结果。
② ［美］莫理斯：《法律发达史》，王学文译，姚秀兰点校，中国政法大学出版社 2003 年版，第 19 页。
③ 安息日的规定某种程度上减缓了古代以色列奴隶制度的阶级对抗，因为摩西曾下令称每逢 7 年为一个安息年，所以如果是以色列人（即古希伯来人）沦落为奴隶，则他在服侍主人 6 年后，第 7 年即可获得自由。虽然近代法国大革命发展到 1793 年，以雅各宾派的极端无神论意识形态执掌政权为指导的盲目革命曾经企图废除安息日的制度，但由于遭到人们的反对而终究未能实现。

口，或是把人卖了，或是留在他手下，必要把他治死。"①

最为重要的是摩西时代已经清楚地把物权所有人的连带责任划分出来了。如："牛若触死男人或女人，总是用石头打死那牛，却不可吃他的肉，牛的主人可算无罪。倘若那牛素来是触人的，有人报告了牛主，他竟不把牛拴着，以致把男人或女人触死，就要用石头打死那牛，牛主也必治死。""人若敞着井口，或挖井不遮盖，有牛或驴掉在里头，井主要拿钱赔还本主人，死牲畜要归自己。"②希伯来人认为物权所有者的连带责任取决于他是否知道动物的习性。粗心大意或者疏忽要受到惩罚，疏忽的标准似乎已接近我们的合理注意（reasonable care）的标准。

另外关于正当防卫或防卫过当的规范，摩西法制中也有可供我们思考的案例。"人若遇见贼挖窟窿③把贼打了，以至于死，就不能为他有流血的罪；若太阳已经出来，就为他有流血的罪。"④

摩西法制中关于正义和公道的规范是："不可随伙散布谣言，不可与恶人联手妄作见证；不可随众行恶，不可在争讼的事上随众偏行，作见证冤枉正直；也不可在争讼的事上偏护穷人。不可在穷人争讼的事上屈枉正直。当远离虚假的事。不可杀无辜和有义的

---

① 参见《旧约·出埃及记》21 章 12、16 节。读者需要注意，这里的摩西法中把拐带人口看作与杀人与打人致死具有同样的暴行而规定以死罪相抵。一直到今天，对于拐带人口的罪行惩罚似乎都脱离不开摩西法制的影响，就是把其看作比一般的暴行要残忍而加以约束。联想到美洲新大陆发现后，欧洲殖民者对非洲人口的拐带与贩卖，马克思对美国资本主义最初的资本原始积累所控诉的"每一个毛孔都滴着血和肮脏的东西"是十分精辟的。
② 参见《旧约·出埃及记》21 章 28、29，33、34 节。
③ 指入门行窃——引者注。
④ 参见《旧约·出埃及记》22 章 2、3 节。摩西法制中关于正当防卫与防卫过当的阐述，柏拉图也有类似的观点，"如果他抓了一个夜里进入他家偷东西的贼，并把他杀了，那么，他将是无罪的。"（参见［古希腊］柏拉图：《法律篇》，张智仁、何勤华译，上海人民出版社 2001 年版，第 308 页）。后来的罗马十二铜表法以及扩展后的罗马民法都充分汲取了其中的合理逻辑和道德原则。

人，因我必不以恶人为义。不可受贿赂，因为贿赂能叫明眼人①变瞎了，又能颠倒义人的话。不可欺压寄居的，因为你们在埃及地做过寄居的，知道寄居的心。"②

摩西法中对于见证的规范，提出关于重罪的案件必须有两个以上的证人出面而作证才可定罪。"无论谁故杀人，要凭几个见证人的口，把那故杀人的杀了，只是不可凭一个见证的口叫人死。"（《民数记》35 章 30 节）；但后来由重罪案件扩充到几乎一切案件，"人无论犯什么罪，做什么恶，不可凭一个人的口作见证，总要凭两三个人的口作见证才可定案。"（《申命记》19 章 15 节）。

莫理斯认为，摩西法制中的见证人规范，要比后世英国的都铎（Tudors）王朝、斯图亚特（Stuarts）王朝以及早期汉诺威（Hanoverians）王朝的仅凭一人——而这仅有的证人又多是些伪誓的恶汉，毫无被信任的价值——作证便可定谳先进得多。莫理斯因此写道："这种事情引起了美国联邦宪法对局部补救方法的实施，即规定国事犯（有政治犯的含义——引者注）至少须有两个证人对于同一明显的行为出而作证，或者在法院中公开承认才可判罪。在英美法中这种规定不过是摩西法之适当和公平的法则的复活而已。"③

旧约中的摩西法制在新约中既得到继承，又被加以改造。新约对于《旧约》而言，在法制和规范上，一个最大的特征即从对行为的规范转换为对心灵和意念的判断。恰恰是这一点，使得《新约》超越了《旧约》，但也恰恰是这一点，使得《新约》最终无法来圆自己给自己设定的人神一体的行为以及心灵规范而被近代以来的宗教改革所离弃。

---

① 暗指官员、法官——引者注。
② 参见《旧约·出埃及记》23 章 1、2、6、8、9 节。
③ ［美］莫理斯：《法律发达史》，王学文译，姚秀兰点校，中国政法大学出版社 2003 年版，第 26 页。

无论是《旧约》还是《新约》对于律法都是怀有一种敬畏的心态。如《马太福音》5 章 17—19 节中有言："莫想我来要废掉律法和先知；我来不是要废掉，乃是要成全。我实在告诉你们，就是到天地都废去了，律法的一点一画也不能废去，都要成全。所以，无论何人废掉这诫命中最小的一条，又教训人这样做，他在天国要称为最小的；但无论何人遵行这诫命，又教训人遵行，他在天国要称为大的。"

也或许正是基于这样一种敬畏的心情，莫理斯认为："摩西法对于我们是永不失其重要性的。他的伟大的原则就是我们今日法律的基础。他所包含的道德就是我们今日由基督教之创立者的高尚主义所精练和扩大而成之道德的根据。"[①]

犹太法希伯来法后来传到希腊和罗马，在希伯来法和罗马法的基础上又逐渐生成了教会法。教会法又通过《圣经》和中世纪的神职法官对现代法产生了重要影响。

东法西渐的转折以及西法的开端——古代希腊法。古代希腊之所以成为欧洲乃至西方文明的源头，实在是因为"希腊奇迹"的诞生和发展。希腊奇迹最终为东法西渐找到了归宿并且以古代希腊法而开端了西法的先河。

莫理斯对古代希腊文明至为推崇，他认为，古代希腊，尤其是雅典共和国，在知识上的成就，包括灿如星辰的哲学家、演说家、历史学家、雕刻家、绘画家、人民领袖、众多的学者以及智者派们，古今各时代中是罕有能够和她媲美或超过她的。罗马之奥古斯都时代，英国之伊丽莎白时代，法国在路易十四时代的光荣，若和古代希腊伟大的成功比较起来都要逊色不少。在艺术方面仅有意大

---

① ［美］莫理斯：《法律发达史》，王学文译，姚秀兰点校，中国政法大学出版社 2003 年版，第 34—35 页。

利的米开朗基罗、提香、达·芬奇和拉斐尔等，才是希腊人天才家最成功之作品的劲敌。①

在各时代中（除了摩西以外）最伟大的、最聪明的而又为雅典纯正的立法家，可以说就是在公元前 594 年大约在马拉松战役之后 100 年时被任为雅典执政长官的梭伦了。在古代没有一位立法家曾享有过像梭伦那样伟大的声望，并且除了摩西这位大立法家以外从来也没有过像他那样影响后世法律思想的伟大人物了。因此，梭伦被称为古代雅典的人民领袖，具有实干精神的法学政治家。

梭伦作为古代希腊七贤人之一，其最为后人所称道的是在他为雅典人民起草完而颁行他的法典后，他便叫他的人民宣誓在 100 年以内遵守它，然后他就自动流浪国外而且死在国外，这样好使他的人民不致受他个人的影响而能够完全自由地让他们遵守法律的习惯。②

而且，梭伦非常清楚地认识到法律之最可珍贵和最有价值的地方在于其适（实）用性。传说，有人曾经询问这位大立法家，他给雅典人制定的这部法律是不是制定得最好的法律。他回答说，这是雅典人所能够接受的最优美的法典。从这个角度出发，我们说，梭伦可能也是后世经验主义法学的最初奠基人和倡导者。也正是基于此，美国的开国元勋以及联邦宪法的智慧头脑本杰明·富兰克林被

① 参见 ［美］莫理斯：《法律发达史》，王学文译，姚秀兰点校，中国政法大学出版社 2003 年版，第 74 页。
② 美国的政治学教授弗里德里希则从政治治理的角度认为梭伦在改组了雅典城邦之后，踏上了他漫长的旅途是因为他对其权位的弊端有深刻的体认，他厌恶专制独裁；很显然，他的权位是如此高居显赫，以至于他害怕自己最终成为一位不由自主的暴君。他的这种克己的行为在古代一直被视为其具有非凡的智慧的一种象征而得到赞美、传颂。实际上梭伦的这一做法如果从司法学的角度出发，也可以阐释为权力的执掌者自愿放弃其权力；如果再引申到宪政学的高度，实际上对手中掌握的权力的一种自愿监督，而这一点恰恰是宪政在其实施当中最为困难与最为玄妙之处。可参见 ［美］卡尔·J. 弗里德里希：《超验正义——宪政的宗教之维》，周勇译，三联书店 1997 年版，第 16 页。

其国人，尤其是美国的法学界譬喻为美国的梭伦。

梭伦立法的政治学意义在于其最早形设了对于行政和司法具有最后决定权的公民大会和把握公民大会议事程序的元老院。公民大会虽具有终裁权，然而所有的提议和议案都必须事先经元老院讨论通过，这实际上正是近代以来的两院制的雏形。

> 所有权力都来自公民大会，即公民大会是立法、行政和司法全部职能的源头。这种政治权力不可分割的观念统治了文明的人类将近两千年的时间，在这段时间里，人们一直要求恢复权力混合的公民大会机制，或者类似国王那样的集中不同权力的统治力量。①

梭伦立法的社会学意义在于虽然把人民根据其财产的多寡以及对于国家利益的多少划分为四个不同等级，但可贵的是这一划分不是僵化的和世袭的，而是各个等级随时因获得或丧失某种必要的资格而可能"降级"或"升级"。并且虽然前三个等级有充任国家官吏之资格，但第四等级则有平等之发言权，言论自由最终使得社会的下层免受无故的压迫，某种程度甚至是对前三个等级无形的威慑。

梭伦立法中等级的流动和相互制约本身就是自由所蕴含的最大内容，即在承认现实存在差异性的前提下如何使得差异性在自由的流动以及言论自由对权力的制约中减少其僵化性，因为僵化性可能带来严重的消极后果，如经济停滞、政治腐败、文化暗哑、社会黑暗等。

梭伦立法还涉及执政官制度的改革，从原先的单一执政官制到

---

① ［美］赞恩：《法律的故事》，于庆生译，中国法制出版社 2011 年版，第 104 页。

九人的集体执政官制。最主要的为首席执政官（the Archon），即行政首长，主管行政与司法；第2位为执政官王（King Archon），掌理宗教和教会等事务。中世纪英国的教会法庭承担的职能与此类似；第3位称为司令官（Polemarch, or War-leader），掌理战事及军务，以及外交事务等。3人各配备两名助手，其余6名执政官组成合议机关，与前3名执政官一起处理行政及司法诉讼（尤其涉及本国人与外国人之间发生的诉讼事件，要知道雅典是当时最繁华的国际性大都会）。

亚略巴古（当时雅典的一个地名）法院是古代希腊各城邦中最为著名的法院。据说许多国外的诉讼案件都自愿接受该法院的判决。该法院之所以名声在外，一则由于在雅典的繁盛期，伯里克利曾被亚略巴古法院所阻挠而未能如愿当选为执政官，后伯里克利曾想方设法压制该法院的权力；二则是在希腊亡国后，基督之使徒圣保罗曾在该法院受过审判，可见一直到此时，亚略巴古法院的光荣还未消逝。诉讼程序之诉讼时效通常规定为5年，对于被传之证人可以强令出庭作证，利害关系人不得充任证人，对于伪证处罚极严。

梭伦立法中还强调了一夫一妻的制度，尽管男人仍然可以纳妾，离婚也在允许范围之内。这与古代东方，尤其是古代埃及、古巴比伦、迦太基、腓基尼、古亚述国以及古以色列（旧约时期）的一夫多妻或一妻多夫制是截然不同的。莫理斯因此指出："对于近代文化最有影响的两种（古典）因素，即以色列的一神主义和希腊罗马的一夫一妻制。"[①]

此外，梭伦的立法中还涉及继承法、监护法（尤其强调如果当被监护人死亡以后，凡是有取得其财产的权利人，不得受指定为监

---

① ［美］莫理斯：《法律发达史》，王学文译，姚秀兰点校，中国政法大学出版社2003年版，第101页。

护人）。刑法典不仅理性而体现人道，如对于杀人、谋叛、路劫、纵火、绑票、贿赂等重罪均处以死刑。其他则处以罚金、拘禁，或二者同时处罚。关于盗窃的民法规范，则有对摩西法制或埃及的刑法典明显的模仿，如处以盗窃物价值的二倍罚金偿还受害人，如无力缴付，则以刑罚替代。

贝壳放逐法（也译为陶片放逐法）也是古代希腊一个最富有古典意味的法律规范。这一放逐法主要为制止那种野心过于膨胀的政客们对于权力的恋栈以及可能的对于民众权利的危害。这一法规规定任何雅典的政治家不论出于何种原因遭遇市民反对时，虽无任何违反或反对国家的犯罪也必须处以不超过十年以上的流刑（即流放国外），但须有 6000 市民的贝壳投票方可生效。这其实也是古代城邦中，对于能干的和伟大的政治家而言最无情的直接投票民主制。古代雅典的一些伟大政治家都曾在这一放逐法下遭驱逐。贝壳放逐法在今天的政治实践中显然具有不可思议的荒谬，但正如贡斯当认为的，这一放逐法至少在古代雅典是有其历史进步意义的：

> 经过公民大会的表决，任何市民都可以在未经听证和审判的情况下被放逐。它相当于宣判被告有罪的立法判决。这与英国国会沿用了很长时间并造成了悲惨后果的邪恶野蛮的《褫权法案》（*bill of attainder*）如出一辙。"[1]
> "雅典的贝壳放逐法是建立在一个假定之上，即社会对成员[2]有完全的权威。在这一假定之上，该制度可以证明其合理性。此外，在一个小国，当某一个人由于其崇高的威望、众多的门徒以及辉煌的业绩，其影响常常与大众的权

---

[1] ［美］赞恩：《法律的故事》，于庆生译，中国法制出版社 2011 年版，第 110 页。
[2] 在这里，即市民的直接集体民主投票对执政官这一个体成员——引者注。

力抗衡时，贝壳放逐法似乎是有用的。"①

希腊人之前的无论是巴比伦人还是希伯来人，法律都是掌握在祭司手中的。是希腊人把法律从祭司手中转移到了国民手中。可以说希腊法的主流与近代的法律并没有什么显著不同，希腊人从未怀疑，为市民主持正义是城邦的义务，其缺陷在于未能发展出一套适用法律的称职法院系统，也没有形成能够对法律原则及其具体规则进行分类的法学家阶层。没有出现辩护士或律师阶层，而且当时代的民众和哲学家也对这种阶层怀有敌意。希腊人所流露出的过分乐观与对普通个体市民的推理能力的过分依赖，使得他们走向极端。他们认为每个市民都是称职的律师和法官，无须得到任何受到专门法律训练的阶层的帮助。罗马人则以睿智保守的方式而采取了中庸之道，他们把法律从祭司的咒语和阶级欺骗的制度中解放了出来，法律的命运被置于一个训练有素的职业人手中，这就和近代新闻业走向专业主义的一个标志就是新闻记者的职业化是一个道理。

经过亚历山大大帝的征服，以及亚历山大的希腊继承者们建立的王国以后，希腊法律被传播到了东方世界，这种希腊法律体系几乎变成了世界通用的体系，通过罗马人及其被称为万民法的执政官法，希腊法律的原则被发扬光大，以至于查士丁尼的《国法大全》被编纂时，很难将罗马的因素和希腊的因素区别开来，因为正如小普林尼所言，是希腊人将他们的法律传给了罗马人。②

---

① ［法］邦雅曼·贡斯当：《古代人的自由与现代人的自由》，阎克文、刘满清译，冯克利校，商务印书馆 1999 年版，第 38—39 页。
② ［美］赞恩：《法律的故事》，于庆生译，中国法制出版社 2011 年版，第 118 页。

　　但无论如何，古代希腊和古代共和时期的罗马都可以说有民主而没有自由和法治，所谓民主不过是多数人的意志而已。很多时候，这种以民主的手段所形成的多数人的意志是用来判断和调整已经发生了的事情，这与近现代司法原则中的"法不溯及既往""法律的平等保护"等根本原则是格格不入的。所以这里的多数民主意志在很大程度上就表现出一种专制而任意的命令，换言之，将纯粹的意志，哪怕是多数的意志，当作权力来行使是根本上违背法律的正义观念的。

　　亚里士多德曾经看到了雅典民主通过将意志转变为权力来进行城邦治理的祸害，但他并没有找到解决方案。他甚至认为国民大会的集体立法所做出的判决总要比单个人的判决更为明智，这实在是伟人的历史局限。亚里士多德没有想到也不可能想到个体市民享有什么样的免受城邦侵害的权利。

第三章　公法与私法：国家公益与
　　　　个人私利的博弈

　　按照罗马法学家乌尔比安的解释，公法是关于罗马国家的法律，而私法则是关于个人利益的法律。公法以保护国家公共利益为目的，而私法则以保护私人利益为目的。因此公法的一方主体应当是国家，与另一方主体一般是不平等的隶属和服从关系，公法多以强制规范为主，公法否定私法自治。私法多以调整私人利益为主，多以任意规范居多，私法弘扬自治，以自治为其最高原则和精髓所在。

　　公法强令服从，注重权力运作。而私法关注意识自治，平等等价，注重权利的形式和保护。公法是配置和调整公权力的法，权力是公法的着眼点。包括公权力之间的关系以及公权力和私权利之间的关系，公法也可以延伸到对私权利的干涉层面。因此，没有不受公权力影响的私权利，也没有不受私权利影响的公权力。

　　笼统地说，大家（公权力、公利益、公主体、公权利等公域）的事由公法调整管理，个人（私域）的事则由私法调整。没有公权力的存在，私权利无以保护；没有私权利的扩张，公权力亦没有了土壤。公权力是公法研究的核心。

　　一般而言，对于私权利，凡是法律没有禁止的就是许可的；对于公权力，则反之，凡是法律没有授权的就是禁止的。刑事诉讼中的"沉默权""任何人无义务控告自己""无罪推定""合理怀疑排除"以及"存疑时应当有利于被告"等标准就是从对私权利的优先保护原则推导而来的。

私法的四个基本概念是私有财产权、契约自由、一夫一妻和继承权。私法促使个人首先意识到他们是配偶、父亲、商人，然后才意识到自己是国家公民，因而要违背这一项私法变化的现实利益要比违背一项政治制度改革的现实利益更为困难。一般而言，公法调整的上下级之间的关系，一般以命令作为义务的基础；而私法调整的具有平等地位的人之间的法律关系，一般以自我服从作为义务的基础。中世纪的德意志国家，尚无严格的公法和私法的区分。只有德意志对罗马法的继受才使公法与私法有了严格的区分。而罗马法迟至1450—1550年间才开始蹑手蹑脚地潜入了德意志地区。日耳曼法律观总是把个别人视作总体的肢体，因此其法律始终都具有服务于总体的功能，而且一开始就是根据共同体的利益来限定其内容的。个人的一切权利只从总体获取并存在于总体利益之中。私法只是一种扩散，只是公法的一个组成部分。反之，罗马法的所有出发点和终点则在于：一群没有祖国、没有家园、出于每一种社会联系的强盗所缔结的一项社会契约。这个共同体是由于个人的缘故以公法来保护私法。所以，如同公法是日耳曼法的起点一样，私法也是罗马法的起点。①

自从刑法存在，国家代替受害人施行报复时，国家就承担着双重责任：正如国家在采取任何行为时，不仅要为社会利益反对犯罪者，也要保护犯罪人不受受害人的报复。现在刑法同样不只反对犯罪人，也要保护犯罪人，它的目的不仅在于设立国家刑罚权力，同

---

① 参阅［德］拉德布鲁赫：《法学导论》，米健、朱林译，中国大百科全书出版社1997年版，第56—60页。

时也要限制这一权力，它不只是可罚性的缘由，也是它的界限，因此表现出悖论：刑法不仅要面对犯罪人保护国家，也要面对国家保护犯罪人，不但面对犯罪人，也要面对检察官保护市民，成为公民反对司法专横和错误的大宪章。①

刑事程序的历史，清楚地反映出国家观念从封建国家经过专制国家，直到宪政国家的发展转变过程。……与现代的民事程序法相似，中世纪的刑事程序法，只有受害人起诉（自诉），才能引致程序的开始，被告人的供言无须审查即作为真实而被暂时接受（形式的真实），对争执的事实须有当事人提出证明予以确认（当事人举证责任）。不同于现代民事程序的是，它不是由原告证明罪责，而是被告必须证明其无罪。……这样一来，如果受害人没有足够的胆量和力量提出自诉，或作恶者有足够的胆量和朋友，在宣誓保证人的协助下宣誓无罪，犯罪就难以受到惩罚。……大量刑事行为不受惩罚这一事实，促使国家权力恍然省悟到追究犯罪不仅要受害人参与，国家本身也有责任参与。②

罗马法的继受从根本上补正了刑事程序法。1532 年，德国引入纠问（调查）程序。纠问程序的功绩在于使人们认识到追究犯罪并非受害人的私事，而是国家的职责。其严重错误则在于将追究犯罪的任务交给法官，从而使法官与当事人合为一体。纠问程序的本质，允许在没人控告的情况下，由法官"依职权"干预。但被控人面对法官绝对权力的追诉束手无策。法官权力的膨胀使得纠问程序造就一个谚语：控告人如果成为法官，就需要上帝作为律师。纠问

① 参见［德］拉德布鲁赫：《法学导论》，米健、朱林译，中国大百科全书出版社 1997 年版，第 96 页。
② 参见［德］拉德布鲁赫：《法学导论》，米健、朱林译，中国大百科全书出版社 1997 年版，第 120 页。

程序的进步还体现在它的证明方法上，用现代理性的证据取代旧时的无罪起誓和信仰迷信如神明裁判等。随之，被告人无罪举证责任也改为法官对被告人的有罪证明责任。为防止法官的错误和专断，纠问程序还明确规定了法律证据的要件理论：只有嫌疑人认罪或有两个见证人证明其行为时，才可做出有罪判决。对于不能找到两个证人证明自己的行为又不认罪的嫌疑犯，不可做出有罪判决。但是，若法官有足够的理由和证据认为嫌疑犯有罪的话，如嫌疑犯手持血斧出现在凶杀现场，或在其居所发现死者的钱包等，法官有权使用刑讯手段取得供词。允许法官使用刑讯手段成为纠问程序最大的轻率。16 世纪从欧洲开始蔓延到 17 世纪北美的审判女巫运动，便是纠问程序中刑讯逼供的一个典型例子。[1]

当较为开明和人性的时代从纠问程序中剔除刑讯的时候，整个坚固的纠问程序大厦也濒临崩溃。针对犯罪分子而增强的保护国家的要求，导致中世纪刑事程序向纠问程序转变；针对国家而增强的保护无辜人的要求，促使纠问程序大约从 1848 年[2]开始向现代刑事程序转变。现代刑事程序吸取了纠问程序中国家、官方对犯罪追诉的原则（职权原则），同时又保留了中世纪的无告诉即无法官原则（自诉原则），并将这两者与国家公诉原则相联结，产生了公诉人的职位：检察官。这一职位与相对应的原则是由法国输入到德国。它提出了与纠问程序法定证据原则相对立的自由心证原则，并最终导致重新采用中世纪刑事程序的言辞审理和公开性。消灭刑讯，就意味着要抛弃法定证据原则。法官不再仅仅根据供词和人证做出有罪判决。一些明显的间接证据，包括物证都可以让法官做出有罪判决。对于证人以及证言的认定，对于被告人精神的鉴定等，法官均

---

[1]　参见［德］拉德布鲁赫：《法学导论》，米健、朱林译，中国大百科全书出版社 1997 年版，第 121—122 页。

[2]　主要指在德国——引者注。

可自由裁量。只有这样，犯罪嫌疑人才可能从自证有罪的审判客体转变为诉讼当事人与诉讼主体，并有权为自己辩护。英国刑事程序的当事人原则要求法官不得干预控告人准备其控告，以及被告人和其律师准备其辩护，而只在主审程序中指挥审判以及最后做出判决。整个举证，都由当事人交叉讯问自由进行。①

从中世纪的封建国家到专制国家再到宪政国家的刑事程序发展历程及其清晰的对比反衬出社会生活的逐渐变化，其次序令人联想到黑格尔精神发展过程的正反合三段式。这种正反合的三段式发展历程岂不恰好解释了斯塔尔夫人在断头台上的哀叹：自由是古典的，而专制则是现代的。

一般而言，立法创制法律，而司法和行政则以不同方式遵守法律。在法律限定的范围内，司法所实现的是争议中的法律，而行政实现的则是公共利益。法律希望（如有可能）对司法中合乎法律的裁决做出明确的规定，却尽可能有意地给行政留出自由选择的余地，使行政在其中可进行合目的性的行为。法律对司法一般为路标，对行政则一般是栅栏——行政的路标是"国家利益至上原则"。……只要国家的行政活动仅仅由国家利益和合目的性而左右，而不受任何法律约束，就只可能有行政技术，而无行政法可言；只有赋予与国家利益相对立的私人利益在法律上的请求权，并尊重它，赋予相互义务和权利，才有产生行政法的基本基础。这一点，在封建等级制国家时代已为人知：国家给予君主在一定范围的君权，如果君主以提高课税而逾越这一范围，受损的臣民甚至可向韦茨拉尔帝国最高法院或向维也纳的帝国枢密院提出对君主的诉讼。

---

① ［德］拉德布鲁赫：《法学导论》，米健、朱林译，中国大百科全书出版社 1997 年版，第 122—123 页。

但这绝不说明在等级制国家存在行政法和行政司法。①

　　同样，在封建等级制刚刚拉开帷幕的英国也是如此，大宪章是那个时代的标志性事件。

　　因为在中世纪，还没有严格意义上的公法和私法的区分。请求权和诉讼所针对的王公，并非发号施令的统治者，而不过是拥有特权者。作为原告的权利伙伴，同样要遵守并非自己制定的法律，并且与在民事法律中当事人以平等法律地位交易的情形相似，这种表面的行政法律关系实际上具有民法特征。只有在统治者从它和平民一起遵守的不取决于它本身的法律秩序中解脱出来，面对自己可以限制的统治权的时候，才可能从平民相对于统治者的权力中找到行政法和公法。②

　　封建等级制过后的中世纪后期之专制警察国家更是如此，因为相对于大量平民而言的统治者不受任何法律限制。在统治者看来，只要符合国家利益这一目的的活动，也必然符合法律。专制国家不可能实现法律对行政首脑和统治者的拘束限制，因为专制统治者作为行政首脑，甚至可以在偏离法律时，作为立法主体随时为此而更改法律，使不可能作为行政行为的行为，倒作为立法行为而具有效力。只有在立宪国家基于分权说，剥夺行政首脑——邦主所独占的立法权后，才可以设想立法机关制约行政机关，用国家的立法制约国家的行政。③

　　孟德斯鸠在《论法的精神》中说："同一个机关，既是法律执行者，又享有立法者的全部权力。它可以用它的'一般意志'（即

---

①　参阅［德］拉德布鲁赫：《法学导论》，米健、朱林译，中国大百科全书出版社1997年版，第130—131页。

②　参阅［德］拉德布鲁赫：《法学导论》，米健、朱林译，中国大百科全书出版社1997年版，第131页。

③　参阅［德］拉德布鲁赫：《法学导论》，米健、朱林译，中国大百科全书出版社1997年版，第131—132页。

立法权）去蹂躏全国；因为它还有司法权，它又可以用它的"个别的意志"（即执法权）去毁灭每一个公民。"①

因此，行政法的核心在于法律对行政权力的限制以及由此产生的国家和臣民之间的权利和义务。依法行政也就因此不仅意味着行政行为不得违背法律，而且更强调任何设定负担的行政行为，任何对自由和所有权的干预，都必须以法律为依据。由此，法治国家时代随着行政诉讼管辖的产生而诞生。在此之前，人们对行政行为的抗议只能向行政机关申诉，直至有足够的权威给予呼应。这样一来，实际上行政就自行处理自身的事务，作为申诉人的对立者决定申诉人的权利，并有权解释行政要受约束的法律。有了行政法和行政诉讼法之后，行政机关和市民处于平等地位，一视同仁地处于行政法管辖之下，在不偏不倚的独立于争执双方的法官的行政争议审理下，公正才能实现。所谓没有法官，即没有公正。因此，法治国家不仅允许受害人在他可针对国家提出私法诉讼的普通民事诉讼，也允许受害人在他针对作为统治者的国家提出行政诉讼。过去的德意志帝国和今日的英国和北美就是如此。北美的法官不仅对行政的合法性进行监督，而且拥有对法律的合宪性进行审查，因此对立法的合法性也予以监督的权力。其司法负有监察整个国家机器运行合法性的使命，法治国家已成为"司法国家"。②

托克维尔讲，强制向来只是转瞬即逝的成功因素，而被强制的人民将随即产生权利观念。③

说某人享有某种权利，就是说某人有资格享有某种事务。某种

---

① 转引自辛辉、荣丽双主编：《法律的精神》，中国法制出版社 2016 年版，第 307 页。

② 参见［德］拉德布鲁赫：《法学导论》，米健、朱林译，中国大百科全书出版社 1997 年版，第 131—134 页。

③ ［法］托克维尔：《论美国的民主》（上卷），董果良译，商务印书馆 1988 年版，第 313 页。

程度上讲，权利就是一种资格，或具有正当性。此乃权利的一个特征。其二，说某人享有某种权利，就是说他人不得做出某种行为使得某人不能享有此种权利。若是有人从中作梗阻碍某人行使此权利，便为不正当。反之，若是他人可以正当地否认某人享有某种权利和资格，那么某人的权利和资格就不具有正当性。此乃权利的第二个特征。其三，若是某人的权利和资格是由于自然原因或不可抗拒之情由，并非由于他人的干预而被否决或放弃，则该权利并未遭受侵犯。

我们从权利的第二个特征不难推出权利的社会性角色，也就是权利的享有必与他人相关或相对。没有权利构不成社会，没有侵犯构不成权利，没有义务和责任同样构不成权利。"每个人由此负有不得做任何侵犯他人权利的事情的一般义务。侵犯任何人的权利都是不正当的。当然，妨碍别人履行义务也为不正当。"①

一般而言，享有权利和承担义务最为明显的区别在于：义务属于强迫性的，除非有一个更为急迫的义务，否则必须履行前一个义务；而对于享有的权利，可选择行使，也可选择不行使。有资格接受，也有资格拒绝，或在被他人拒绝时予以默许而不加抗议。②

一般说来，行为权都是可选择的权利；而接受权可选择也可拒绝，但也有一些接受权无可选择，必须接受——如儿童受父母照看的权利是一项排除选择（无可选择）的接受权。

但尽管如此，我们不说儿童有接受父母照看的义务，而是说儿童有资格也就是有权利接受父母的照看。这实际上强调对儿童接受父母的保护权甚于儿童接受父母的照看义务。因此，"无可选择的

---

① ［英］A. J. M. 米尔恩：《人的权利与人的多样性》，夏勇、张志铭译，中国大百科全书出版社 1995 年版，第 112—113 页。

② 参见 ［英］A. J. M. 米尔恩：《人的权利与人的多样性》，夏勇、张志铭译，中国大百科全书出版社 1995 年版，第 113 页。

权利在本质具有被动性，权利人并未被要求去做什么，他纯属某种待遇的受益者，而别人则负有给予他此种待遇的义务"①。

依照威斯利·霍菲尔德的观点，法律意义上甚至扩展至道德意义与人权意义上的权利一词通常包括四种情形：要求权、特权和自由权、权力权和豁免权。霍菲尔德认为权利都是法律界定意义下的一种资格和优势，而权利享有者的相对者和相关者则属于劣势。霍菲尔德认为：要求权的相关者是义务，而相对者是无权利；自由权的相关者是无权利，相对者是义务；权力权的相关者是责任，相对者是无能力；豁免权的相关者是无能力，相对者是责任。譬如老年人领取养老金的要求权，有人要求此一权利，则必有人承担义务。但若不属于领取养老金的人，则无此权利；譬如，你拥有吃猪肉的自由权利，别人无权利改变你，但在一家清真餐馆，不吃猪肉就成了一种义务。反之，若是没有人有权利禁止你吃猪肉，你就可以吃猪肉。又比如，你有留长发的自由和权利，但若是在军队服役，恐怕这一自由就落了空，你有义务理短发，这是军队的条例规定。反之，若是没有人有权利要求理短发，你就有权利留长发；权力权同样如此，譬如只有警察拥有要求目击者回答询问的权力，那么目击路人就有责任配合警察。然而不是警察的人则便无此能力要求路人或目击证人回答和配合；至于豁免权，譬如国会山议员有对自己言论无条件豁免诽谤诉讼的权利，任何人或机构没有能力制止他的言论表达。但其他人发表则要承担责任。②

霍菲尔德认为一般而言：要求权是积极的接受权；而豁免权是消极的接受权；自由权是自主的行为权；而权力权则是"主他"的

---

① ［英］A. J. M. 米尔恩：《人的权利与人的多样性》，夏勇、张志铭译，中国大百科全书出版社1995年版，第113页。

② 参阅［英］A. J. M. 米尔恩：《人的权利与人的多样性》，夏勇、张志铭译，中国大百科全书出版社1995年版，第118—121页。

行为权。但也有权利如投票权，既具有自由权的自主行为权，也有要求警察保护他不受他人干涉的权利，同时也有权利要求官方在投票站为他提供保护私人隐私的措施，等等。[①]

任何人都不能仅凭其个人身份而享有一项权利。一个人享有某种权利凭借的是某种规则和原则。法律、习俗和道德之所以是权利的来源，就因为其中包含着规则和原则。法律和习俗属于社会制度，任何的实在法体系和任何的习俗都是某个共同体或社会的实在法和习俗，道德同样如此，没有离开共同体与社会而独立存在的所谓道德。正如上文所言，没有侵犯、义务和责任便构不成权利是谓权利的社会性角色，权利自有其来自的法律，习俗和道德亦复如是。

从人类的文明进化长河中，习俗优先于法律，而法律优先于道德。或者换言之，习俗是粗糙的法律；而法律是实然的道德。习俗在逻辑上优先于法律，是因为一个共同体或社会没有法律可以存在，但没有习俗却很难存在。或者换言之，没有法律可以有习俗，但没有习俗则很难有法律。习俗铸成了社会，而法律铸成了国家；至于道德，就如基督教的天主一样，因其过于完美，也只能是人类仰望的星空。习俗表明的是传统，规范平常人的行为，正常的实然就是习俗的标准；法律表明的是人类的意志，规范的是所有人的行为，一致的应然才是法律的标准。虽然如此，法律的应然在大多情况下不可背离习俗的实然和欲然，否则法律就形同虚设；而道德则完全超越于现实，用基督教的逻辑讲述就是追求的是属灵的而不是属物的。它的应然完全不依赖于现实的习俗和习惯。

如果说习俗建基于人们的日常行为中，而道德则建基于人们的

[①]　参阅［英］A. J. M. 米尔恩：《人的权利与人的多样性》，夏勇、张志铭译，中国大百科全书出版社 1995 年版，第 112—126 页。

良知和美德中，而法律则横跨习俗和道德的根基与河床。如果说习俗就是扎根于地上的现实的红尘世界，法律则规范人类的外部行为以求得现实世界的美好秩序，而道德规范则是人类的内在本性，其本质恰恰要求超越于现实世界。

习俗是自然演化和生成的，而法律则是人造的习俗，因此，只有受到人们服从和信仰的法律才是良好的法律。

> 这是因为法律可以创设特定的义务，却无法创设服从法律的一般义务。一项要求服从法律的法律将是没有意义的。……假如没有服从法律的道德义务，那就不会有什么堪称法律义务的东西。所能有的只是以暴力为依托的法律要求。进而言之，维持一种实在法体系，有赖于那些对它的管理和执行负有责任的人如法官、警察和法律界人士的诚笃。如果他们到了腐败的地步，那么法律的作用就会遭到削弱。人们就无法指望得到法律的平等保护，也无法指望利用法律所提供的种种便利。①

道德没有强制性，法律必有强制性；道德的义务是良知，是更好的自我。道德只知道义务，不知道请求，仅知道责任，却不知道何以有责任。而对于法律，一个人的义务总是以他人的权利为缘由的。没有义务，也就没有权利。享有权利，则必承担义务。法律思想的起点虽是权利，但其终点必是义务；道德是自治，而法律则是他治；道德面对的挣扎是欲望和良知，是堕落和美德，是创造者和受造物，是灵与肉，是繁华与孤独，是只服从自己的良知的法律和法官。法律面对的则是人与人之间，权利人与义务人之间，债权人

---

① ［英］A. J. M. 米尔恩：《人的权利与人的多样性》，夏勇、张志铭译，中国大百科全书出版社 1995 年版，第 35 页。

的强求和债务人的义务处于一致，立法者和法官对债权人和债务人以及所有的法律臣仆都一视同仁；法律给予所有人以一种统一的意志，而道德把每个人都看作一个独立的自我；道德法则适用于实际或意识上的具体化个人。而法律法则则适用于共同生活的，人的共同体的人类；道德法则是具体个别的，只能直觉理解。法律法则总是一般的、一视同仁的，可以理性地理解。由于法律面前的平等和法律规范的一般性是法律的本质特征，所以法律法则和道德法则不可避免会产生某种冲突，尤其当法律开始越过对人外在行为的规范，进而力图干预人的内在思想和信仰，那么这时候代表个人道德法则的良知道德和灵魂要求就可能与国家组织的强力产生对立。①

　　一般的法定自由权利是由"法律下的自由"这一原则授予的。这一原则与其他两个原则——法律至上，法律面前平等（法律的平等保护）——一同构成"法治"的三个基本原则。"任何一个拥有实在法体系的共同体在道德上都服从法治，这意味着共同体的成员在道德上都要服从这三个特定原则。如果这三个原则不被遵循或者违反它比遵守它更受人尊敬，那么这个社会就没有了严格意义上的实在法体系了。"②

　　法律至上原则是源头是根本，没有法律至上，就没有法律下的自由和法律面前的平等。拥有政治权威的人同其运用政治权威所管辖的人一样要服从法律。所谓"王在法下"的意义即在此。法律下的自由和法律前的平等即是日后美国宪法十四修正案中所言之确凿的"法律的正当程序"和"法律的平等保护"。

---

① 参阅［德］拉德布鲁赫：《法学导论》，米健、朱林译，中国大百科全书出版社1997年版，第6—8页。

② ［英］A. J. M. 米尔恩：《人的权利和人的多样性》，夏勇、张志铭译，中国大百科全书出版社1995年版，第130页。

路易斯·亨金在其《宪政与权利：美国宪法的域外影响》一书中说：正当程序不光是说权利只要是法定的并符合一定标准，就可以获得维护权利的程序，它还意味着这程序有助于得到正义的结果；平等保护也不光是说权利遭到侵犯可以得到救济，它还意味着这种救济不能被限制性地否决或违反非歧视性原则被反复无常地运用。正当程序原则和平等保护的核心是个人和那些不可剥夺的权利，这些权利同时构成对政府权力的内在限制。①

没有正当程序的保护，就无所谓法律下的自由；没有法律的平等保护，就无所谓法律面前的平等。法律下的自由即"不存在非法律所规定的任何强制。法律沉默则一切自由"。所谓"法不禁止则为自由"。除非法律准许，否则任何人享有自我选择和自我行动不受干涉的自由和权利。法律面前一律平等就是说"任何人不得凌驾于法律之上，共同体内的一切人，包括政府在内都要平等地服从该法律的要求。法律的改变必须以法定的形式进行。法律的实施也是这样。实施法律的方法必须经由法律认可"。②

所谓"蒙眼的法律女神"之装扮讲的就是这个平等的意思。美国联邦法院大法官所谓"我国的宪法是色盲"也可作如是解。所有的人不仅必须平等地服从法律，而且也享有受法律平等保护的权利。丹宁勋爵所谓"实现公正，即使天塌下来"③ 的精髓正在如此——没有平等，便无所谓公正。公正是法律的核心和目的，而平等则是抵达公正的方法和手段。

---

① 参见辛辉、荣丽双主编：《法律的精神》，中国法制出版社2016年版，第308页。
② ［英］A. J. M. 米尔恩：《人的权利与人的多样性》，夏勇、张志铭译，中国大百科全书出版社1995年版，第131页。
③ 这里摘引丹宁勋爵的原话：宪法不允许以国家利益影响我们的判决：上帝不让这样做！我们决不考虑政治后果；无论他们可能有多么可怕；如果某种后果是叛乱，那么我们不得不说：实现公正，即使天塌下来。2003年孙志刚事件使得全国人大在青年法学家和媒介舆论的呼吁下迅速废除收容遣送条例，正是对此种已经与时代相背离的所谓"恶法"的废除，有效地遏制了警权的无序扩张和滥用。

246

"公正是权利的道德基础，它要求差距一经认定，就应该消除。默许它们，就是默许不公。当法律不授予人们应该享有的权利和授予人们不该享有的权利时，就是不公正的。譬如一个社会的种族民族歧视或是城乡二元差异等等。在代议制政治制度的社会和国家，对消除差距或是对新权利的要求能够通过合乎宪法的政治行为来实现，并且它们引发的问题可以公正讨论。但在其他专制制度之下，就必须依靠命运恩赐人们一个开明的统治者。在因种族、宗教、语言或经济分层而深深地、痛苦地陷入分裂的共同体内，这种希望就极为渺茫。在这样的共同体内，两极分化的各个群体里的最有权势者将把自己所持的观念强加给其他阶层的人。"①

在具备一套实在法体系的共同体里，每个成员都必定享有这两项权利，即受法律的平等保护和法律下自由的权利。否则，这个共同体就可能违背公正的原则或民主的原则，前者如史上存在过的奴隶制的共同体，后者如专制独裁暴政下的共同体。没有了平等保护，就无所谓法律下的自由权利，当然也就无所谓公正的自由和权利。这样，一个人在共同体内享有的要求、特权、自由、权力、豁免乃至公正待遇只能取决于他的运气，而不是他的权利。既然他的自由取决于是运气而不是权利，他在不公面前也只能默默承受乃至忍气吞声。没有法律便没有权利，但没有公正，也就没有真正的权利。因此，在逻辑上，法律的平等保护优先于法律下的自由权利。

"法律的自由权利属于一般的自由权，它只受服从法律的一般义务的限制。它也是一项豁免权。你有权不受任何对你的行为自由的干涉，只要这种干涉没有得到法律的认可。这项权利潜含在政治权威的监管性质里。法律对其所辖的人们的活动施加半强制。假如

---

① ［英］A. J. M. 米尔恩：《人的权利与人的多样性》，夏勇、张志铭译，中国大百科全书出版社 1995 年版，第 150—151 页。

人们遵从这些强制，他们就能自行其是。这就是法律下自由的权利成为一项宪法性权利的缘由所在。该项权利是确立法律上的人的地位的一部分，这种地位就是个人服从法律权威并且是法律权威的受益者。没有这一权利，就不会有这种地位。"①

法律下的自由和权利是属于共同体内的人的社会自由和权利，这种共同体在今天更多地表现为民族国家这样的区域范畴。这种自由和权利的渊源在于共同体所遵循的习俗、道德和法律方面的规则和原则。若是超越于民族国家这样的共同体形式，全体人类得以达成共识的自由和权利便应该是作为人类本身所共同认可的，在一切人类的交往中都能无异议地奉行的，具有最低限度的普遍道德规则和原则。也就是说人类为了结成社会，需要有社会权利；然而，若是跳出社会范畴或民族国家的范畴，今天的全球化人类交往和沟通所必须遵循的最低限度的道德标准也就是法律范畴之外的人权公约了。因此，人权属于道德权利，而不是政治权利。

"依照自然权利的学说，自然权利是不可分割、不可让渡、不可剥夺的。依照米尔恩的观点，则人权在道德上同样也是不可分割、不可让渡与不可剥夺的。"②

米尔恩援引霍菲尔德的说法罗列出最低限度道德原则下的七项人权：积极意义上的生命权、公平对待的公正权、获得帮助权、在不受专横干涉的消极意义上的自由权、诚实对待权、礼貌权、儿童受照顾权。这里只强调生命权、公正权以及自由权。

米尔恩认为除非根据法律的正当程序，否则任何人无权享有任何剥夺他人生命权的自由权和权力权；凡如此行事的人均不对受其

---

① ［英］A. J. M. 米尔恩：《人的权利与人的多样性》，夏勇、张志铭译，中国大百科全书出版社 1995 年版，第 195 页。

② ［英］A. J. M. 米尔恩：《人的权利与人的多样性》，夏勇、张志铭译，中国大百科全书出版社 1995 年版，第 179 页。

威胁者的反抗行为享有豁免权。作为一项普遍的要求权，公正权意味着没有一个人享有去做不公平地对待任何人的事情的自由权；作为一项普遍的豁免权，公正权意味着没有一个人能够享有不公平地对待听命于他的人的权力权。作为一项普遍的豁免权，自由权意味着无人得对不属其管辖的人享有指手画脚的权力权；作为一项普遍的自由权，它意味着无人能享有要求任何人去做任何事情的要求权，除非后者已经负有去做该事情的义务；作为一项普遍的权力权，它意味着任何专横地干涉他人行为自由的人均不得享有对受干涉者的反抗措施的豁免权。①

---

① ［英］A. J. M. 米尔恩：《人的权利与人的多样性》，夏勇、张志铭译，中国大百科全书出版社 1995 年版，第 173 页。

第四章 从不平等的特权到平等的特权：没有平等的自由不过是虚幻

西方近代民主政治框架中"特权"内涵的两次流变和飞跃：一是从一部分人拥有的不平等特权到全体公民拥有的平等特权；二是从具象特权到抽象特权。从不平等特权到平等特权表明没有平等的自由不过是虚幻的海市蜃楼。从具象特权到抽象特权则表明人存在的本质在于思考和信仰而非物质和财富。所谓美德即知识、真理、良善和正义。

如果说欧洲历史上的"宗教改革"将中世纪的"教权神授"拉下神坛，而英国的"光荣革命"则打破了英国"君权神授"的神话。后继的法国革命则是继英国光荣革命后的欧洲近代史上再一次对各阶级和各阶层特权与权力，自由和权利的重新划分和洗牌。王权基本被排除在政治权力的框架之外，民主制度成了近代以来的重大政治力量。

君主专制让位于君主立宪和民主共和制，身份政治让位于契约政治，正如19世纪英国古代法制史学专家梅因精辟的概括：所有进步社会的运动在有一点上是一致的，即家族依附的逐步消灭以及代之而起的个人义务的增长。用以代替源自"家族"各种权利义务的人与人之间的关系就是契约关系。换言之，所有进步社会运动，都是一个"从身份到契约"的运动。①

罗马民法规定的具有法律意义上的人是那些具有一定人格身份的人。人格身份权包括三种：自由权、市民权、家族权。家族权就是父权；市民权是罗马公民的身份权，没有市民权，就没有选举权和财产权；是否享有自由权是自由人和奴隶人的划分标准，所谓"不自由、毋宁死"。

伯尔曼也指出："16世纪的德国革命强调的是君主政体和王室的特权，17世纪的英国革命强调的是贵族政体和贵族的特权，与此相应，18世纪的法国革命则强调民主和公民的权利和自由——即人的自然的不可消灭的权利。因此，法国革命首先是一场消灭法国贵族之不公正不合理的传统特权的革命，其次才是消灭君主政体之不公正不合理的专制权力的革命。"②

伯尔曼又说："如果说教皇革命（格列高利七世改革）、德国革命（路德改宗）、英国革命仍旧乞灵于一个天启的'新天国和新世界'图景，美国和法国革命则采纳了同一图景自然神论的翻版：神赐理性的至高无上、神赐的不可剥夺的权利和自由。而俄罗斯革命（十月革命）则通过无神论的共产党宣称了一项救世主的任务，即为实现一个没有阶级的社会而开辟道路，此四海之内都是兄弟姐妹，对每一个人都按需分配。"③

一般而言，美国的独立革命是基于"无代表不纳税"的经济抗争，但实际上更多的是政治抗争，是对自由和权利的争取。革命前的殖民地美国人"无权享有诸如《大宪章》《权利请愿书》《人身

---

① 参阅［英］梅因：《古代法》，沈景一译，商务印书馆1959年版，第110—112页。
② ［美］哈罗德·J.伯尔曼：《法律与革命》（第二卷），袁瑜琤、苗文龙译，法律出版社2008年版，第12页。
③ ［美］哈罗德·J.伯尔曼：《法律与革命》（第二卷），袁瑜琤、苗文龙译，法律出版社2008年版，第4页。

保护法令》，1689 年的《权利法案》以及建立殖民地之前的其他制定法所保护的利益，他们也不享有殖民地建立之后的制定法的利益，除非殖民地的名称被特别地明确列举在其中。他们也不享有陪审团审判的权利。还有，他们的总督由国王任命。他们的法官也由国王委派调遣。简言之，他们生活在王室特权之下，在他们的祖国，这种特权早在 1640—1689 年的时候就为议会所废除，但议会却允许这种特权在海外殖民地中施行"[1]。

1776 年宣告脱离英国的北美殖民地的"独立宣言"开篇指出："我们认为下面这些真理是不言而喻的：人乃上帝所造，故人人生而平等，造物者赋予他们若干不可剥夺的权利（unalienable rights），其中包括生命权、自由权和追求幸福的权利。"然而，这里的"人人"在当时至多也只能是那些从旧大陆迁移过来的欧洲移民，而且即便是欧洲移民更多也只是指那些有一定财产的盎格鲁-撒克逊民族的白种男人。

1868 年，美国宪法十四修正案第一款明确指出：

> "所有在合众国出生或归化合众国并受其管辖的人，都是合众国的和他们居住州的公民。任何一州，都不得制定或实施限制合众国公民的特权或豁免权（privileges or immunities）的任何法律；不经正当法律程序，不得剥夺任何人的生命、自由或财产；在州管辖范围内，也不得拒绝给予任何人以平等法律保护。"

至此，至少在理论上，公民权的外延包括进了在美利坚合众国这片土地上各个人种无论黑白等乃至各个民族族裔包括亚非欧等。

---

[1] 参阅 ［美］哈罗德·J. 伯尔曼：《法律与革命》（第二卷），袁瑜琤、苗文龙译，法律出版社 2008 年版，第 14 页。

而所谓的"特权"或"豁免权"无疑首先指的是"公民权"，而这一点可以上溯至古代雅典和古代罗马共和国，那时的"公民权"即拥有雅典和罗马城邦公民的资格特权。譬如在罗马，凡拥有"公民权"则拥有自由身，反之，则多为奴隶身。而奴隶生不如死，所谓"不自由，毋宁死"的源头本在古代罗马。①

奴隶就等于不自由，哪怕其主人有多么仁慈、开明和宽厚。而公民就等于自由，哪怕其生活状态与文明状态不如奴隶。因为奴隶主即便不干涉奴隶，但奴隶受支配的性质没有改变。而公民哪怕处处受到共和国政府和法律的干预，但这种干预根本上不同于受支配。②

公民再不堪也强如做奴隶，更要命的是甘愿为奴。所谓人不能被判为奴，除了自认为奴。

因此，"美国对人类进步的真正贡献，不在于它的技术、经济或文化方面做出的成就，而在于发展了这样的思想：法律是对权力进行制约的手段。在历史上，就法律对社会支配的程度而言，任何其他国家都比不上美国；在其他国家，权力之争是由武装部队来解决；而在美国则是由法学者组成的大军来解决"③。

换言之，前者是"权力决定法律"，而后者则是"法律决定权力"。"费城宪法既是颁发给政府的特许状，又是对政府权力的一种限制。"④

到今天，大约"特权和豁免权"就是指受美国自然神法护佑，

---

① 而"罗马公民最可宝贵的特权就是他的身体、财产、权利受法律保护之。他在诉讼之时不受刑罚或粗暴，《罗马法》最值得赞美的是它保护个人对抗国家。"反之，"《罗马法》不承认奴隶为人，而称之为不具人格之人"。[美] 威尔·杜兰：《世界文明史》（卷三，下册），东方出版社1998年版，第480、481页。

② 参见 [澳] 菲利普·佩迪特：《共和主义——一种关于自由与政府的理论》，刘训练译，江苏人民出版社2009年版，第33页。

③ [美] 伯纳德·施瓦茨：《美国法律史》，王军等译，法律出版社2007年版，第2页。

④ [美] 伯纳德·施瓦茨：《美国法律史》，王军等译，法律出版社2007年版，第29页。

受美国宪法保障的神圣的个人自由和权利，是天赋人权的司法化保护，是司法判决中的天赋人权。特权就是上帝造人时赋予人之为人的神圣的不可剥夺的不可交易的不可买卖的不可亵渎的不可丢弃的，不需要用劳动赚取的，人人生而享有的；特权因此是抽象的而不是具象的，是属灵的而不是属物的，是精神的而不是物质的，是自明的而不需要推论的，是公理而不是定理，是天理而不是世俗道理，是元理论中的原理而不是推理；特权因此是自由是平等，是公平是正义，是法律至上而不是皇权至上，是法律下的自由而不是权力下的奴役，是法律决定权力而不是权力决定法律，是良善是美德；是西塞罗讲述的人与人之间在具象上的不可能的平等，如天生之丽质，富裕的家庭和出身以及高人一等的智力等，而无非就是法律面前的平等和法律面前的自由。

美国之前的联邦制国家中，各州都同意服从联邦政府的禁令，但都把联邦法的制定权和强制实施权保留给自己。费城宪法最突出的贡献是对联邦制的创新——建立一个强力的联邦行政机构和独立的联邦司法机构。联邦行政机构不仅可以直接对个人和各州行使权力，而且联邦拥有执行自己立法的权力，不需要由各州执行。独立的联邦司法机构则为贯彻实施联邦政府的法律提供了解决方案，联邦司法机构不仅可以确认联邦权力，而且可以实施联邦权力，对联邦法律不仅具有监督权也拥有解释权。

正如麦迪逊所言，"权利法案"之所以有效，是因为它将由法院来实施。独立的法院将把自己看成是以一种特殊的方式保护那些权利的捍卫者。而"权利法案"的目的不仅是为了限制权力提供一种额外附加的保险方案，而恰恰正是为了杜绝权力在例外的情况下对人民自由和权利的剥夺。"权利法案"主要是防止立法机关，其次防止行政机关，以及防止由多数操纵的集团压迫少数人。①

当然，就美国而言，从 1776 年《独立宣言》中"人人平等"，享有"特权和豁免权"到 1868 年十四修正案中再次重申全民享有"特权和豁免权"以及享受法律的"正当程序"和"平等保护"权利，也都只能是理论的字面意义上的真正平等。

然而，1787 年"费城宪法"中南北方的妥协直接就将"独立宣言"的革命理想给拉入到残酷的奴隶制现实当中；同理，内战后的"镀金时代"也毫不留情地将十四修正案对"现实"的宪法矫正又给反弹了回去。这样，一直到 1930 年代的"大萧条"以及由此引发的罗斯福"新政"，加上二战和战后两大集团"冷战"的对垒，1960 年代美国的"反文化（主流）运动"，才可以说迎来了 1970 年代以来美国人所谓的全民平等时代。

当然，所谓全民平等也只能是相对的平等，真正的平等，不要说具象的和物质的平等不可能，即便是抽象的属灵上的平等在俗世也难以完全做到，因为我们生活于其中的这个世界本身就是有缺陷的和不完美的。我们只有承认这一点，才有继续活下去的勇气和信心。

因为世界本身的不完美，所以生活于这个俗世的人不大可能做到完全的平等，具象的平等不可能，几百年来抽象的平等也很难做到，这也是人们身在此岸而对彼岸仰望的因由。身不能至，而心向往之。

无独有偶，19 世纪古典自由主义的集大成者约翰·斯图亚特·密尔也是从这一角度来论证言论自由和生活样法多元的正当性："既然说当人类尚未臻完善时不同意见的存在大有好处，同样在生活方面也可以说，生活应当有多种不同的实验（*different experi-*

---

① ［美］伯纳德·施瓦茨：《美国法律史》，王军等译，法律出版社 2007 年版，第 34 页。

ments of living）；对于各式各样的性格只要对他人没有损害，就应当给以自由发展的余地；不同生活方式的价值应当予以实践的证明，只要有人认为宜于一试。总之，在并非主要涉及他人的事情上，个性应当维持自己的权利，这是可取的。凡在不以本人自己的性格却以他人的传统或习俗为行为准则的地方，那里就缺少着人类幸福的主要因素之一，而所缺少的这个因素同时也是个人进步和社会进步的一个颇为主要的因素。"①

内战后，美国的平等叙事不仅仅包括从 19 世纪的一部分人享有逐步向 20 世纪的全体人享有的过渡，这中间还涉及与"镀金时代"相伴而生的"垄断资本主义"这样一个话题，即公司是否也享有平等保护的特权等议题。因为这一部分的叙述需要涉及美国最高法院的司法裁决判例，还要涉及对美国自建国以来的"联邦主义"这一最具有美国特色的民主共和制的独特性分析，不是此间一篇小节可以统摄和包容的，这里不再译述。

换言之，特权从不平等朝向平等的过渡，其根本条件在于近代资产阶级革命带来的宪法政治，就是政治权力的运行一定要在宪法的根本约束之下，换言之是"法律对权力的命令"而不是"权力对法律的命令"。

正是在这种宪法政治的约束之下，美国的市场经济从自由资本主义发展到垄断资本主义，再由罗斯福的新政推进到福利资本主义；而美国的民主政治也才在福利资本主义的根基上逐步推进到自由政治和权利政治时代。

---

① ［英］约翰·密尔：《论自由》，许宝骙译，商务印书馆 1959 年版，第 66 页。密尔这里所谓"生活应当有多种不同的实验（*different experiments of living*）"也成为日后美国最高法院大法官小霍尔姆斯的"美国人的生活就是一场试验"的灵感源头。因此，我们有理由说小霍尔姆斯的精神导师有约翰·密尔的份儿。

　　进入近代以来，自由和特权在逐步的进化中发生了两次质的飞跃：第一，自由和特权的主体性从特殊的一部分人享有进步到普遍的全体人民享有。第二，自由和特权的客体性从具象特权发展到抽象特权。

　　马丁·路德揭开了欧洲宗教改革的序幕，随后英王亨利八世也揭竿而起。《至尊法案》的颁布使得英国建立了一个没有教皇的天主教。国王成为英国教会唯一至高无上的首脑，不承认罗马教廷的最高权力，从而将英国教会牢牢置于王权控制之下，并从法律上明确了英国国教的地位。从此，王权加强，教权削弱。这时候，一切特权都是王的特权，任何分封的地主和新兴的贵族特权也都是王敕封、特许和转让的特权。特权属于封建社会的精英阶层。这些贵族再层层将属于自己的特权分封下去。

　　伯尔曼因此指出：格列高利七世手执"两把剑"理论的教皇革命将整个世界教俗两分。精神的和世俗的、教皇的和王室的、僧侣的和平信徒的；而且在世俗范围内也恰好因为分封制而天然成为一幅两分图景：王室的和封建的、封建的和城市的各方。1517 年的路德改宗打破了教俗两分图景的进程。路德声称教会不是立法机构，它只能是信仰者的无形共同体。而所有信徒都是教士，彼此服侍。在同上帝的关系上，每一个人都是一个私有个体，并且单独对"神的话语"即《圣经》经书做出呼应。这里，路德的"两个王国"理论替代了教皇的"两把剑"理论。由全体信徒组成的僧侣团体属于看不见的教会，它是无形的王国，属于彼岸的天上王国，接受的是"福音书"的统治；而世俗王国，则为此岸的地上王国，包括有形的教会组织，接受法律的统治，而这属于作为基督徒的王侯及其世俗政府们的独有职权。①

---

① 　参阅 ［美］哈罗德·J. 伯尔曼：《法律与革命》（第二卷），袁瑜琤、苗文龙译，法律出版社 2008 年版，第 6—7 页。

路德改宗在英国引发和推动了亨利八世的宗教改革。后者使得英国从先前的封建分封制开始迈向皇权专制的巅峰时期。路德革命之后，新教出现内部分化，加尔文新教以左翼及激进立场开始批判路德教的保守，而此时获得喘息的罗马天主教则重新积聚力量从右翼反攻路德新教。欧洲历史上的"三十年战争"（1618—1648 年）就是这三种教派相互间斗争在各个诸侯王国的反映。教派的分歧和冲突越激烈，世俗王侯的权力就越集中。就这样，17 世纪欧洲封建王国的很多君主开始了绝对君主专制的时代。

物极必反，至斯图亚特王朝开始，新兴的资产阶级开始猛烈抨击这种皇权专制。几经周折，1689 年"光荣革命"成功拉开了英国近代腾飞的序幕。光荣革命最大的一个转折，即国王的神圣特权被转交到了议会，人民的代理人进入议会来行使先前由国王行使的特权。既然国王不再拥有实际治国理政的权力。"君权神授""主权在君"也就逐渐成为"民权神授""议会主权"。只不过，这里的民，并不是全体人民，只是当时新兴的资产阶级贵族而已。

1689 年"光荣革命"使得盎格鲁·诺曼文明在欧洲大陆基本上是领先走出了中古而阔步进入了近代。英国步入近代的最为本质的特征即将 1215 年的大宪章所确立的理念——王在法下——引入了宪法规范，君主立宪制度使得英国当时萌芽发展的工商业资产阶级获得了第一次经济腾飞。没有"王在法下"，没有君主立宪制对私有财产的保护，就不可能有日后英国的工业革命和 19 世纪的日不落帝国。这一次飞跃，不仅限制了王权，而且使得中世纪与王权分庭抗礼的封建土地领主贵族们的诸多特权也日渐衰退。

如罗素所言："在阿尔卑斯山以北，一直到十五世纪向来能够和中央政权分庭抗礼的封建贵族，首先丧失了政治上的重要地位。

后来又失掉了经济地位。国王联合豪商①顶替了他们，这两种人在不同国家按不同比例分享权力。豪商有并入贵族阶级的趋势。"②

如果说欧洲历史上的"宗教改革"将中世纪的"教权神授"拉下神坛，而英国的"光荣革命"则打破了英国"君权神授"的神话。后继的法国革命则是继英国光荣革命后的欧洲近代史上再一次对各阶级和各阶层特权、权力、自由和权利的重新划分和洗牌。君主立宪让位于民主共和制。王权基本被排除在政治权力的框架之外，民主制度成了近代以来的重大政治力量。

如伯尔曼指出的：16世纪的德国革命强调的是君主政体和王室的特权，17世纪的英国革命强调的是贵族政体和贵族的特权，与此相应，18世纪的法国革命则强调民主和公民的权利和自由——即人的自然的不可消灭的权利。因此，法国革命首先是一场消灭法国贵族之不公正不合理的传统特权的革命，其次才是消灭君主政体之不公正不合理的专制权力的革命。③

就英美思想史的发展而言，英国的光荣革命和美国的独立革命必然是特权流变史上最为引人注目的两次质的飞跃。如伯尔曼认为的，如果说教皇革命（格列高利七世改革）、德国革命（路德改宗）、英国革命仍旧乞灵于一个天启的"新天国和新世界"图景，美国和法国革命则采纳了同一图景自然神论的翻版：神赐理性的至高无上、神赐的不可剥夺的权利和自由。而俄罗斯革命（十月革命）则通过无神论的共产党宣称了一项救世主的任务，即为实现一个没有阶级的社会而开辟道路，此四海之内都是兄弟姐妹，对每一

---

① 即新兴的城市工商业贵族——引者注。
② ［英］罗素：《西方哲学史》（下卷），马元德译，商务印书馆1976年版，第3页。
③ 参阅［美］哈罗德·J.伯尔曼：《法律与革命》（第二卷），袁瑜琤、苗文龙译，法律出版社2008年版，第12页。

个人都按需分配。①

又如阿克顿所言：每一时代自由的进步都被自然灾害、被无知和迷信，被征服欲与安逸，被强者对权力的渴望和穷人对食物的欲求所困扰。② 他又说：自从雅典撒种了古代自由的种子以来，自由就仅次于宗教，是人类文明史上善行的动力和罪恶的常见托词。直到我们的民族收获自由之成果。③

阿克顿这里所言"直到我们民族收获自由之成果"，笔者理解是指阿克顿于 1877 年讲这句话（在《古代自由史》演讲中的一句话）时对英国自《大宪章》以来直至"光荣革命"开始行宪法政治的君主立宪制度，因为宪政的核心是"既是对权力压迫的防范（少数不可压迫多数）又是对自由和权利的保护（多数不可压迫少数）"。或者换言之，在上古时期，除过以雅典共和国为轴心的希腊联盟，有"平等的法律和权力分享所保障的权利在世界其他任何地方都不存在"④。

而罗马共和国的伟大则在于权力之间的制衡，任何一派都不可能占据多数。日后的法国大革命继承了雅典的衣钵，所谓"自由、平等和博爱"的口号中，"平等"最是核心；英国的"光荣革命"

---

① ［美］哈罗德·J. 伯尔曼：《法律与革命》（第二卷），袁瑜琤、苗文龙译，法律出版社 2008 年版，第 4 页。
② 参阅［英］约翰·阿克顿：《自由史论》，胡传胜、陈刚、李滨等译，译林出版社 2012 年版，第 11 页。
③ 参阅［英］约翰·阿克顿：《自由史论》，胡传胜、陈刚、李滨等译，译林出版社 2012 年版，第 11 页。阿克顿认为宗教所激发的信仰力量要远远大于自由所激发的精神和物质力量。他还认为在古代希伯来文明中，是宗教产生了自由，而不是宗教产生于自由。古代希伯来人十二支派以种族和信仰而不是政治权力结成联盟或联邦。故此，古代希伯来人宗教的内核之一即是——国王不具有对人民的立法权，他们承认的立法者只有上帝，他们最高的政治目的是恢复往的原初纯净，让政府成为符合上苍认可的神圣的理想范行。这当然亦是后世所谓神法（自然法）高于罪恶的统治者，高于世俗的人定法和制定法的思想源头。
④ ［英］约翰·阿克顿：《自由史论》，胡传胜、陈刚、李滨等译，译林出版社 2012 年版，第 15 页。

则继承罗马共和的衣钵，"自由"最是其紧要之地方。美国的革命则既有雅典的影响，亦有罗马的影响；即是说联邦党和反联邦党的争执中既有英国的影响，亦有法国的影响。

换言之，1787 年的"费城宪法"中以联邦党人（即英国的权力制衡以及背后的阶级制衡）的诉求比重多一些；反之，1791 年，受法国大革命的影响，联邦党人最终还是妥协了反联邦党人，以一揽子出笼的十条宪法修正案即"权利法案"作为平衡。所以新生的美利坚合众国有新罗马帝国之称，暗指罗马共和精神的衣钵传人。

由此，自由的真精神或多或少与平等之间存在某种程度的紧张和冲突，因为自由的本质就是对不同个体充分发挥其不同本性的需求和保障；而平等一旦走到极端，必然是对自由的损害，因为此时的平等不啻是将每一个活泼泼的个体降低为毫无个性和自主精神的机器。

孟德斯鸠对此也有经典的描述：民主政体之外的两个极端政体，一个是极端的不平等，另一个是极端的平等。不平等到极端会走向贵族或寡头政治乃至一人独裁专制；平等到极端同样如此。前者是少数人自己贪欲腐化；后者是少数人借腐化多数以掩盖自己的腐化。前者自然会遭遇到大众的民主革命；后者则会遭遇到大众的无止境的欲望革命。前者是多数要革掉少数人的命；后者同样会造成多数要革掉少数人的命。前者富贵等于权威，贫穷等于奴役；后者富贵等于奴役，而贫穷等于权威；前者的政府依靠的专制和压迫；后者干脆认为政府就是多余，因为人人都是政府，他们要立法、要执法，还要做法官来司法。[1]

因此，孟德斯鸠说：平等的真精神与极端平等的精神的距离，就像天地之间的距离一样遥远。平等的真精神并不是每个人都当指

---

① 参阅［法］孟德斯鸠：《论法的精神》（上册），张雁深译，商务印书馆 1959 年版，第 134—135 页。

挥或是都不受指挥；而是我们服从或指挥同我们平等的人们。这种精神并不是打算不要有主人，而是仅仅要和我们平等的人去当主人。原始时代的人一生下来就都是真正的平等，但这种平等不能持续下去；社会让人们失掉了平等，只有通过法律才能恢复平等。①

如果贵族们的权力变成了专横的权力，贵族政治就腐化堕落了。当一个国家的若干贵族都不遵守法律的时候，当国家对贵族们来说是共和国，而对于被治者来说是专制国的时候。这样，当权力越发专横，安全便会越发减少，贵族政治就约略等于一个由许多暴君统治的专制国家。一直到最后许多暴君必然被一个暴君所奴役，贵族政治便坍塌了。同理，当民主政治中的人民开始夺去元老院、官吏和法官的职权的时候，民主政治也便归于灭亡；当君主政治开始逐渐地剥夺团体或城市的特权的时候，君主政治也就腐化了。民主政治的腐化导向多人之专制主义，而君主政治的腐化导向一人之专制主义。②

就法国而言，王权制度彻底倒塌，封建地主贵族逐步交出特权；而就美国而言，毋宁说王权制度根本就没有落地生根，而封建贵族自新英格兰和弗吉尼亚州亦没有成型，所以美利坚合众国生下来就直接跑步进入民主制度，尽管这种民主制度十分粗糙。正是在这个当口，人民被作为一种前所未有的政治力量和无比神圣的意识形态登上了世界的政治舞台。

单就美国的历史发展进程而言，全体人民的出场也经历了"从抽象的整体的全体人民到具象的单个的个体人民""从商业的公司的特权到人的属灵的特权"这样两个不同的阶段。

---

① ［法］孟德斯鸠：《论法的精神》（上册），张雁深译，商务印书馆1959年版，第136页。
② 参阅［法］孟德斯鸠：《论法的精神》（上册），张雁深译，商务印书馆1959年版，第137—138页。

因为美国宪法的开篇已经为民主制预先设定了作为主体的全体人民的出场：我们美国人民（we, the people of the United States）。1787"费城宪法"的开篇——为了建立一个更完美的联邦，树立正义，确保安宁，筹设国防，增进全民福利，并谋吾人及子孙后代永享之幸福，特制定美利坚合众国宪法。这里的美国人民显然指的是当时的自由民，而不可能包括黑人奴隶和印第安人等。

这里"人民的出场"因而也只是理论层面意义上的，或毋宁说，这里的人民只是对费城宪法民主制合法性的装扮和加持。人民民主在此时只是名义上的人民，因为民主只是部分人的民主，所以特权自由和特权权利也只能是部分人的而不可能是全体人民的。这要等到内战后的十四修正案才可以说是真正意义上的全体人民的民主。

"我们人民"制定的宪法，权力来自人民，权力受制于人民，权力服务于人民，所谓"权利法案"与"人民主权"之本质。英国的光荣革命中，人民主权被委托给了议会，是所谓"议会主权"；美国的宪政制度则是人民主权委托给以成文宪法为外在控制和分权和制衡为内在控制的立法、行政和司法三个国家机构。人民主权源于个人权利，又必然归于个人权利。个人权利是宪法和宪政上人民主权原则的动力，反过来又必然成为人民主权原则的目的。人民主权强调人民代表制定法律；共和制强调人民代表行使政治权利。

费城宪法第四条第二款第一节：每州公民均得享有其他各州公民之一切特权与豁免权。（*The citizens of each state shall be entitled to all privileges and immunities of citizens in the several states*）——这句话某种程度上是对宪法在联邦各州内的通行证的加持，即事关"特权"和"豁免权"之重要公民自由和权利方面，一州公民不因为越界到了另一州而不受保护，否则，联邦就不是一个合众国。或者说当时加盟联邦的各个州，他们所有公民具有在联邦范围内达成共识的最低限度的特权和豁免权。

又或者说，就特权与豁免权而言，各州公民在联邦内拥有平等享有权。在一个州认可的特权或豁免权在其他州也应该得到认可；在一个州得不到承认的在其他州也很难得到承认。这实际上正是联邦与合众国公民相互接受与相互认可的最大公约数。无论怎样联邦，一个国家是前提。联邦与合众国之内，无论州权多么自治，每一州均不得对其他州公民的特权或豁免权区别对待，给予本州公民的特权或豁免权，其他各州公民若是抵达或访问本州，亦当平等对待。

这某种程度上也可以说是日后十四修正案中"法律平等保护"权利的先声。也可以说本条表明了公民个人的自由和权利，尤其是特权和豁免权利对州权专横恣意乃至滥用的限制。但无论怎样保护，总归保护的是当时代的美国公民，即费城制宪时的那些自由人，而不可能包括黑人和印第安人，甚至妇女也不在其保护范围之内。

所以费城宪法没有界定美国公民的身份与资格。因为存有奴隶制，所以美国公民的身份和资格认定也只有等到内战结束之后，至少奴隶制在法理上被废除之后。

内战后的 1868 年，宪法十四条第一款第一节：凡出生或归化于合众国并受合众国管辖之人，皆为合众国及居住州之公民。无论何州均不得制定或实施任何剥夺合众国公民之特权或豁免权的法律。

美国公民资格权首先包括合众国公民，其次包括各居住州的公民，但这里为什么独独讲不得剥夺合众国公民之特权或豁免权呢？没人说得清，但因为下一小节接着有：无论何州未经正当法律程序不得剥夺任何人之生命、自由或财产。这里的任何人已经包括全部公民，无论合众国公民或各州公民，抑或外国人等。这也是为什么内战后，尤其在 20 世纪，这条"正当程序"条款逐步代替了"特权和豁免权"条款。

换言之，特权和豁免权因为正当程序、因为平等保护、因为奴隶制度的废除、因为逐渐转化为自由权或公民权、因为人人皆得享有，所以先前的特定的身份阶层或特定的契约，或特定的授权以及特许权等意义下的特权或豁免已经演变成了由上天赋予的人人均可享有的神圣之自由和权利。

这也就是约翰·洛克讲的老三篇：生命、自由、财产。具象的为生命和财产，抽象的为自由。自由一词全部涵盖。有了普遍的人权和公民权利，也便不需要先前特权了。或换言之，现在的特权强调其神圣性，而不强调其世俗性；强调其普遍性，而不强调其特殊性。

美国宪法修正案第五条：未经正当法律程序，不得剥夺任何人的生命、自由和财产。这与十四条的"正当程序"条款既有区分——前者限制的是联邦，后者限制的是州；又做到了完美契合，不论联邦、州还是地方各级政府的权力都被关进"正当程序"的这个笼子。

某种程度上，十四修正案的出台标志着美国法治大厦的最终落成，尽管是框架上的落成，之后的工作就是由司法遵循特权和豁免权条款，遵循正当程序条款，遵循平等保护条款，一步一步，精雕细琢，对大厦进行内部装置和外部打磨。所有内部和外部的细节工作就是保障人民之特权和豁免权；就是保障正当程序条款下人民的实体正义和程序正义；就是保障法律之下人民的自由和法律之下人民的平等。

这当然没有尽头，也没有终点。正所谓不忘初心，方得始终。所谓此去关山远，永远在路上。

十四修正案第一条中的"特权和豁免权"条款，到底指的是什么？施瓦茨认为这恐怕是美国立法历史上最为含混不清的。

起草第十四条修正案第一款的国会议员约翰·A.宾厄姆（他被认为是该条款的麦迪逊，后者被认为是美国宪法的起草人，美国宪法之父）表达了该修正案起草的主要目的是对各州权力进行约束。但他同时认为"权利法案"从一开始就始终约束着各州。这就使得他的陈述前后矛盾，因而没有说服力。而且他对何谓"特权和豁免权"也语焉不详。

倒是参议员雅各布·霍华德在对该修正案解释时开门见山地指出所谓"特权和豁免权"既包括费城宪法第四条第二款提及的"特权和豁免权"，又包括"权利法案"中的前八条所保障和捍卫的个人权利。但长时间的参议院辩论中，几乎再没有其他参议员支持霍华德的解释和说明。很多在法律方面具有深刻背景的参议员甚至认为这里的"特权和豁免权"条款并没有什么确定的效力，与宪法第四条第二款没有什么两样。

综上，这里的"特权和豁免权"条款实在是根据最高法院在日后的司法判决中与时俱进就个案论个案叠加累积出的意义。而且这种累积最终也算是对约翰·A.宾厄姆和雅各布·霍华德观点的证实。

第五章　从具象特权到抽象特权：
平等的真谛不在财富而在美德

从不平等特权到平等特权表明没有平等的自由不过是虚幻的海市蜃楼。从具象特权到抽象特权则表明人存在的本质在于思考和信仰而非物质和财富。所谓美德即知识、真理、良善和正义。

特权语义流变中的第二次质变和飞跃也即从封建主义对物质等财富使用价值上的占有发展到对交换价值的追求，交换价值的产生某种程度是一种市场准入自由和权利的结果。而这种市场准入权就是一种机会自由和选择自由。有没有选择自由本身而不是选择的优劣结果成为人们是否拥有自由的试金石。

这一过程本身不仅昭示了财产这一概念的演变，即财产已不限于具象的物质占有，不限于对物质使用价值的占有，也不是为了占有和使用而生产。人们之所以生产更多是为了从他人的使用和占有中获利，是为了从交易和贸易中获利。因此有没有生产准入、交易和贸易准入，以及最终有没有为获致首创性财产权而赖以支撑的思想自由和知识产权保护等等就成为有没有财产权的检验标尺。

这一过程也昭示了特权和自由概念的演变——从财产权和政治权的合二为一到逐步分离以及从对财产的占有到对财产权的保护。

封建农业时代，各分封庄园的领主贵族和国王一样拥有对财产的占有权和对领地治理的绝对统治权。到了都铎王朝君主专制时期，贵族虽然参与国家的治理，但不过是国王的代理或仆役。等到了"王在法下"的君主立宪时代，所有官吏就从国王的仆役，通过宪法、选举和国会，变为人民的公仆或政治的雇佣。民主选举使得一无所有的贫民和富可敌国的巨贾拥有平等的政治参与权和统治权。

这正如路德改宗使得人人虽然都是信徒，但信徒皆可为祭司；而民主政治则使得人人虽然都是臣民，但臣民也可做国王，至少在选举投票的那一神圣时刻。虽然，内阁大臣和国会议员中鲜有底层贫民，但后者依然拥有神圣的特权自由，并且这些大臣和议员的权力是受到代表人民意志的宪法所限制，所谓法律决定权力，而非权力决定法律。虽然，贫民的具象财产比不过富人，但他们在抽象的财产权上与富人享有同样的法律面前"平等保护"的特权。他们也与那些富人和权贵人物一样，在没有经过法律"正当程序"的裁决下，拥有"生命、自由和财产"受宪法保护的特权。

正如这世上不可能有完全相同的两片树叶一样，也不可能有两个完全相同的人。世间芸芸众生，人人各有其差异，但人人也自有其用途。因此，所谓平等，绝不可能是具象上的平等，不可能是人人在面貌、身材、躯体，在财富、资产、货币上的平等，而只能是在人格、尊严上的平等，在自主权上的平等。唯有如此，人才是独立自主的人，才能称得上是自己的主人。

然而即便在抽象如自由的元素之上，也不大可能是在所有自由领域的平等，而只能是在自由之最为抽象的领域取得新宪法规范下的平等。

在美国，这一特征鲜明体现在《权利法案》当中，尤以第一修正案为表征：即信仰上的平等自由；言论和新闻上的平等自由；以及向政府请愿申冤上的平等自由。即便如此，这三大平等性自由在抽象性上亦是依次递减。信仰自由即是宗教自由，亦是英国宗教斗争中产生的所谓"良心自由"。

强制之权力，哪怕可以封住人民的嘴巴，控制住人民的舌头，但不可以强制人民的内心，这内心就是良心，良心也就是理性人的理性思维和逻辑思考。信仰既最为抽象，信仰自由也因此就最为人们所珍重。

美国 1791 年的《权利法案》自然有其源远流长的思想史源头。

早在 1644 年，英国清教徒的大诗人，亦是克伦威尔政治秘书的约翰·弥尔顿在其《论出版自由》中就这样写道：

> 请允许我根据自己的良心来行使知晓、言说和自由辩论的权利，并将这些三种自由和权利置于其他一切自由和权利之上……虽然这样一来，世上将充斥着各种教条和荒谬，但真理亦会夹杂其中。我们不可因此而担心真理会受到伤害，更不可因此而对各种说法和观点采取种种审查和禁止的做法。且让真理和谬误放手一搏，在这样一个自由而公开的对垒当中，我们有什么理由怀疑真理就会败下阵来呢？

弥尔顿这里的"良心"正是 16 世纪以来，尤其是伊丽莎白女王任内，英国国内对于国教徒、清教徒与天主教徒三支主要的信仰力量之间实行宗教信仰容忍或宽容政策而渐次生成的一个概念。"良心是'永恒的、看不见的，而且也不在世界上即是最伟大的君主政体的统治之下。……是上帝，而不是王室或者政府，赋予良心以自由。……高于王权的权威才是良心事务上权威的来源。"①

于是，先是王室以容忍与天主教徒达成和解，接着又以容忍与清教徒达成和解。然而最终，由于自身对《圣经》经文的激进信仰以及对天主教徒的恼恨，清教徒高举加尔文主义的"信徒皆祭司"的观念出走新大陆。早期的激进清教徒认为："个人应该对其灵魂在圣洁生命里的发展状况负最终的责任。没有教士、教会或者政府能够代替他行事为人或者持守信仰，或抑制他行事为人或者持守信仰。"②

清教徒坚定地自信："作为造物主的上帝已经在赐予他良心，他正是通过他的良心知道了如何行事为人或持守信仰，以及如何不那么行事为人或持守信仰。……对身体的奴役使人痛苦，但是精神的奴役，日日受到良心的折磨，其痛苦比最残酷的折磨更甚。……良心自由绝不应该受到任何手段的限制。"③

良心神学的奠基人威廉·帕金斯指出良心对于决定灵魂的状态起着关键的作用。良心是让基督徒能够高度准确地确定其灵魂状态的手段和工具。帕金斯甚至把救赎问题描述为良心问题，而良心是迄今为止最为伟大的东西。帕金斯认为《圣经》经文的权威性要高于国家权力的权威性。因此，人的天赋良心超越于其他任何形式的权威之上，良心处于一切世俗的权柄之上，因为他直接归属于上帝。帕金斯指出人的灵魂包括认识和意志两个部分，而良心和理性是认识的核心，若把人比喻为马车，那么认识中的理性和良心就是马车夫。而相比之下，意志因为只有能力去选择或拒绝一些行为，

---

① ［美］约翰·范泰尔：《良心的自由：从清教徒到美国宪法第一修正案》，张大军译，贵州大学出版社 2011 年版，第 3 页。

② ［美］约翰·范泰尔：《良心的自由：从清教徒到美国宪法第一修正案》，张大军译，贵州大学出版社 2011 年版，第 13 页。

③ ［美］约翰·范泰尔：《良心的自由：从清教徒到美国宪法第一修正案》，张大军译，贵州大学出版社 2011 年版，第 13—14 页。

所以只能居于良心和理性之下，因为其不具有指导性。理性主导理论性认识，判断真伪；而良心主导实践性认识，确定好坏。良心是一种天生的能力，即便堕落，也会作为上帝律法的见证而存在。所谓见证，即良心与自我的其他部分的对话能力。良心不仅是自我的见证，也是上帝的见证。良心是上帝安放于人心中的，以使人有办法知道其行为是否合乎上帝的道德律令。换言之，良心自由既不是拒绝政府和国家的无政府主义，更不可能是沿袭罗马教会的观念而对世俗权力的绝对顺服，良心的本质是说人们之所以服从世俗权力，服从政府和国家的管治，是因为这些世俗的权力和管治完全吻合于《圣经》经书中的律法和恩典。这样，良心就居于国家和教会的管辖范围之外，他只在内心听命于上帝的道德律令。换言之，人定法必须是善法，必须符合自然法和神法；反之，恶法非法，人们在良心上有反抗恶法的义务。①

荷兰大哲学家斯宾诺莎在 1670 年出版的《神学政治论》中就从上帝赋予人的良心自由中顺理推导出思想自由以及言论自由：

> 如果人的心也和人的舌头一样容易控制，每个国王就会安然地坐在他的宝座上了，强制政治就没有了；因为每一个人就要按统治者的意思以规定他的生活，要服从统治者的命令，以评定一件事是真的或是假的，好的或是坏的，公道的或是不公道的。但是，人的心是不可能完全由另一个人处置安排的，因为没有人会愿意或被迫把他的天赋的自由思考判断之权转让与人的。因为这个道理，想法子控制人的心的政府，可以说是暴虐的政府，而且规定什

---

① 参见［美］约翰·范泰尔：《良心的自由：从清教徒到美国宪法第一修正案》，张大军译，贵州大学出版社 2011 年版，第 17—26 页。

么是真的要接受，什么不是真的不要接受，或者规定什么信仰以激发人民崇拜上帝，这可算是误用治权与篡夺人民之权。所有这些问题都属于一个人的天赋之权。此天赋之权，即使由于自愿，也是不能割弃。①

斯宾诺莎认为不论一个人的思想和言论是多么偏执和荒谬，但这终究表明的是这个人自己的理解力和思考力，可以寄希望于他的理性使得他在与别人的思想和言论的比较中自身认识到自己的偏执和荒谬，而绝不可让另外的人替代他的思想和言论。也即观念只可以用观念来影响来改变，却不可以受制于强力和强制。所以一个君主无论他有多大的权力，他都不能替代别人的言论和思考。是故，不论多么权威的君主，他可以控制他人的肉体，乃至舌头，但不能控制他人的思想和信仰；甚至可以强迫别人嘴上不尽地赞美于他，但不能使得别人在心底里也同意他。况且，这种强迫状态下的赞誉，可能连君王都能咂摸出来是言不由衷的。

正如斯宾诺莎讲："政府最终的目的不是用恐怖来统治和约束，也不是强制世人服从，恰恰相反，而是使人免于恐惧。……政治的目的是使人有保障地发展他们的心身，没有拘束地运用他们的理智。……政治的真正目的是实现人的自由。"②

英国思想家伯里也认为："一个人无论思想什么，只要他在肚子里秘而不宣，总没人能禁止他的。限制他的思想的活动者，只有他的经验和想象力。但这种独自私下思想的天赋自由简直毫无价值。一个人既有所思，若不允许他传之于人，那么他就觉得不满足，甚至感到痛苦，而对于他人也无价值可言。"③

---

① ［荷兰］斯宾诺莎：《神学政治论》，温锡增译，商务印书馆 1963 年版，第 270 页。
② ［荷兰］斯宾诺莎：《神学政治论》，温锡增译，商务印书馆 1963 年版，第 272 页。
③ ［英］J. B. 伯里：《思想自由史》，宋桂煌译，吉林人民出版社 1999 年版，第 1 页。

所谓批评不自由，则赞美无意义。因此，每个人都是他自己判断、感情和思想的主人。一人之砒霜，他人之蜜饯。信仰和思想之自由，因之是上帝赋予每个人的不可分割不可转让的自由和权利。别人不仅割让和强迫不了，即便是他自身，也无法割让和放弃。这是上帝安放在一个人身上的理性密码。这理性就是一个人之所以为人的灵性和魂魄，是上帝光芒和真理的烙印，是上帝真理和道路的指引。没有了这个东西，人也就不成其为人，不过是行尸走肉，不过是沉重之肉身。

因此，最为底线的政治目的应当是保障人的天赋自由不被践踏。当然，所有人的信仰和思想乃至言论完全一致是决计不可能的，若是每个人都坚持以自己的信仰和思想来指导行动的话，那么整个社会就不可能有秩序了。所以，这种信仰和思想的自由是内在的思考自由和判断自由，而不是外在的行动自由和叛乱自由。

这正如苏格拉底虽然认为雅典人判处他死刑是错误的，但他只是判断和抗议，而并没有如其他人建议的那样去越狱逃跑。我有反对的自由，但我会在恪守法律的前提下反对；我有反对的自由，但我会承受反对所带来的一切代价，哪怕是生命的代价。这样的慷慨不就是舍生取义杀身成仁的应有之义吗？苏格拉底的彪炳千秋不正是源于此吗？这岂不正是19世纪美国的大文豪戴维·梭罗之"公民的不服从"思想的历史源头吗？

斯宾诺莎认为最好的政府会容许哲理思辨的自由，正不亚于容许宗教信仰的自由。这种思辨有时或许会引起一些不便，但是又有什么问题可以解决得如此完善，而绝对不会发生弊端呢？凡企图以法律控制一切的人，其所引起的罪恶更会多于改正罪恶。因此，最好是承认这世间有法律不能控制和革除的，虽然这些东西是有害的。譬如，有很多害处都是起源于奢侈、嫉妒、贪婪、酗酒等，虽然这些都是罪恶，可这些都为人所容忍，因为是不能用法律的规定来防止的。这里，就在国家和政府权力的有限边界上进一步推导出了法律的有限边界。法律不可能是无所不能的，也不可能是无所不管的。法律的边界就是道德和思想的边界。而就思想自由而言，其本身就是一种德行，不能禁绝，又何以能够以许可来管制呢？更何况，若是一个人没有完全的思想自由和判断事务的自由，则一切科学和艺术的创造就成为无源之水、无本之木了。

> 即令自由可以禁绝，把人压制得除非有统治者的命令他们都不敢低声说一句话；这仍不能做到当局怎样想，人民也怎么想的地步。因此，其必然的可结果会是，人们每天这样想，而那样说，败坏了信义（而信义是政治的主要倚靠），培养可恨的阿谀和背信，因此产生了诡计，破坏了公道。强制言论一致是绝不可能的，因为统治者越是设法削减言论的自由，人越是顽强地抵抗他们。而且抵抗他们的不是贪财，谄媚的人，以及别的一些笨脑袋。这些人以为最高的超度是把他们的肚子填满，与踌躇满志地看着他们的钱袋。抵抗统治者的人却是那些因受良好的教育，有高尚的道德与品行，更为自由的人。[1]

因此，凡是言论和思想不自由的地区，受害的只能是德行高尚的人，因为奸邪的小人正中下怀，他们可以浑水摸鱼，阿谀奉承，溜须拍马，颠倒黑白，正所谓劣币驱逐良币，所谓高尚是高尚者的墓志铭，而卑劣是卑劣者的通行证。越是压制言论自由和思想自由，就越是激发正直高尚之人的反抗，就越是使得奸邪小人扬扬自得，把法律当作对自身错误的一种赦免和特权。一方面是毁坏和败

---

[1] [荷兰] 斯宾诺莎：《神学政治论》，温锡增译，商务印书馆 1963 年版，第 275 页。

坏了正直和信义，一方面是鼓励和纵容了谄媚和背叛。这种压制对于国家而言，有百害而无一利，所谓亲者痛而仇者快！一个国家的不幸还能有甚于此吗？高尚正直以及富有头脑智慧的人被打压而流放，奸邪卑鄙以及无知庸常之辈却装模作样高居朝堂。不仅如此，那些受到打压和流放的热爱自由的正直之士却不肯服输，他们宁死不屈百折不挠。他们对于这种颠倒黑白的打压和流放不以为耻，反以为荣。因为他们之不屈服就是因为他们觉得自己真理在手，他们对真理的追求和渴望使得他们愿意为之而殉道。他们的殉道必然会引发同类的怜悯和同情，这种怜悯也必然会使得压迫者越发陷入自我恐怖的状态。

当那些无所畏惧的正义之士受到无边无际的迫害，最终只能使得整个社会陷入一种恐惧状态，胆怯的好人此时为了自保就会保持沉默乃至被迫奉承那些手握权柄的恶人。但这种恐惧状态弥漫和放大到一定程度，必然会出现表面看似平静而稳定的大好局面一夜之间完全崩盘的后果。这正如同中世纪的罗马教会企图以严酷的法律来对神学上繁复的争论来做出界定和决定，结果只能是火上浇油，使得教派越发林立，争论越发尖锐，斗争越发冲突。整个欧洲历史上的宗教斗争乃至战争莫不是由于教皇和教会对信仰的强制干预而引发的。

1720 年发表在英国伦敦报纸上的书信散论文集（日后被结集出版为《加图来信》）对此亦有明确的提点：

> 先生，若无思想自由，则断不可有如智慧之妙品；若无言论自由，则亦断断不可有所谓社会之公共自由。而言论自由为人人皆可享有，前提只要他并没有伤害和干扰到他人之自由和权利；这亦是享受言论自由所需承受之唯一

负担，亦是需要谨记之唯一界限。言论自由这一神圣之特权（sacred privilege）是任何自由政府之根基，以至财产安全与言论自由总是形影不离，携手并进；在那些悲惨不幸而可怜的国境之内，若是人民不能享有言论自由，则他的所谓财产不过是镜中花，水中月而已。故此，凡是那些意欲剥夺一个国家自由的人，必将从剥夺人民的言论自由开始，因为言论自由总是会令那些叛国之徒如芒在背如鲠在喉。①

加图在这篇文章中清晰地指出思想自由与言论自由乃是上帝赋予人的神圣之特权。1735 年发生在当时纽约殖民地的第一起有影响的新闻司法诉讼案件，即约翰·彼得·曾格事件中，当时的费城大律师安德鲁·汉密尔顿在纽约法庭上为曾格辩诉而向法庭陪审团的陈述中亦指出人民的抱怨自由是神圣之自由和特权（Privilege）：

当人民受到伤害时，所有的自由人都可宣称他们拥有抱怨的自由和权利，这种自由和权利是上天赋予的，是一种神圣之特权（privilege），亦应是人世间所应认可的法律权利。他们拥有自由和权利以最为激烈的言辞来公开抗议那些权力的滥用；他们拥有自由和权利对抗那些手握权柄之人的公开的或狡诈的暴力和专制，从而使得他们的邻居处于他们的护估之下；他们亦有自由和权利以无畏之勇气来展示他们受命于天的自由和特权，来展示他们对自由和特权的珍爱和价值，来展示他们不惜一切代价和风险以捍卫这种自由和特权的信心和决心，因为他们深知这种自由

---

① ［英］约翰·特伦查德、托马斯·戈登：《加图来信》（第一卷），贺文发译，中国传媒大学出版社 2017 年版，第 15 篇。

和特权是上帝赋予他们的最为神圣最为珍贵的自由和特权。对于一个心灵高贵之人而言，若是失去这样的自由和特权，则真是生不如死。

亚历山大·汉密尔顿 1788 年在《联邦党人文集》第 78 篇的"论司法部门"专题中这样说道：司法机构的完全独立性是对于以有限政府为主要特征的宪政而言尤为重要的。所谓有限政府，譬如立法机构无论如何不得制定"剥夺公民权利的法案"（bills of attainder），不得制定"溯及既往的法案"（ex post facto laws）等等。在实际执行中，此类限制必须通过司法机构来保障执行。因而法院必须有宣布违反宪法明文规定的立法为无效之权。如果司法机构没有独立性，则一切为人民所保留的特定的权利或是特权（particular rights or privileges）无疑将形同虚设。

从这里不难看出，汉密尔顿把宪法为人民保留的自由和权利也看作特权，这宪法保留的自由和权利，实际上正是日后 1787 年费城宪法出台后，联邦党和民主共和党反复妥协所制定的 1791 年一揽子包含的十条宪法修正案的《权利法案》，而"言论自由"和"新闻自由"正高居"权利法案"的第一条。

同时代的法国启蒙思想家霍尔巴赫在谈及出版自由时如是说：

生命力长久且真正有益的好著作只有在允许人做人和做公民的国家里才会出现。……真理始终只能从公开讨论中赢得胜利。只有谎言和罪行才希望隐藏在神秘的阴暗角落里。……那些摧残自由的人除开用自己的行为证明他们害怕真理以外，不能证明别的。……因此，应当以著作来回答著作，而不要以刑讯和监狱回答著作；刑讯和监狱能毁灭人，但不能推翻人的论据。①

19世纪英国古典自由主义的集大成者约翰·斯图亚特·密尔1859年在其传世名著《论自由》的行文中一共出现了3次"immunity"；3次"privilege"。译者许宝骙先生均将它们译为"特权"而并没有分别翻译作"豁免权"和"特权"。这与美国宪法十四修正案中的使用是一致的，即"特权"就是"豁免权"，"豁免权"就是"特权"。

密尔开篇在引论中就本文所谓之公民自由或社会自由，即是要探讨"社会所能施加用于个人的权力性质和限度"②。"统治者所施用于群体的权力要划定一些他所应当受到的限制；而这个限制就是他们③所谓自由。谋取这种限制之道有二。第1条途径是要取得对于某些'特权'（immunities）即某些所谓政治自由或政治权利的承认，这些自由和权利，统治者方面若加侵犯，便算背弃义务，而当他果真有所侵犯时，那么个别的抗拒或者一般的造反就可以称为正当。"④

第2条途径即是所谓的宪政制约（constitutional checks）。密尔在第一条途径里将"特权"或"豁免权"首先看作是所谓政治自由或政治权利；其次，所谓"特权"，即受到统治者（政府或国家之公权）承认或认可的属于人民的自由和权利，且不得被侵犯；在此，若遭受侵犯，人民有反对、抗拒乃至革命之正当权。不难看出，密尔这里对"特权或豁免权"的界定乃至捍卫某种程度上与托马斯·杰斐逊在《独立宣言》开篇中所谓"上帝赋予之不可剥夺

---

① 参阅 ［法］霍尔巴赫：《自然政治论》，陈太先、睦茂译，商务印书馆1994年版，第257—262页。
② ［英］约翰·密尔：《论自由》，许宝骙译，商务印书馆1959年版，第1页。
③ 人民或社会或政治——引者注。
④ ［英］约翰·密尔：《论自由》，许宝骙译，商务印书馆1959年版，第2页。

之权利"之内涵实乃异曲同工的一以贯之。

密尔第二次使用 immunity 是出现在第三章中"论个性为人类福祉的因素之一"。密尔说，他之所谓人类具有自由思想乃至发表意见的自由，是因为若不然，则人类的智性的德行将遭受毁灭性后果。但随之，密尔又讲：意见和言论不同于思想，若说后者有绝对的自由，那么发表意见的自由就有例外条件。"即使是意见，当发表意见的情况足以使意见的发表指向某种祸害的积极煽动时，也要失去其（发表意见的）'特权'（immunity）。"① 这里毋庸赘言，"特权"或"豁免权"就是指的发表意见的言论自由。

还是在这一章节，密尔第一次使用了"privilege"这个词。"作为一个人，到了能力已臻成熟的时候，要按照他自己的办法去运用和解释经验，这是人的"特权"（privilege），也是人的正当的条件。"很清楚，密尔这里的特权意指一个人的自主权，人是自己的主人，而不是他人的奴隶。除了少不更事，需要父母亲人的监管和照看，及至成人，尤其是具有法律意义上的自己可以为自己所作所为负责交代时，他应该被赋予自己管理自己的自由和权利。

在《论自由》的最后一章，密尔第三次提及 immunity。密尔指出：

---

① ［英］约翰·密尔：《论自由》，许宝骙译，商务印书馆 1959 年版，第 65 页。密尔这里所谓的言论引发的"祸害的积极煽动"，日后在美国最高法院引发了很多的争议。这期间的争议尤以大法官小霍尔姆斯自身对言论自由的思想认知和发展历程为一个样本的标志。从小霍尔姆斯 1919 年裁决"申科诉合众国"（Schenck v. U. S., 249 U. S. 47, March 3, 1919）判例开始对密尔"煽动引发祸害"的追随到他在 1919 年的冬天在"埃布尔拉姆斯诉合众国"（Abrams v. U. S., 250 U. S. 616, Nov. 10, 1919）判例中对自我的否定，以至成为 1920 年代最高法院在事关"言论自由和新闻自由"裁决的少数反对异见派，再到 1930 年代之后，最高法院多数派逐步接受了小霍尔姆斯的观点，这实际上是美国言论自由的一个发展历程。由于本文篇幅有限，此不赘述，有兴趣的读者可参阅拙著《言论表达与新闻出版的宪政历程——美国最高法院司法判例研究》，中央编译出版社 2015 年版。

　　"一个人的行为只要不涉及自身以外什么人的利害，个人就不必向社会负责交代。他人若为着自己的好处而认为有必要时，可以对他忠告、指教、劝说以至远而避之，这些就是社会要对他的行为表示不喜欢或非难时所仅能采取的正当步骤。"① 职是之故，在这样一个相互协作和竞争的社会中，任何一个人的成功都可能对他人，尤其他周围的人产生不利的影响，这种不利的影响可能是物质财富上的，也可能是精神情感上，但无论如何，"社会对于那些失望的竞争者，并不承认他们在法律方面或道德方面享有免除这类痛苦的权利（immunity）；社会也不感到有使命要予以干涉，只有在成功者使用了不能为普遍利益所容许的方法如欺诈、背信和强力等方法的时候才是例外"。②

　　密尔这里意指一个人生在这样一个竞争和多元的社会里，必须要敢于面对社会竞争，换言之，不可以拥有免除竞争而生存而获利的特权。

　　也是在最后一章，密尔最后两次使用了"特权"，英文均为privilege。不过这里的特权已与本论文所研究的抽象自由的特权关联不大。密尔这里的特权指的是——因为某些销售货物的独特性或销售地点的独特性，而使得政府为着安全或秩序等考虑而特许给某个经销商的一种排他性特许经营权（exclusive privilege）。这种排他性的特许权，实际就是一种垄断经营权。密尔指出政府既然将一种排他性的特许经营权赋予某个经销商，便也会因此而对其提出一些相关的限制性规定，以符合设置这种特许经营权的初心。但政府的这种限制也是有限度的。譬如，密尔指出，政府不可以因为有人醉

① ［英］约翰·密尔：《论自由》，许宝骙译，商务印书馆1959年版，第112页。
② ［英］约翰·密尔：《论自由》，许宝骙译，商务印书馆1959年版，第113页。

酒惹事，而限制卖酒的开店。这正如同不能因为怕火灾而禁止人们用火一个道理。如果一味地以管制的手法来达到对某些商品特权经营的安全或秩序考虑，则便是一种懒政的思维逻辑，最终造成会因为有些人滥用方便而将方便与公众隔离。这种懒政思维不过是把公众当作小孩子或野蛮人来对待的管制而已，借约束来对他们进行教育，俾使他们能适于将来许给他们的自由的特权（privilege of freedom）。①

密尔的这一思维，在美国内战后的"镀金时代"，尤以"屠宰场案"为开端，也成为最高法院裁决诸多公司特许经营的一个参照。美国最高法院对特权和财产权的厘定，是一个对财产概念随着资本主义从古典自由竞争到垄断资本主义发展过程中一个逐步认识过程，也是美国两党制政府和社会框架下所特有的一个对"如何界定联邦主义"的不断争议的过程。譬如早期共和国时期的联邦党和反联邦党，内战前的民主党和辉格党，内战后的民主党和共和党等党派政治对于联邦主义和州权自治的利益纠葛等。

密尔对思想自由乃至由此衍生出的言论自由与新闻自由之本质的解释更是振聋发聩：若是全人类持有一种观点，而只有一人持有与之相反的观点，那么全世界对这一个人的打压和反过来，若是这一个人有权力而对全世界的打压相比，并不具有多一丁点的正当性。② 换言之，言论自由的本质即是给予你反对的而不是你同意的言论以自由。

19 世纪末和 20 世纪初，美国联邦最高法院最为著名的反对派

---

① 参阅［英］约翰·密尔：《论自由》，许宝骙译，商务印书馆 1959 年版，第 121 页。

② "If all mankind minus one, were of one opinion, and only one person were of the contrary opinion, mankind would be no more justified in silencing that one person, than he, if he had the power, would be justified in silencing mankind." ——John Stuart Mill, *On Liberty*, 1859.

(the great dissenter) 哈兰一世在 1907 年的"派特森诉科罗拉多"判例的反对意见中直接表明"言论自由"和"新闻自由"属于美利坚合众国每一位公民的宪法特权 (constitutional privileges)。该宪法特权在 1791 年"权利法案"保护之下，不受合众国联邦政府的侵犯和剥夺，在 1868 年宪法十四修正案通过之后，则亦不受任何一州侵犯和剥夺。哈兰这里明确表示，十四修正案中第一条中"任何一州不得制定或强制施行任何剥夺合众国公民的特权和豁免权"（"no state shall make or enforce any law which shall abridge the privileges or immunities of citizens of the United States"），这里的特权和豁免权一定包括第一修正案中的"言论自由"和"新闻自由"。

不仅如此，哈兰在其反对意见中继续谈道：最高法院多数派认为的第一和第十四修正案的宪法条款，其主要目的是防止政府对"言论自由"和"新闻自由"的"事前限制"（previous restraints），但并不阻止对他们的"事后惩罚"（subsequent punishment），若是该自由的行使与所谓的社会"公共福利"（public welfare）发生冲突。哈兰针锋相对地指出——若是如此，则政府可以在任何时候以"公共福利"为名义而干预"言论自由"和"新闻自由"。所以，作为宪法特权的言论自由和新闻自由一定要优先于公共福利。在其反对意见的结尾，哈兰更是指出：由宪法保障人民免受政府，无论联邦政府还是各州政府，侵犯和剥夺的自由中若是不包括言论自由和新闻自由，这一点无论如何都是让人不可思议的。[1]

当然，哈兰的这份反对意见涉及了美国政治社会中的很多层面。比如哈兰认为宪法第十四修正案通过（1868 年）之前的"权利法案"，尤其第一修正案，只是保障联邦公民的言论自由和新闻自由免受联邦政府的剥夺，至于各州公民（不具有联邦公民身份的

---

[1] *Patterson v. Colorado* – 205 *U. S.* 454（1907），*No.* 223, *Argued March* 5, 6, 1907, *Decided April* 15, 1907.

人）的自由，包括言论和新闻自由，则由各州宪法界定。然而，第十四修正案通过后，则大有不同，即无论联邦抑或地方政府，都不得剥夺合众国公民的言论自由和新闻自由。这里面涉及美国政治架构中的联邦制和地方自治问题，因为与文章主题关联不大，所以不展开论述。

美国联邦最高法院首席大法官埃文斯·休斯在 1931 年的"尼尔诉明尼苏达州"判例中指出：新闻自由有时的确会被滥用而传播一些堕落的充满恶意的甚至虚假的丑闻，但这种事实并不能成为我们否定新闻自由豁免（*immunity*）于"事前限制或审查"（*previous restraint*）的理由，是的，不能否定，这种豁免的必要性一丁点都不能因此而予以减少。是的，不能否定，因为若是如此，则政府的一切不当行为都可以逃脱新闻自由的监督和曝光；则此时的新闻自由也就不过是理论上的摆设和华丽的言辞而已。对于这种新闻自由被滥用可以采用事后的诉讼及至惩罚等适宜的补救措施，这种补救与新闻自由所享受的宪法特权（*constitutional privilege*）并不矛盾。休斯这里指出对"言论自由"和"新闻自由"等宪法特权的行使无论如何不可以施加"事前限制"，尽管可以予以"事后惩罚"。①

综上，第一修正案中的三大自由在美国即是宪法保障的全体美国公民所享有的特权自由，这里的特权即为由上帝赋予而非由世俗的社会乃至政府赋予，而且，非但如此，因为是上帝赋予，所以该自由，即特权自由，具有神圣不可侵犯与不可剥夺性。这是其神圣性之一。

是的，美国宪法保障全体美国公民享有同样的特权自由，这里的特权即为由上帝赋予而非由世俗的社会乃至政府赋予，从"君权

---

① *Near v. Minnesota*, 283 *U. S.* 697 (1931), No. 91 Argued：January 30, 1931, Decided：June 1, 1931.

神授"（divine right of kings）到"民权神授"，而且，非但如此，因为是上帝赋予，所以该自由，即特权自由，其首要的神圣性即在于其"不可侵犯"与"不可剥夺"（unalienable）性。

启蒙思想家霍尔巴赫说："权利就是自然法和社会法所同意的一切可能性。自然赋予的权利是永恒的和不可剥夺的。"① 所以，就美国而言，《权利法案》即是保障这些所谓特权下的自由和权利不受当时新成立的中央政府或联邦政府剥夺，内战后的十四修正案则补充任何一州也不得剥夺这种神圣之特权和自由。这里所谓的不可剥夺，亦是从宪法政治的角度重申了美国世俗政府和世俗权力之有限性。

特权自由的神圣性之二，体现在这种内在装置的特权自由和特权权利不可转让、不可交易、不可赠予。我们可以转让、赠予属于自己的财产以及物质性财富，但信仰则不可，言论亦是不可，因为这些特权自由和权利本质上无法转让和赠予，当然也在本质上不可交易。不可转让和交易不是其珍贵，我们舍不得丢弃，毋宁说是这种转让和交易既没有卖方市场也没有买方市场，因为上帝已经为每一个降生到人世间的人都内嵌和装置了同样的特权自由和特权权利。一则当然是我们无法转让和交易出去，更为主要的另一则也是无人需要，因为人人皆拥有。正所谓：

> 世间芸芸众生皆生而自由；自由是那全能的上帝亲自馈赠给我们每个人的一份礼物；尽管由于对犯罪的惩罚，人们可能会丧失掉自由，但即便经过同意后也没有人能够让渡出上帝赠予的这份礼物。世间无人拥有对待处置自身生命和命运的权力，或是拥有料理解决自身宗教信仰的权

---

① ［法］霍尔巴赫：《自然政治论》，陈太先、眭茂译，商务印书馆1994年版，第31页。

力；因此世间亦无人能够将上述任一两种权力让渡或转让给其他任何人；更不消说去出卖和毁坏后代子孙们的生命、自由、信仰甚或积攒的财富。世间人人生而自由，就自由而言，后裔子孙和前辈先贤亦生而平等，没人能用邪恶且荒谬的讨价还价来束缚子孙后代。[①]

其神圣性之三，体现为这些特权性自由和权利是上帝在创造他的子民时，已经同时内嵌内置于他的每一位受造物孩子当中，因此，这种内嵌或内置的特权自由与人的肉身合二为一，乃至不可分离，人之所以是人，正是因为肉身之内装置有这神圣之特权自由和神圣之权利。若是缺少后者，则很难成其为人，无非行尸走肉而已。而这种神圣性在美国独立革命中已然成为革命一代深入人心的理念，所谓"不自由，毋宁死"即可作如是解。

如何理解这种神圣之特权，这大约和理解"圣经"新约福音书中所谓"道成肉身"好有一比。不同只是在于——如果不从天启宗教的角度来做信仰性理解，例如，纯粹从历史唯物主义的无神论角度出发，便可能会轻蔑地嘲笑其为欺骗性和虚伪性。"道成肉身"便是荒谬至极；同理，人人生而具有的，甚至被内嵌和装置在肉身当中这种神圣之特权，如果不从自然神论的理性思维出发，也会被认为是不可思议乃至玄之又玄。按照《独立宣言》的逻辑，这种特权就是真理，是不证自明的真理，是自然神论的理性真理，它符合自身神法而超越于人定世俗法。

若说自然权利说建基于自然神法，而人权说则同样建基于自然神法。自然神法最为清晰地体现在杰斐逊 1776 年撰写的《独立宣

---

① 参阅［英］约翰·特伦查德、托马斯·戈登：《加图来信》（第二卷），贺文发译，中国传媒大学出版社 2020 年版，第 59 篇。

言》中，所谓"上帝造人，人人平等。人人享有生命、自由和追求幸福的权利"。因此，上帝是全部自由和权利的源头，自由和权利乃是来自上帝而非政府更非所谓的司法体系。亚历山大·汉密尔顿讲得好：人类的神圣权利，不是从古老的羊皮纸和发霉的档案中翻出来的。它们，就像阳光一样，是神亲自写进人性的，而且永远无法抹去。

上述之神圣性正和当下我们网络的流行语录——天下事，没有一顿火锅解决不了的。若是有，那就两顿——是一个反证。是的，凡是吃一顿火锅可以解决的事情绝不是所谓的神圣之事，必然是世俗之事。这句网络流行语当然有其插科打诨之调侃戏谑之意义，亦必然有其语言娱乐之心灵抚慰之功用，但毋庸置疑，这句话的流行亦可以体现出其背后的某种实用主义思潮。

路德新教改革以来催生出的"良心自由"打翻了教皇、教士、教会的中保，使得信徒皆为祭司；再进一步，也打翻了王权的专制和政府的暴虐，产生了日后的人权和宪法。孟德斯鸠讲，共和国的平等是人人"什么都是"；而专制国的平等是人人"什么都不是"。人权是权利的保姆，而宪法则是自由的圣经。卢梭讲，人一出生就口含一枚叫作人权的金币，这枚金币的一面是自由，另一面则是平等。

良心自由让每一个信徒都变成了教皇，所谓唯有上帝与基督，圣经与恩典；而权利自由让每一个凡人都变成了国王，所谓"风能进，雨能进，国王不能进"。而良心自由最高的指示并非因着追求真理而求得自由，良心自由的总目的是去爱人如己，去侍奉和服务他人。正是这种爱和服务又使得世上的每一位国王都变成了仆从，也正如耶稣俯身为他的门徒洗脚是一个道理。

后 记

中国文化简而言之，儒释道。要研究中国传统文化，就不能不研究外来的印度佛教；同样，世界文化，简而言之，东西之学。要研究中国近现代文化，就不能不熟稔和研究包括古代希腊罗马在内的西方哲学和文化。

禅宗六祖慧能讲，人虽有南北之分，但佛性并无南北之分。无南北之分，即无东西之分。所谓东西南北，不过人为之名分也。正所谓东是西的东，西是东的西；无东则无西，无西则无东。套用老子道德经的格式，所谓东西，即非东西，是名东西。所谓东西，实无东西，乃同出而异名也。所谓学不分南北，即是道不问西东，即东西本一也。

何兆武先生讲，没有中国真理和西方真理之说，因为真理具有普世性。是国情要适合真理，而非真理要适合国情。所谓"贵乎顺应潮流而非贵乎适合国情。"

周有光先生讲，要从世界看中国，而非从中国看世界。这句话值得全球化时代下的每个中国人认真玩味。

冯友兰先生讲：说西方侵略了东方，这样说并不准确。事实上，正是现代化侵略了中世纪。要生存在现代世界里，中国就必须现代化。

当然，这并不是说中国传统文化不需要研究了。恰恰相反，传统文化是我们的根脉，没有了传统文化，我们也就没有了历史的厚重，没有了立足之地。说白了，传统文化要研究，但要有古为今用的智慧；正如说研究西方文化，要有洋为中用的勇气。

脱离开传统研究现代，容易造成无源之水，无本之木，甚而至于妄自菲薄的短浅与困惑；脱离开西方研究东方，容易造成孤芳自赏，自说自话甚而至于自鸣得意的愚蠢与傲慢。显然，两种极端都要不得。正确的态度和思路应该是以古正今，以今正古，古今互正；以西参东，以东参西，东西互参。

西人讲：安息日是为人设立的，人不是为安息日设立的。安息日当居家不劳作，以此表明虔心敬意诚心正意，但是若有人生病，安息日不也应该行动起来治病救人吗！是的，安息日不过是外在的礼法，重要的是内心的仁义和善心。是的，行善去恶岂能被安息日这样的礼法所束缚。所谓爱成全义，义领导爱；没有爱就无所谓公义和真理，反之亦然，没有公义没有真理也就无所谓爱。

大科学家爱因斯坦讲，国家是为人设立的，而人并非为国家而存在。又讲，没有信仰的科学是瞎子，没有科学的信仰是跛子。这些与上面的话都是一脉相承，异曲同工而已。

儒家亚圣孟子讲：嫂溺不援，是豺狼也。男女授受不亲，礼也。嫂溺，援之以手者，权也。这与西人讲的是一个道理，即礼是为人设立的，人不是为礼设立的。授受不亲是和平时期的礼节和形式，援之以手是非常时期的权衡和内容。所谓发乎情而止乎礼，无礼不为人！然而，若是连爱人的情和悲悯之心都丢掉了，还谈什么礼呢?!

儒家讲，仁者，人也。又讲，仁者爱人。人是人的名，而仁是人的实。无仁不为人，仁是内核。仁即爱。西人讲信望爱，相信生盼望，盼望生爱心，爱是最终归宿。西人因此讲上帝喜爱人的怜悯甚于喜爱人的祭祀。所谓怜悯即孟子讲的不忍人之心。所谓"以不忍人之心，行不忍人之政，治天下可运之掌上也"。

人有怜悯慈悲之心，就是人有仁义良善之心。仁义良善即最高的美德，若是不再相信有仁义良善，就断不会生发出怜悯慈悲之心。怜悯心和慈悲心就是爱心。人之为人，正是由于人有这个爱心。人之有爱心，这正是由于人是具有理性的万物之灵。如康德所言：人，实则一切有理性者，所以存在，是由于自身是个目的，并不是只供这个或那个意志利用的工具。

当然，天下为公在地上的国度只能是一种理想，虽然很难实现，但不能没有这种理想。这正如佛家的彼岸，基督家的天堂，儒家的至善，道家的自然，所谓虽肉身很难抵达，但有心必须向往之。用孔子的话说，就是虽然"知其不可"但依然要尽力"而为之。"这就是理想的意义，也是人活着的向往。舍此，所谓的意义将不复存在。对的，某种程度上，甚至可以说，理想存在的意义并不一定就是为了实现，而无非是提供一个供我们可以时时仰望的北斗星辰。马克斯·韦伯讲：除非你执着于世上不可能之事，否则即使可能的事情也无法做到。

《孟子·尽心篇》讲："民非水火不生活。"是的，人类的早期莫不是水与火的文明。不能掌握和利用水和火就谈不上文明。可见水与火是人生活不可或缺的物质基础。然而单单有了水与或就称得上文明吗？显然不是。所谓"水深火热""救民于水火之中"。荀子讲，水火有气而无生，草木有生而无知，禽兽有知而无义，人有气、有生、有知，亦且有义，故最为天下贵也。荀子讲的有义即是有德，有德行，有仁义。

水火与仁义，两厢比照，哪个对人更重要呢？孔孟儒家讲仁义更为重要。没有水火固然不能生活，最多就是一死。可是没有仁德就不能称为人，"仁者，人也"。一个人为仁而死，死了之后还能叫死人，还是个人。如果人没有仁德了，就不能称之为人了。

亚里士多德讲，人生的最终价值在于觉醒和思考的能力，而不只在于生存。又讲，人在最完美的时候是动物中的佼佼者，但是，当他与法律、美德和正义隔绝以后，他便是动物中最坏的东西。他在动物中就是最不神圣的，最野蛮的。所以仁德与正义才是人所最需要的。

孔圣人讲："民之于仁也，甚于水火。水火，吾见蹈而死者矣，未见蹈仁而死者也。"

是故，人活着，不是单靠食物，乃是靠精神和信仰，靠着充满怜悯之心的信望爱，靠着推演美德与知识的逻各斯，靠着良善和德行，靠着充塞于天地之间的浩然正气与道德仁义，靠着至真至善至美的纯粹理性和纯粹正义。

孟子对老师的话又加持了信心和信念：仁之胜不仁，犹水胜火。杯水之不能救车薪之火，不在水不能胜火，而在水少火大。所谓五谷者，种之美者也，苟为不熟，不如荑稗。夫仁，亦在乎熟之而已矣。

美国 1787 年费城制宪会议时，詹姆斯·麦迪逊围绕共和政府的理念阐述人类需要自由甚于需要空气：自由之于党争，就如空气之于火。没有了空气，火登时就会熄灭。但是为了消除党争而废除自由的想法要比隔离空气从而灭火的想法更为愚蠢可笑，因为空气维持的不过是人的动物生命，而自由却是人政治生命不可或缺的。

这不正是美国版的"民之于仁也，甚于水火"吗！

孟子讲，若天下溺，则援之以道而非援之以手（《孟子·离娄上》17），讲的也是这个道理。

国人渴望仁义和道德，正如同西人渴望真理和自由。

是为后记。